EDMUND BALLHAUS

Die Paragraphenreiter

Haarsträubende Erlebnisse
mit dem Amtsschimmel

VERLAG C.H.BECK

Redaktionelle Mitarbeit:
Alexandra von der Brelje und Claudia Doll

Die Namen der in diesem Buch erwähnten Ämter
sind nicht verändert. Die Namen aller Personen wurden aus
persönlichkeitsrechtlichen Gründen geändert.

Originalausgabe
ISBN 3 406 42014 1

Umschlagentwurf: Uwe Göbel, München
Umschlagabbildung: Michael Keller, München
© C. H. Beck'sche Verlagsbuchhandlung (Oscar Beck), München 1997
Gesamtherstellung: C. H. Beck'sche Buchdruckerei, Nördlingen
Gedruckt auf säurefreiem, alterungsbeständigem Papier
(hergestellt aus chlorfrei gebleichtem Zellstoff)
Printed in Germany

Inhalt

Vorwort
Bürokratie im Alltag

Die Idee

Seit geraumer Zeit – so scheint es jedenfalls – ist ein bevorzugtes Gesprächsthema die „omnipräsente Bürokratie", die „allmächtig" ist, „willkürlich" handelt und dem Bürger viele seiner Alltagshandlungen so sehr erschwert, daß er sich von ihr bedroht fühlt. Als Wissenschaftler, als Filmemacher, aber auch in meinem privaten Umfeld nahm ich in den vergangenen Jahren deutlich wahr, wie sehr vielen Menschen das Thema „Bürokratie im Alltag" momentan „auf den Nägeln brennt". Daher begann ich vor einiger Zeit, Fälle zu sammeln und zu dokumentieren, in denen die Probleme zwischen Behörden und Bürgern ganz konkret Gestalt gewinnen.

Wie groß das Interesse am Thema „Bürokratie in der Alltagswelt" ist, zeigte sich bereits wenige Tage nach dem Einstieg in das Projekt. Eine Pressenotiz war der Auslöser für eine Lawine von Anfragen aus Presse, Funk und Fernsehen.

Ich erinnere mich noch sehr gut an eines meiner ersten Radio-Interviews – eine Redakteurin hatte mit mir telefonisch Kontakt aufgenommen, ich war also „auf Sendung" und wartete bei langsam ausklingender Musik auf das, was kommen würde. Der Moderator begrüßte mich – ich muß wohl nicht erwähnen, daß es sich um eine „Live-Sendung" handelte – und stellte mir sogleich folgende Frage: „Kennen Sie Beamtenmikado?" Ich hatte nicht die geringste Ahnung und fand auch überhaupt keinen Ansatzpunkt, um mich mit irgendeiner Floskel aus dieser peinlichen Situation herausreden zu können. Glücklicherweise ließ der Reporter mich und die Zuhörer nicht lange im unklaren und gab die einfache Antwort: „Wer sich zuerst bewegt, hat verloren."

Inzwischen sind mir Beamtenwitze vertraut. Ich weiß, daß Beamte nach ihrem Tod nur umgebettet werden müssen; ich weiß auch, daß sie nachts nicht schlafen können, weil sie das ja bereits ausgiebig während ihrer Dienstzeit getan haben; ich kenne auch den kürzesten Beamtenwitz: „Was machen Beamte nach der Arbeit . . .?"

Allerdings gibt es eine einfache Erklärung dafür, warum ich Beamtenwitze damals nicht kannte und mich bis heute für wenig kompetent erkläre: Meine Aufmerksamkeit galt von Beginn an den realen Begegnungen mit dem Amtsschimmel. Witze erzählen niemals tatsächliche Begebenheiten, die Wirklichkeit bietet lediglich den Stoff für die immer frei erfundenen Geschichten. Die Erzählungen dieses Buches mögen haarsträubend sein, aber sie sind wahr. Ein weiterer Unterschied besteht darin, daß die hier geschilderten Erlebnisse alle (noch) nicht Betroffenen mitunter zwar sehr amüsieren werden – bisweilen wird ihnen jedoch im Bewußtsein des realen Hintergrundes das Lachen „im Halse stecken bleiben".

Die geschilderten Zusammenstöße zwischen Beamten und Bürgern betreffen uns sehr viel konkreter als irgendwelche Witze, weil wir auf einmal direkt Beteiligte sind. Ich schreibe bewußt „wir", weil ich nach meinen Erfahrungen die Behauptung wage (in der Wissenschaft spricht man von Hypothese), daß die meisten von uns bereits Erlebnisse der beschriebenen Art hatten.

Es ist aber nicht allein der Wahrheitsgehalt, der die hier vorgestellten Geschichten erheblich von den genannten Beamtenwitzen unterscheidet. Während die Späße über Beamte die (fast sympathische) Schläfrigkeit und Untätigkeit der Staatsbediensteten ins Visier nehmen, geht es bei den hier vorliegenden (meist bitterbösen) Geschichten um diejenigen Beamten, die unverdrossen im Namen des Staates tätig werden, ohne einmal innezuhalten und nach dem Sinn und den Folgen ihres Tuns sowie nach der Verhältnismäßigkeit der angewandten Mittel zu fragen. Problematisch ist dann in der Regel die Konsequenz: Die so oft im Volksmund und in den Medien kursierenden abstrakten Begriffe „Allmacht" bzw. „Willkür der Behörden" erhalten unverhofft eine sehr konkrete Dimension und nehmen nicht selten existenzbedrohende Formen an.

Es ist der Zusammenprall zwischen Beamten und Betroffenen, zugegebenermaßen also der Sonderfall der Begegnung zwischen Staat und Bürger, der im Mittelpunkt dieses Buches steht. Es geht dabei jeweils um die Frage nach Verhältnismäßigkeit, Sinn und Zweck der amtlichen Tätigkeit sowie um die Kommunikationsformen – also um die Verständigung bzw. die Verständigungsbereitschaft, den Umgangston und die Sprache zwischen Verwaltungsbehörden und den „Verwaltungsobjekten."[1] Bei den geschilderten Kollisionen – das wird deutlich – besteht ein Ungleichgewicht in den Mitteln und Möglichkeiten der miteinander streitenden Parteien ...

Rückblick

Das Problem des Zusammenpralls zwischen Bürgern und Staatsdienern ist nicht neu – auch wenn er sich aufgrund der ungeheuren Zahl der Beamten (die sich von 1950–1990 von ca. 2 Millionen auf nahezu 5 Millionen mehr als verdoppelt hat)[2] und der erheblich gewachsenen Anzahl der Berührungspunkte heute vermutlich viel häufiger ereignet als früher.

Bereits im 16. Jahrhundert charakterisierte der Rechtsgelehrte Justin Gobler in seinem Werk „Der Rechten Spiegel" die Eigenschaften eines guten Amtsmannes: „Und ist eine feine tugent der Amptleut / hoch zu preisen und zu loben / daß sie frieden suchen und machen wo sie können oder mögen / ohne nachteyl ihrer Herrn und anderer leut schaden."[3]

Der Verfasser nahm diesen Entwurf eines Idealbildes jedoch lediglich zum Anlaß, um es mit der Realität seiner Zeit zu konfrontieren:

„Denn es ist eine alte gemeyne klag / und vielleicht auch ein sonderliche plag und straf Gottes / daß die Amptleute / sonderlich wo ihnen die Fürsten und Herren etwas entsessen / und selbst nie auf die hand sehen / den armen leuten und unterthanen hart und beschwerlich sind und sich ihres gewalts mißbrauchen und überheben / (...) Daß sie sich dünken und vernehmen lassen / dieweil sie befehl und gewalt haben / so muß es alles nach ihrem fürnehmen hinaus / Suchen und brauchen also under dem schein und deckel ihres ampts / ihren mutwillen, eygennutz und vorteil / pracht und übermut / wie man offentlich wohl vernehmet und siehet / Daher sie dann auch gar sehr und über die maß von den untersassen verhaßt / feindselig und wo nit offentlich doch heimlich verflucht und gescholten werden."[4]

Die Amtsleute der damaligen Zeit hatten jedoch einen mit den modernen Beamten nicht vergleichbaren Status. Von einem eigentlichen Beamtenstand kann erst im Zeitalter der Aufklärung und vor allem nach der Aufhebung der Adelsprivilegien zu Beginn des 19. Jahrhunderts gesprochen werden. An die Stelle von Gefolgsleuten der Monarchen und Fürsten treten die im Dienst des Staates stehenden Beamten, aus den Fürstendienern werden Staatsdiener.[5]

Deren noch zur Zeit des Absolutismus geschaffener Status und die damit verbundenen Privilegien überdauerten jedoch alle folgenden Zeitenwenden nahezu unbeschadet. Mitte des 19. Jahrhunderts stellte der bedeutende Rechtsgelehrte Robert Mohl fest, daß die mitteleuropäischen Monarchien mit dem Beamtentum ihren Erben „ein großes Mittel der Macht und des Gehorsams hinterlassen haben".[6]

Spätestens zu Beginn des 19. Jahrhunderts entstehen die noch heute gültigen Grundlagen des Beamtendienstrechtes: unbedingter Gehorsam gegenüber dem Staat, Gesetzespositivismus, Unkündbarkeit bei Wohlverhalten, Laufbahnprinzip sowie die Alters – und Hinterbliebenenfürsorge.[7]

Verblüffend ist vor allem die „Selbstverständlichkeit, in der die öffentliche Verwaltung den Wechsel der Staatsformen überstand". Dies „zeigt zunächst", so der Historiker Thomas Ellwein, „daß jede größere oder grundsätzliche Veränderung der Verwaltung ungleich schwieriger ist als der Wechsel der Herrschaft."[8]

Die Gefahr

Gerade in Zeiten gesellschaftlicher Krisen hat die Verwaltung ihre Fähigkeit zur Kontinuität auch über die gesellschaftlichen Systeme hinweg bewiesen. Ob Räte, Sozialdemokraten oder Nationalsozialisten – sie alle waren am wirksamen Vollzug der Gesetze und Verordnungen interessiert und auf das Fachwissen, die Sachinformationen und den vorhandenen Apparat der öffentlichen Verwaltung angewiesen.[9]

Eine Institution, deren Bedeutung so groß ist, daß sich die unterschiedlichsten politischen Systeme mit ihr arrangieren müssen, die jeweils den Willen der Herrschaft vollzieht und darin unentbehrlich ist, die überdies die unterschiedlichen politischen Systeme in weitgehend unveränderter Struktur überlebt, „hat eine große Chance, selbst zur Herrschaft zu werden."[10]

Auch der berühmte Soziologe Max Weber erkannte neben dem möglichen Nutzen der Verwaltung die Gefahr, die von ihr ausgeht: „Stets ist die Machtstellung der voll entwickelten Bürokratie eine sehr große, unter normalen Verhältnissen eine überragende." Weber wies außerdem darauf hin, daß die Inhaber der staatlichen Macht den „im Betrieb der Verwaltung stehenden geschulten Beamten" unterlegen seien: „Diese Überlegenheit des berufmäßig Wissenden sucht jede Bürokratie noch durch das Mittel der Geheimhaltung ihrer Kenntnisse und Absichten zu steigern. Bürokratische Verwaltung ist ihrer Tendenz nach stets Verwaltung mit Ausschluß der Oeffentlichkeit."[11]

Spielräume

Die Macht der Verwaltung resultiert aus ihrer Rolle als Vollzugsorgan des Staates. Dabei ist ihre Tätigkeit keineswegs auf das Hoheitliche begrenzt. Im Gegenteil treten vor allem die unteren Verwaltungsebenen in direkten Kontakt mit ihren Klienten. Gerade sie verfügen daher über eine erhebliche Macht-position: „Macht hat der, von dem man unmittelbar abhängig ist."[12] Es war wieder Max Weber, der bereits früh erkannte, daß sich „in einem modernen Staat die wirkliche Herrschaft (...) in der Handhabung der Verwaltung im Alltagsleben auswirkt."[13]

Die Befugnisse, mit der gerade die unteren Verwaltungsebenen Entscheidungen in der Sache treffen, sind weitreichend. Dagegen wird ein Vertreter der öffentlichen Verwaltung in der Regel argumentieren, daß er kaum über eigene Entscheidungsgewalt verfüge, da er lediglich Bestimmungen und Anordnungen des Gesetzgebers ausführe. Dies trifft jedoch im Alltagsvollzug nicht zu: Insbesondere die Kommunalverwaltungen, mit denen wir tagtäglich zu tun haben, sind nicht die unterste, sondern eine selbständige Ebene im Staat: „Ihr können nur in begrenzten Bereichen unmittelbar Weisungen erteilt werden. In der Hauptsache ergehen die Weisungen in der Form von Rechtsvorschriften."[14] Mit den eher allgemeingehaltenen Verfahrensregeln und Verwaltungsvorschriften verfügen die Kommunalverwaltungen über einen größeren Spielraum als die Fachverwaltungen, die im Gesetzesvollzug durch ergänzende Vorschriften wesentlich stärker gebunden sind.

Selten kann das Tun der Verwaltung durch Gesetze eindeutig festgelegt werden – daher werden auch von vornherein die eher bindenden „konditionalen Handlungsprogramme" von den in der Verwaltung überwiegenden „Zweckprogrammierungen" unterschieden.[15] Im übrigen erfolgte in den vergangenen Jahren eine nicht mehr übersehbare Flut von Gesetzesneuerungen, die häufig unbestimmt, widersprüchlich, unklar oder in der Anwendung so schwierig sind, daß sie in der Verwaltung erst vollziehbar gemacht werden müssen. Daher ergeben sich in der Praxis erhebliche Ermessensspielräume: „Die Vollzugsbehörden auf unterer Ebene bleiben bei der Erfüllung ihrer Aufgaben einigermaßen sich selbst überlassen."[16]

Das Problem ist die Handhabung dieser Ermessensspielräume. Es wird keinem Verwaltungsfachmann schwerfallen, die von ihm getroffene Entscheidung auf die Grundlage zitierbarer Rechtsnormen zu stellen. Der Rückzug auf diese offenbar eindeutigen und unwiderruflichen Rechtsgrundlagen zeichnet nach den Erfahrungen der hier vorliegenden Fälle das Verhalten und die Kommunikationsform der handelnden Beamten aus. Es wird immer verschwiegen, daß in der Regel die Wahl zwischen unterschiedlichen Entscheidungsalternativen besteht. Im Gegenteil werden Begründungen so vorgetragen, daß jeder Widerspruch im Keim erstickt. Es stellt sich tatsächlich die Frage, ob die mit Paragraphen gespickten, in unverständlichem „Amtsdeutsch" verfaßten Ausführungen, Anordnungen und Bescheide der Verwaltung nicht eben diese Wirkung herbeiführen sollen. Die Demonstration unwiderruflicher Eindeutigkeit bedeutet jedenfalls, sich selbst nicht in Frage zu stellen und nicht in Frage gestellt werden zu wollen.

Dieses System offenbart jedoch seine Schwächen besonders dann, wenn der bei der Bearbeitung vorhandene Beurteilungsspielraum von mehreren mit derselben Angelegenheit befaßten Sachbearbeitern (vielleicht in verschiedenen Behörden) zu ganz unterschiedlichen Ergebnissen führt. Dann erlebt der Bürger die Anwendung und Durchsetzung von scheinbar unumgänglichen Vorschriften als reinen Willkürakt.

Die Kollision

Die Kollisionen mit dem Amtsschimmel erleben viele Betroffene als Trauma, obgleich die Reaktionen sehr unterschiedlich sind. Wie man sich denken kann, widmen sich die Medien vor allem den spektakulären Reaktionen: „Schon wieder: Bürger erschoß Beamten. Frührente nicht genehmigt – Tragödie in der Behörde."[17] „In deutschen Amtsstuben kommt es nach Angaben der Gewerkschaft kommunaler Beamter und Arbeitnehmer zunehmend zu Tätlichkeiten gegen Beamte. (...) Neben körperlichen Angriffen seien auch vermehrt Bedrohungen und Beleidigungen zu verzeichnen (...) So wurde eine Mitarbeiterin des Wuppertaler Sozialamtes von einem Antragsteller mit einem Revolver bedroht, weil sie dessen Sozialhilfeantrag abgelehnt hatte. (...) In Duisburg trat nach Angaben der Gewerkschaft ein verärgerter Bürger eine Tür im Sozialamt zu Bruch und räumte in Sekundenschnelle einen Schreibtisch ab.“[18]

Die allermeisten Kollisionen enden allerdings weniger spektakulär. Wenn nicht – und dies wird am häufigsten der Fall sein – die Betroffenen fragwürdige Entscheidungen einfach hinnehmen, weil sie keine Chance für eine erfolgreiche Gegenwehr sehen, sind unterschiedliche Reaktionsmuster denkbar.

Reaktionen

Viele betroffene Bürger vertrauen im Anfangsstadium eines Konflikts auf ihre persönliche Überzeugungskraft. Damit mögen sie im Gespräch mit dem Beamten mitunter Erfolg haben – im Wege des Briefverkehrs ist der Versuch, den Beamten als Person anzusprechen und bei ihm Verständnis zu wecken, selten von Erfolg gekrönt. Gerade dann scheint sich der Angesprochene hinter der rigiden Amtssprache vor einer emotionalen Vereinnahmung schützen zu wollen.

Derartige Briefwechsel zeigen deutlich, wie fremd und bisweilen unversönlich sich die „im Gespräch befindlichen Parteien“ gegenüberstehen. Erst hier entsteht in der Regel der eigentliche Konflikt. Wäre die Bereitschaft erkennbar, in einen tatsächlichen Dialog mit dem Wunsch einer einvernehmlichen Lösung des vorliegenden Problems einzutreten, der den sonst üblichen Kommunikations- und Streitgepflogenheiten entspräche, wäre bereits ein erheblicher Schritt zu einem unbelasteteren Verhältnis zwischen Verwaltung und Bürgern getan. Dies würde jedoch eine deutliche Einbuße der vorhandenen Machtposition mit sich bringen. Ob dies von den öffentlichen Verwaltungen ernsthaft gewünscht wird, soll hier offen bleiben.

Andere Bürger werden aufgrund traumatischer Erlebnisse mit Behörden selbst zum „Beamten“: Sie erlernen dessen Sprachcode, führen unendliche Briefwechsel mit ihren Kontrahenten, mit Gerichten, politischen Parteien und Petitionsausschüssen und präsentieren am Ende stolz die Archive ihres jahrzehntelangen Kampfes. Vielleicht sind sie zu guter Letzt von sich selbst entfremdet und keiner ihrer Freunde mag die Geschichte, die ihnen zum Lebensinhalt geworden ist, noch hören – sie haben jedoch den ungleichen Kampf mit gleichen Waffen aufgenommen und können nicht so getroffen werden wie diejenigen, die im Amt Verständigung suchen und keinem Menschen begegnen.

Sich selbst verletzen diejenigen, die unter einem erheblichen Verlust von Selbstachtung versuchen, den zuständigen Beamten milde zu stimmen; dieses weit verbreitete Unterfangen beginnt bereits dort, wo wir auf den Fluren der Behörde bescheiden nach Zimmernummern fragen, uns vor der Tür die Haare zurechtstreichen und nach vorsichtigem Anklopfen auf Aufforderung demütig das Amtszimmer betreten.

Wer keine guten Beziehungen hat und dennoch eine reelle Chance haben will, nimmt sich einen Anwalt. Nur dieser ist im Besitz des magischen Sprachcodes, mit dem er die einzig möglichen Kommunikationswege beschreitet, die zum Erfolg führen können. Er kann kraft seiner Kenntnis auf all die alternativen Auslegungen in der Streitsache verweisen, nach Formfehlern suchen und (nicht ohne Hoffnung) auf Verjährung setzen.

Wer sich gegen Anordnungen und Bescheide oder einfach gegen behördliches Verhalten zur Wehr setzt, muß sich allerdings auf einen langen Weg einstellen.

Der lange Weg

In der weit überwiegenden Anzahl der hier vorliegenden Fälle beharrt der ausführende Beamte auf *seiner* Auslegung der Angelegenheit – auch dann, wenn ein Irrtum offensichtlich ist oder der Ermessensspielraum sich als groß herausstellt. Über die Gründe kann man nur mutmaßen: Es liegt nahe, daß besonders vor dem Hintergrund einer Strategie, die von Beginn an nicht auf Verständigung zielt, die Bereitschaft zum Einlenken gering ist. Viel schwerer mögen hier jedoch Gründe ins Gewicht fallen, die auf grundlegende Systemfehler hinweisen:

Viele Beamte verstehen ihre Aufgabe offenbar so, daß sie die Interessen des Staates gegen die Bürger vertreten. Ihre Diensteifrigkeit ließe sich danach an der Zahl der (Streit-)Fälle ablesen – wir kennen dieses Profilierungsproblem von den Polizeibeamten. Ohne Aufheben und Aufwand aus der Welt geschaffte Probleme werden als Leistung entweder gar nicht sichtbar oder erreichen jedenfalls bei weitem nicht die Aufmerksamkeit wie die Streitfälle, die den Staatsapparat lange (meist über Jahre) beschäftigen.

Besonders fatal ist die Tatsache, daß der ausführende Beamte einen Streit auf der Grundlage mehrfacher Deckung vom Zaun brechen und auf einen langen Instanzenweg bringen kann:

Deckung geben in aller Regel die Vorgesetzten und die nachfolgenden staatlichen Instanzen, die im Weg der Beschwerde angerufen werden; sie verfügen über einen gleichlautenden Sprachcode und scheinen sich zuallererst als Vertreter der ausführenden Beamten zu verstehen. Bei keinem der vorliegenden Fälle stellte ein Landratsamt, ein Regierungspräsidium oder eine Bezirksregierung die zuvor von einer unteren Behörde getroffenen Entscheidungen in Frage (es sei denn, daß diese zuungunsten der Betroffenen noch verschärft wurden, als Ausnahme ist hier lediglich die erfolgreiche Dienstaufsichtsbeschwerde beim Fall „Das verzollte Paket" zu nennen). Distanzierung und deutliche Infragestellung von Erstentscheidungen erfolgten erst bei den im weiteren Instanzenweg angerufenen Verwaltungsgerichten.

Fehlende Gesprächsbereitschaft und überhöhte Selbstsicherheit auch in zweifelhaften Fällen resultieren jedoch auch aus der Tatsache, daß die Betroffenen in der „Bringpflicht" sind. Sie stehen am Pranger und müssen sich wehren, sie müssen gegen Anordnungen und Bescheide vorgehen – die Beamten können, nachdem sie das Verfahren in Gang gesetzt haben, in großer Gelassenheit abwarten. Während die Betroffenen Kosten und Mühen auf sich nehmen, um sich ins Recht zu setzen, unternimmt der Beamte zunächst gar nichts und läßt sich dann ohne Risiko vertreten. Er wird in der Regel den weiteren Verlauf der von ihm ausgelösten Streitsache gar nicht mehr verfolgen. Es entstehen für ihn weder Kosten, noch hat er irgendwelche Konsequenzen zu befürchten – auch bei offenbar werdender Fehleinschätzung in der Sache und für den Staat ungünstig verlaufendem Streit. Irrtümer, unbedachte und willkürliche Entscheidungen bleiben für den Beamten folgenlos. Es ist anzunehmen, daß so die Schwelle zum Konflikt sehr niedrig liegt.

Die alltägliche Bedrohung

Die Ungleichheit der Mittel, die (nicht im Sinne des Bürgers genutzten) Ermessensspielräume und die rigiden Kommunikationsformen verleihen dem Beamtenapparat einen Status, der ihn in die Nähe obrigkeitsstaatlicher Vollzugsorgane rücken läßt. Da ein Obrigkeitsstaat jedoch nicht existiert, politische Gremien sogar im Gegenteil in einem Achtungstief stehen, ist die öffentliche Verwaltung anscheinend *die* Macht im Staat, von der sich viele Menschen zunehmend bedroht fühlen.

Die Bedrohung nimmt aus zwei Gründen zu. Zum einen sind die Berührungspunkte zwischen Behörden und Bürgern in den vergangenen Jahren immer zahlreicher geworden. Vom Hausbau bis zum Straßenverkehr, vom Sozialamt bis zum Arbeitsamt, von der öffentlichen Grünfläche bis zur naturgeschützten Wiese, von der Haustierhaltung bis zum Fischteich, vom Steuerbescheid bis zur Müllabfuhr, von der Restaurantküche bis zur Landschlachterei reicht die Bandbreite des öffentlichen Zugriffs.

Zum anderen nimmt die Bedrohung deswegen zu, weil in deutschen Amtsstuben eine furchtbare Idee auf fruchtbaren Boden fällt und zur unwiderruflichen Ausführung gelangt: die Idee, alles regeln und vereinheitlichen zu können, jeden scheinbar anarchischen Versuch der Selbstbehauptung und des Andersseins zu ahnden, das Recht auf die Verantwortung für sich selbst und das Bedürfnis nach persönlicher Entscheidung zu bestreiten und das natürliche Recht auf Risiko in Frage zu stellen.[19] Alles soll gleich und DIN-genormt sein, alles geregelt und verwaltet – ob es sich um die Farbe des Hauses, die Neigung der Regenrinne, die Anlage eines Gartenteiches, die Form eines Grabsteines, den Auspuff eines Autos, das Verbot zum Betreten dieser, die Erlaubnis zum Betreten jener Fläche, das verordnete Vernichten von Lebensräumen hier, den verordneten Erhalt da, die Einteilung der Lebenswelt in behördlich zugewiesene Zonen für Mensch und Tier, den Schilderwald auf den Straßen oder was auch immer handelt – unser tägliches Handeln wird zunehmend reglementiert, die Zeit für selbstverantwortliche nonkonforme Handlungsentscheidungen scheint abgelaufen.

Offenbar herrscht ein bedrohlicher Geist in unserem Land: Alles, was nicht geregelt ist, ist nach dessen Vorstellung kein wünschenswerter Freiraum, sondern lediglich eine auszumerzende Gesetzeslücke.[20] Die Zahl der Nischen, in die sich bislang diejenigen Menschen flüchten konnten, die der Uniformierung unseres Alltagslebens entgehen wollten, verschwinden in Anbetracht einer allgegenwärtigen Bürokratie.

In einem Fernsehmagazin wurde die erschreckende Konsequenz vor Augen geführt, mit der die Regulierung und Durchleuchtung des alltäglichen Lebens inzwischen vollzogen wird: Dort führte der stellvertretende Landrat von Böblingen auf einer Großleinwand einen „Umweltsünder" vor, der mit einer Video-Überwachungsanlage dabei beobachtet wurde, wie er Zeitungen im Glascontainer entsorgte. Im selben Landkreis überprüfen zivile, von der Verwaltung beauftragte Kontrolleure stichpunktartig die Inhalte der Biotonnen und stellen deren fahrlässig entsorgende Besitzer noch am Tatort zur Rede. Derart ausfindig gemachten Umweltsündern wird es anheimgestellt, statt eines Bußgeldes ihrer Reue mit einem „Umweltarbeitsdienst" Ausdruck zu geben.[21]

Von bedenklicher und undurchschaubarer Zusammenarbeit mit fragwürdigen Informanten bis zur amtlichen Aufforderung zur Denunziation reicht das Spektrum tatsächlich bedrohlicher Amtstätigkeit auch bei einigen der in diesem Buch vorliegenden Erlebnisse. Ist es in einem Fall ein von der Stadt bezahlter Frührentner, der die unterschiedlichsten und belanglosesten Tatbestände zur Anzeige bringt (siehe hierzu: „Der unsortierte Hausmüll"), ist es im anderen ein in die Enge getriebener Betroffener: Auf seinen Einwand hin, daß das, was ihm verboten würde, im Landkreis gang und gäbe sei, wird er schriftlich von der Verwaltung aufgefordert, die ihm bekannten Zuwiderhandlungen zur Anzeige zu bringen. Da er diesem Anliegen mit einer umfangreichen und exakten Kartierung tatsächlich nachkommt und bei diesem Fall noch ein unverhofftes böses Ende droht, kann hier im Gegensatz zu allen anderen Schilderungen weder das verantwortliche Amt noch der Ort des Geschehens genannt werden („Die verbotene Gartennutzung").

Wie groß die Angst vor Repressalien und wie wenig ausgeprägt offenbar die Zivilcourage unter dem Eindruck der Behördenmacht ist, darauf deutet auch ein erstaunlicher Sinneswandel derjenigen hin, die mir zunächst aufgrund der Zusicherung der Anonymisierung (die ich allerdings nur auf eine Veröffentlichung bezog, eine Anfrage zum Fall bei der zuständigen Behörde schien mir selbstverständlich) ihre Akten anvertraut hatten: Nachdem ich bei etwa 100 Personen um eine Freistellung bat, in der sie die bearbeitende Behörde von der Schweigepflicht in der betreffenden Angelegenheit entbinden sollten, blieb nicht einmal die Hälfte derjenigen, die sich immerhin aus freien Stücken an mich gewandt hatten, standhaft. Eine Frau aus Norddeutschland drückt das aus,was andere ähnlich empfunden haben mögen: „Ich beziehe mich auf Ihr Schreiben vom 21. 5. 96 und teile Ihnen mit, daß ich mich noch nicht entscheiden konnte, Ihr Formblatt unterschrieben zurückzusenden. Herr Blunk, der uns beim Landkreis anzeigte, steht mir fast täglich als Kunde gegenüber. Meine Chefin überläßt die Entscheidung selbstverständlich mir, aber in einer Kleinstadt wie N., wo jeder bekannt ist, könnten eventuell Nachteile für mich entstehen . . ."

Ausblick

Ich erinnere mich gut an ein weiteres Radio-Interview: Dieses Mal fragte mich die Redakteurin zu Beginn des Gesprächs nach meiner „schönsten Geschichte". Hier mußte ich nicht lange über die Antwort nachdenken. Mir fiel der Maurerpolier ein, dessen tagtägliche Freude über eine von ihm geschaffene Teichanlage aufgrund einer 11 Jahre dauernden Auseinandersetzung mit den zuständigen Naturschutzbehörden getrübt wurde. Dieser Fall hat für den Außenstehenden nichts Spektakuläres, nicht einmal die Rechtslage spricht für den Hobbyteichwirt, darüber hinaus geht es offenbar um eine Angelegenheit ohne existentielle Tragweite. Der Betroffene erlebte den Konflikt jedoch anders, er spricht rückblickend von verlorenen Jahren, in denen Wut und Ohnmacht allmählich von Resignation abgelöst wurden: „Die lassen Dich solange paddeln, bis Du untergehst." („Die nicht genehmigte Teichanlage")

Dieses Zitat zeigt, daß die Ausübung von Macht und das subjektive Erleben der Kollision mit den Behörden keinesfalls an spektakuläre und tatsächlich existenzbedrohende Auseinandersetzungen gebunden sein muß. Im Gegenteil verweisen gerade die unscheinbaren und auf den ersten Blick recht belanglosen Fälle auf die Alltäglichkeit der bedrohlichen Kommunikation und die kafkaeske Ausweglosigkeit, in der Bürger der behördlichen Willkür mitunter ausgeliefert sind.

Spektakuläre Fälle aus dem sozialen Bereich sind in der vorliegenden Sammlung aus zwei Gründen kaum zu finden. Zum einen war hier der beschriebene Rückzug besonders eklatant, zum anderen erfordern gerade diese Fälle eine intensive Recherche mit einem am Ende schwer zu fällenden Urteil: Hat das Sozialamt tatsächlich falsch gehandelt, als es der Familie die Kinder von einem Tag auf den anderen entzog, weil der (sich später nicht erhärtende) Verdacht auf Kindesmißhandlung bestand? War der Vorwurf einer eheähnlichen Gemeinschaft, der zum Entzug der Sozialhilfe führte, berechtigt oder unberechtigt? Da das Projekt „Bürokratie in der Alltagswelt" über keinerlei finanzielle oder personelle Ausstattung verfügt, war ich vor diesem Hintergrund mit derart schwierigen Sachverhalten überfordert. Dennoch erhoffe ich als Resonanz auf die hier veröffentlichten „Erlebnisse mit dem Amtsschimmel" weitere Fallschilderungen aus den unterschiedlichsten Themenbereichen, die die These von „der bedrohlichen Allmacht der Bürokratie im Alltag" weiter erhärten können (Adresse: Seminar für Volkskunde, Friedländer Weg 2, 37085 Göttingen). Erst dann würden aus Überlegungen Feststellungen, erst dann ließe sich über wissenschaftliche Schlußfolgerungen nachdenken. Daher bitte ich dieses Buch auch nicht als wissenschaftliche Abhandlung mißzuverstehen.

Vielleicht hat es jedoch einen praktischen Nutzen und trägt mit seinen Fallschilderungen dazu bei, eine breite Diskussion in Gang zu bringen. Darüber hinaus sind zur Problemlösung die politischen Parteien gefragt: Einzelne Maßnahmen zur Verbesserung des Verhältnisses zwischen Bürger und Verwaltung ändern wenig am grundlegenden Problem des Systems – der allzu großen Machtposition der öffentlichen Verwaltung. An die Stelle ihrer starren und unflexiblen Regelorientierung muß die Bereitschaft zur kooperativen Handlungsorientierung treten, [22] die nach einvernehmlichen Lösungen sucht. Dazu ist ein Umdenken der Beamten erforderlich. Dieses könnte unter anderem auch dadurch gefördert werden, daß sie bei von ihnen ausgelösten kostspieligen Streitfällen zur Rechenschaft gezogen werden. Wenn es jedoch bei einer Haltung bleibt, deren Ziel die Durchsetzung der Verwaltungsposition „um jeden Preis" ist, wird darunter die Akzeptanz des Staates weiter leiden; eine explosive Stimmungslage in weiten Teilen der Bevölkerung ist deutlich spürbar.

Mir ist bewußt, daß ich die Antwort auf die Frage nach der schönsten Geschichte schuldig geblieben bin: Nachdem ich – in Gedanken noch ganz beim Maurerpolier – den Begriff „schöne Geschichte" in Frage gestellt hatte (es gibt in diesem Sinne also eigentlich keine „schöne Geschichte"), schilderte ich dann aber einen anderen – rechtlich eindeutigeren – Fall und verwies darauf, daß die wirkungsvollste Waffe gegen absurde Argumentationen, rigides Vorgehen, haarsträubende und nicht nachvollziehbare Entscheidungen sowie mitunter folgenschweren Machtmißbrauch das Vorhalten eines Spiegels sei. Ich ziehe in diesem Fall den theoretischen Erwägungen und der „besserwisserischen" Nörgelei das Mittel einer ironischen Erzählweise vor, die das Realgeschehen pointiert wiedergibt und so den Finger auf die Wunde legt. Auch die bissigste Darstellung kann uns zum Lachen bringen; wenn wir dabei nicht über die Betroffenen, sondern über eine monströse Verwaltung und seine übereifrigen Diener lachen, ist dagegen überhaupt nichts einzuwenden.

Anmerkungen

1 Meisenberg 1983, 9
2 vgl. hierzu Ellwein 1994, 31
3 Gobler 1550, IIIff. (Laienspiegels Erster Teil, Von Amptleuten und Befehlchhabern auffm Lande), nicht buchstabengetreu transkribiert
4 ebda.
5 Zur Entstehung des modernen Beamtentums näheres bei Hattenhauer 1980, 173f. u.190f. Ellwein 1994, 9f.; Mayntz 1978, 19f.
6 Robert Mohl 1862, 44
7 vgl. Wunder 1978, 329; Hattenhauer 1980, 191; Ellwein setzt als wichtigen Markierungspunkt noch das Reichsbeamtengesetz von 1873, in Ellwein/Zoll 1973, 25
8 Ellwein 1994, 36; Wunder 1978, 328f.
9 Mayntz 1978, 66.; Hattenhauer 1980, 298ff.
10 Ellwein 1994, 43; Meisenberg 1983
11 Weber 1956, 580 sowie 581, 833, 843; zum „Machtstreben bürokratischer Apparate" auch Meisenberg 1983, 10
12 Ellwein 1994, 44; zur Bedrohung des Staates durch die Bürokratie auf 8; Mayntz 1978, 30
13 Weber 1956, 833
14 Ellwein 1994, 14
15 Ders., 46; Mayntz 1978, 74
16 Mayntz 1978, 96
17 Hamburger Abendblatt, 4.2.92
18 Frankfurter Rundschau, 29.10.92: „Beamte als Blitzableiter"
19 vgl. Die Zeit, 19.10.1984: Manfred Sack: Wie der Staat seine Bürger entmündigt

20 vgl. hierzu auch Meisenberg 1983, 11; er schiebt jedoch die Verantwortung allzu sehr auf die Gesetzgebung. Vgl. auch Rommel 1990, 30
21 Spiegel TV Magazin vom 19.5.96. Thema: Müllkonzept Baden-Württemberg
22 vgl. Mayntz 1978, 115

In der Einleitung verwendete Literatur

Ellwein, Thomas; Zoll,Ralf: Berufsbeamtentum – Anspruch und Wirklichkeit. Zur Entwicklung und Problematik des öffentlichen Dienstes. Düsseldorf 1973

Ellwein, Thomas: Das Dilemma der Verwaltung. Verwaltungsstruktur und Verwaltungsreformen in Deutschland. Mannheim 1994

Gobler, Justin: Der Rechten Spiegel. Ausz den beschribenen Geystlichen, Weltlichen, Natuerlichen, und andern gebreuchlichen Rechten . . . Franckfurt am Mayn 1550

Hattenhauer, Hans: Geschichte des Beamtentums (Handbuch des öff. Dienstes, Bd.1). Köln 1980

Mayntz, Renate: Soziologie der öffentlichen Verwaltung. Karlsruhe, 1978

Meisenberg, Josef: Bürokratie – Bürgerferne der Verwaltung. Stuttgart/München 1983

Mohl, Robert: Staatsrecht, Völkerrecht und Politik, II (Politik, I. Bd.), Tübingen 1862

Weber, Max: Wirtschaft und Gesellschaft. Grundriß der verstehenden Soziologie (2. Auflage, 2. Halbband). Tübingen 1956

Wunder, Bernd: Privilegierung und Disziplinierung. Die Entstehung des Berufsbeamtentums in Bayern und Württemberg (1780–1825). München/Wien 1978

1. Die Treppe ins Nichts

Tiefbauamt Bad Gandersheim

In den 50er Jahren entstand in einem Ortsteil der Stadt Bad Gandersheim eine neue Siedlung. Die Häuser wurden ordentlich aufgereiht direkt neben der neuen Straße errichtet, Hauseingänge und Garagen wandten ihr freundlich das Gesicht zu. Die Gemüsegärten lagen im rückwärtigen Teil der Grundstücke und waren von der Straße aus nicht einsehbar. Auch damals mußten die Anlieger wahrscheinlich bereits Erschließungskosten für die Anbindung an das kommunale Straßen-, Wasser- und Klärsystem bezahlen. Die Umlagen mögen jedoch nicht so hoch gewesen sein, wie das heute der Fall ist – die Verschuldung der Gemeinden ist groß, Bad Gandersheim ist mittlerweile gar die höchstverschuldete Stadt in Niedersachsen.

In einem der Siedlungshäuser wohnt heute die Familie Tappe. Auch ihr Hauseingang und ihre Garageneinfahrt befinden sich unmittelbar an der mittlerweile alten Straße. Da ihr Grundstück am Rande der Siedlung liegt, konnte der Garten etwas größer ausfallen. Er läuft neben dem Haus noch einige Meter an der Straße entlang. Eine Hecke und ein Gartenzaun bilden die gut sichtbare Grenze. Neben dem Hauseingang kann man auch den Garten nur von der Straße her durch eine Pforte betreten. Zu den rückwärtigen Feldern hin ist er dicht eingewachsen.

Die Familie Tappe hatte gar nichts dagegen, als in den achtziger Jahren hinter ihrem Haus ein neues Wohngebiet entstand. Sie freuten sich auf neue Nachbarn und Spielgefährten für ihre Kinder. Nach Fertigstellung der ersten Häuser wurde auch bald Kontakt hergestellt; alles verlief zu ihrer Zufriedenheit. Als es 1990 darum ging, bei Bürgerversammlungen mit

Vertretern der Stadt über die endgültige Erschließung des Wohngebiets und die Fertigstellung einer Stichstraße zu sprechen, war die Familie Tappe ab und zu dabei. Immerhin führte die Straße seitwärts an ihrem Grundstück vorbei – getrennt lediglich durch einen öffentlichen Grünstreifen und eine breite Böschung. Auf Nachfrage der neuen Nachbarn, warum sie an deren Treffen teilnähmen, wußten sie außer Neugier und nachbarschaftlichem Interesse nichts vorzubringen.

Die neue Straße wurde nach Plan fertiggestellt, die Erschließung der Häuser mit Bürgersteig und Zufahrt erfolgte zügig, so daß die schmucken Fahrzeuge der Neuanwohner nicht länger von Schlaglöchern und aufspritzendem Schmutzwasser malträtiert wurden und die Menschen endlich trockenen Fußes in ihre Wohnungen gelangen konnten. Die Familie Tappe erhielt Kenntnis davon, daß ihre Nachbarn und Freunde zufrieden waren.

Am 26. 7. 1994 bekam Herr Tappe Post von der Stadt Bad Gandersheim. Darüber wunderte er sich, hatte er doch seit langer Zeit mit Behörden nichts zu tun gehabt. Fassungslos las er dann den Inhalt:

„Sehr geehrter Herr Tappe,
an Sie ergeht folgender

Bescheid:
Für Ihr Grundstück Dunkelsheim 60 Gemarkung Dunkelsheim Flur 2 Flurstück 90/16 und 90/29 wird eine 1. Vorausleistung auf den Erschließungsbeitrag in Höhe von

26.186,51 DM

festgesetzt.

Die Anforderung weiterer Vorausleistungen bis zur vollen Höhe des voraussichtlichen Erschließungsbetrages bleibt vorbehalten." (Brief des Tiefbauamtes Bad Gandersheim vom 26. 7. 1994)

Es dauerte einige Zeit, bis Herr Tappe diese Nachricht verdaut hatte. Dann kam er zum Schluß, daß es sich nur um ein Mißverständnis handeln könne. Er zeigte den Bescheid mehreren Anwohnern der neuen Straße, die ihn in seiner Ansicht bestärkten und ihm rieten, den Irrtum in einem baldigen Antwortbrief richtigzustellen. Dies tat Herr Tappe. Seine Argumentation hatte er zur Vorsicht mit einem Rechtsanwalt abgestimmt:

„Meine Grundstückseinfriedung und auch die Anlage und Aufteilung des Grundstückes ist und war schon immer nur so eingerichtet, daß eine Zufahrt ausschließlich über die ‚alte Siedlungsstraße' erfolgte und erfolgen konnte. (...) Da mein Wohnhaus bereits seit 40 Jahren besteht und auch entsprechende Zuwegungen vorhanden sind und waren, bevor die jetzige Erschließungsstraße gebaut wurde, hatte und habe ich keinerlei Nutzen von dieser neuen Straße. Eine Beitragspflicht kann nach dem BBauG nur dann entstehen, wenn Erschließungsanlagen erforderlich werden, um Bauflächen und gewerblich nutzbare Flächen entsprechend den baurechtlichen Vorschriften zu nutzen. Dieses trifft für mein Grundstück und somit auch für mich aus den o.a. Gründen nicht zu. (...)

Durch die jetzt vollzogene Gestaltung der Erschließungsstraße in Form der gesetzten Bordsteine, der Bepflanzung und der Böschungsneigung, ist die Stadt offensichtlich selbst davon ausgegangen, daß von dieser Erschließungsstraße eine Zufahrt zu meinem Grundstück weder angelegt werden soll, noch angelegt werden kann. Also ist auch durch die Ausführung der Gestaltung der Straße Ihr o.a. Bescheid bereits vorzeitig ad absurdum geführt worden. Eine Beitragspflicht entfällt jedoch, wenn es offensichtlich unmöglich ist, von einer Erschließungsanlage eine Zufahrt auf das Grundstück herzustellen." (Brief von Herrn Tappe vom 3. 8. 1994)

Damit schien für Herrn Tappe die Sache erledigt, bis er am 23. 9. 1994 folgenden Brief vom städtischen Bauamt erhielt:

„Sehr geehrter Herr Tappe,

ich beabsichtige, für Ihr Grundstück (...) eine Zuwegung (...) zu schaffen, was ich Ihnen hiermit anbiete.

In der Anlage übersende ich Ihnen zwei Lagepläne und bitte Sie, den von Ihnen gewünschten Platz der Zuwegung in die Lagepläne einzutragen und mir einen Lageplan zurückzusenden." (Brief des Bauamtes der Stadt Gandersheim vom 23. 9. 1994)

Herr Tappe war fassungslos. Der Vorschlag einer Zuwegung zum hinteren Teil seines Gartens konnte nicht ernst gemeint sein. Eine Treppe oder irgend ein anderes in die Böschung führendes Bauwerk hätte überhaupt keinen Sinn und würde im Nichts enden!

Sofort nahm er einen Stift zur Hand und formulierte einen Antwortbrief. Nach der einführenden förmlichen Bezugnahme verlieh er seinem Ärger und seinem Unverständnis Ausdruck:

„Ich kann dieses ‚Angebot' leider nicht nachvollziehen. (. . .) Entweder ist mein Widerspruch mit Begründung nicht über Ihren Schreibtisch gelaufen oder, und davon ist bei Ihrem Schreiben sicherlich auszugehen, ich soll noch einmal für ‚dumm verkauft' werden und die abgeschlossenen Handlungen der Stadt im nachhinein zu meinem Nachteil geändert werden. Ich benötige keinerlei Zuwegung von der Erschließungsstraße des Baugebietes, da ich, wie bereits in vorgen. Widerspruch begründet, *absolut keinen Nutzen* von einer Zuwegung von dieser neuen Erschließungsstraße hätte." (Brief von Herrn Tappe vom 6. 10. 1994)

Längere Zeit hörte die Familie Tappe nichts von der Stadt Bad Gandersheim. Als Herr Tappe jedoch eines Tages von der Arbeit nach Hause kam und im Vorbeifahren einen Blick in die neue Straße warf, meinte er, dort irgendeine Veränderung bemerkt zu haben. Er stellte seinen Wagen ab, ging auf der alten Siedlungsstraße entlang um die Kurve - und traute seinen Augen nicht! Von der Straße führte eine aus Betonsteinen offenbar eilig neuangelegte Treppe direkt in die Böschung und endete vor seinem Gartenzaun!

Sofort rief Herr Tappe bei seiner Rechtsschutzversicherung an, um sich die Übernahme der nun fällig werdenden Anwaltskosten bestätigen zu lassen. Dort gab man ihm die Auskunft, daß der in der Versicherungspolice zugesagte Rechtsschutz sich nicht auf Auseinandersetzungen mit Behörden erstrecke; die Erfahrung habe gezeigt, daß Konflikte zwischen Bürgern und Staatsorganen in der Regel bis in die letzte Instanz gingen und damit für keine Versicherung kalkulierbar seien. Herr Tappe kündigte seine Rechtsschutzversicherung und nahm sich einen Anwalt, das Verfahren ist bis heute nicht abgeschlossen.

In einer wie auch bei allen anderen Fällen dieses Buches erbetenen Stellungnahme der Stadt Bad Gandersheim heißt es lakonisch:

„Als sogenanntes Eckgrundstück grenzt das Grundstück Tappe u.a. an die genannte Erschließungsanlage. Mit der Herstellung der besagten Treppe als sogenannte ‚Sondermaßnahme‘ wurde die zum Grundstück Tappe als tatsächliches Hindernis vorhandene Böschung ausgeräumt. Hierdurch hat die Stadt die durch die Rechtsprechung des Bundesverwaltungsgerichtes zwingend vorgegebene Erreichbarkeitsanforderung eines in einem Wohngebiet gelegenen Baugrundstückes hinsichtlich der Erschließung im Sinne der §§ 131 Abs. 1 und 133 Abs. 1 BauGB erfüllt und somit die funktionsgerechte Nutzbarkeit der Anbaustraße hergestellt. Daß die Böschung als tatsächliches Hindernis auch ausräumbar war, ist unzweifelhaft, da die getroffene Sondermaßnahme (Bau der Treppe) technisch einfach war und geringe Kosten im Vergleich zur Gesamtmaßnahme verursacht hat." (Brief des Bauamtes der Stadt Bad Gandersheim vom 24. 7. 1996)

Besonders interessant ist die anschließende Bemerkung, daß durch das „somit an der Verteilung des umlagefähigen Aufwandes zu beteiligende Grundstück Tappe der *Anteil der übrigen Grundstücke an dem umlagefähigen Aufwand erheblich vermindert*" werde. Die Einbeziehung in die Erschließungskostenabrechnung liege „auch im Sinne einer Beitragsgerechtigkeit gegenüber den übrigen Grundstücken."

Neuerliche Begegnungen mit den Anliegern der Erschließungsstraße fallen reserviert aus, nachdem der Versuch Herrn Tappes, die Nachbarn zu einer Unterstützung und deutlichen Meinungsäußerung zu bewegen, nicht von Erfolg gekrönt war. Man wolle, so die Auskunft, zuerst den Ausgang des Rechtsstreites abwarten ...

2. Die verweigerte Fremdenverkehrsabgabe

Kämmereiamt Ratzeburg

Bereitwillig versendet die Stadt Ratzeburg seit mehreren Jahren schön aufgemachte Fremdenverkehrsprospekte, in denen sie ihr Licht nicht unter den Scheffel stellt:

INSELSTADT
RATZEBURG
VON NATUR AUS GUT DRAUF

„Ihrer einstigen Randlage unmittelbar an der Grenze zur ehemaligen DDR verdankt die Inselstadt, daß viel Idyllisches bewahrt blieb – und eine einmalige Natur, von der die Bewohner genauso profitieren wie die zahlreichen Gäste.

Die bei ausgedehnten Spaziergängen am Seeufer entlang, über Domhof und Plätze, oder beim gemütlichen Bummel durch beschauliche Straßen und freundliche Geschäfte immer wieder feststellen können: Ratzeburg hat einen Charme, dem man sich kaum entziehen kann ...

Heute ist Ratzeburg eine blühende Stadt, mit allen Einrichtungen, die unsere moderne Zeit sich wünscht, und als Kreisstadt wieder Mittelpunkt der Verwaltung." (Fremdenverkehrsprospekt der Stadt Ratzeburg)

Im Jahr 1993 ließ die Stadt Ratzeburg durch die örtliche Tageszeitung amtlich bekanntmachen, daß sie in Zukunft eine Fremdenverkehrsabgabe zu erheben gedenke. In Paragraph 1 der Satzung wurde einleitend hervorgehoben, daß die Stadt als „Luftkurort anerkannt" sei. Die in diesem Zusammenhang entstehenden besonderen Belastungen wie „Werbung für den Fremdenverkehr", „Teilnahme an Messen", „Versand von Prospekten", „Aufwendungen für die Herstellung, Verwaltung und Unterhaltung der zu Erholungszwecken bereitgestellten öffentlichen Einrichtungen" sowie natürlich „Gehalts- und Lohnkosten für Sachbearbeiter" sollten durch die Fremdenverkehrsabgabe gedeckt werden. Abgabepflichtig seien nach Paragraph 2 „die natürlichen und juristischen Personen, denen durch den Fremdenverkehr unmittelbar oder mittelbar Vorteile geboten werden." (Satzung der Stadt Ratzeburg über die Erhebung einer Fremdenverkehrsabgabe)

Herr Dankwart betrieb im Luftkurort Ratzeburg ein Dentallabor. Mit dem Fremdenverkehr in der Stadt hatte er beruflich nur insofern zu tun, als seine Kurierfahrzeuge in den Sommermonaten ab und an im dichten Straßenverkehr stecken blieben und die gewünschten „Ersatzteile" dann nicht pünktlich ausgeliefert werden konnten. Privat ärgerten ihn wie viele andere Einheimische die offensichtlich nicht ganz regelmäßig gepflegten Badestrände. Vor allem die Reste von durchzechten Strandnächten boten mitunter einen unschönen Anblick. Da aber insgesamt der Fremdenverkehr in der „grünen Inselstadt Ratzeburg" trotz intensiver Werbemaßnahmen keine so bedeutende Rolle spielte, stellte er für Herrn Dankwart alles in allem überhaupt kein Problem dar.

Das änderte sich jedoch, als er von der Stadtkämmerei Ratzeburg am 22. 8. 1994 einen formlosen Veranlagungsbescheid zur Fremdenverkehrsabgabe über 500 DM erhielt. Diese Abgabe wollte dem Betroffenen nicht einleuchten, wurde er doch für seinen Betrieb mit immerhin 20 Angestellten schon ausgiebig zur Zahlung unterschiedlicher Steuern herangezogen: „Da machte sich bei mir Widerstand breit, denn diese Abgabe empfand ich als ungerecht. Steuern müssen wir ja alle zahlen, aber diese war einfach nicht gerechtfertigt."

Herr Dankwart übergab die Angelegenheit einem Anwalt und legte Widerspruch gegen den Bescheid ein. Dieser wurde von der Stadt Ratzeburg mit folgender Begründung zurückgewiesen:

„Gemäß § 2 Ziffer 1 der Satzung der Stadt Ratzeburg über die Erhebung einer Fremdenverkehrsabgabe vom 17. 5. 93 sind natürliche und juristische Personen, denen durch den Frem-

denverkehr unmittelbar oder mittelbar Vorteile geboten werden, abgabepflichtig.

Sie haben in Ihrer Firma die Möglichkeit, Zahnersatz anzu-
fertigen für in Ratzeburg praktizierende Zahnärzte. Zahnärzte
haben durch den Fremdenverkehr ohne Zweifel unmittelbare
Vorteile. Dadurch besteht für Sie ein mittelbares Vorteilsgebot.
Somit gehören Sie gemäß Satzung der Stadt Ratzeburg über die
Erhebung einer Fremdenverkehrsabgabe vom 17. 5. 93 zum
Kreis der Fremdenverkehrsabgabepflichtigen." (Widerspruchs-
bescheid der Stadt Ratzeburg vom 6. 10. 1994)

Nach diesem Bescheid blieben Herrn Dankwart lediglich zwei
Möglichkeiten: Entweder er zahlte die von ihm als ungerecht
empfundene Fremdenverkehrsabgabe, oder er ging den Weg vor
das Schleswig-Holsteinische Verwaltungsgericht. Die Klage
konnte ihn teuer zu stehen kommen, wenn er unterlag, das
wußte er. Die Hinnahme des Bescheides war sicherlich die
einfachere Möglichkeit – dennoch entschied er sich für die
Klage.

In der Klagebegründung wies der Anwalt von Herrn Dankwart ganz offen darauf hin, daß dem Dentallabor keine Daten
darüber vorlägen, ob „Zahnersatz auch Patienten angepaßt
wird, die die Stadt Ratzeburg zur Erholung aufsuchen",
„der Kläger muß dieses vorsorglich bestreiten, denn derartige
weitreichende zahnärztliche Leistungen läßt ein Patient kaum
an seinem Urlaubsort durchführen, schon wegen der Länge der
Behandlungsdauer." (Klagebegründung des Anwalts von Herrn
Dankwart vom 24. 11. 1994)

In ihrer Forderung, die Klage abzuweisen, warf die Stadt
Ratzeburg zuerst all ihre verwaltungsrechtliche Kompetenz in
die Waagschale und holte weit aus:

„Unumstritten ist, daß Zahnärzte durch den Fremdenverkehr unmittelbare Vorteile haben (OVG RH.-Pf., Urteil vom
10. 7. 1978 – 6A 77/76. KStZ 1979, 110; Bay. VGH, Urteil vom
24. 4. 1985, 4 B 83 A 2649, KStZ 1986, 38; SchlH. VG. Urteil
vom 14. 3. 1967 – 4A 181/66); denn wie wohl niemand in der
Absicht in Urlaub fährt, am Urlaubsort eine Zahnbehandlung
vornehmen zu lassen, erhöht doch die Ansammlung vieler

Menschen während der Ferienzeit die Chancen für Zufallsbehandlungen (SchlH. VG, Urteil vom 25. 3. 1977 – 6A 201/75)." (Antrag der Stadt Ratzeburg auf Klageabweisung vom 13. 12. 1994)

Nachdem die Gegenseite in ihrer Erwiderung bewiesen hatte, daß sie sich auch durch das aus dem Amtszauberhut gezogene Paragraphenfeuerwerk nicht ins Bockshorn jagen ließ, wurde das Kämmereiamt der Stadt Ratzeburg im nächsten Schreiben endlich konkreter:

„Die Ansammlung vieler Menschen während der Ferienzeit in Ratzeburg kann durchaus zu vermehrten Zahnbehandlungen und damit auch zu stärkerer Inanspruchnahme des Klägers führen. Zum einen bietet Ratzeburg den Urlaubern Aktivitäten, die häufig Unfälle mit Verletzungen im Kiefer- bzw. Zahnbereich zur Folge haben (z.B. Surfen, Segeln, Fahrradtouren). Zum anderen sind die Menschen während des Urlaubs naturgemäß in ihrem gesamten Verhalten nachsichtiger (!), so daß zum Beispiel im Rahmen der Beköstigungen auch solche Speisen gegessen werden, die das Gebiß leicht schädigen können (z.B. der Biß auf einen Kirschkern)." (Schreiben der Stadt Ratzeburg vom 3. 2. 1995)

Den Schluß, daß auch ein Dentallabor von der hieraus resultierenden „Beschädigung einer Zahnprothese" profitiere, konterte der Anwalt von Herrn Dankwart mit einer Analyse der amtlichen Stellungnahme, die ihresgleichen sucht:

„Mit der Aussage, daß die Stadt Ratzeburg den Urlaubern Aktivitäten bietet, die häufig Unfälle mit Verletzungen im Kiefer- und Zahnbereich zur Folge haben, wird festgestellt, daß Ratzeburg als Fremdenverkehrsort – ein solcher soll ja Erholung bieten – untauglich ist. Aus diesem Grunde muß die Satzung zur Fremdenverkehrsabgabe grundsätzlich außer Kraft gesetzt werden.

Im übrigen wird bestritten, daß es in Ratzeburg ein erhöhtes Kirschkernrisiko gibt. Dieses Risiko dürfte eher im Alten Land angesiedelt sein." (Stellungnahme des Anwalts zum „Schriftsatz des Beklagten" vom 31. 3. 1995)

Nun meldete sich erstmals das von Herrn Dankwart angeru-

fene Schleswig-Holsteinische Verwaltungsgericht zu Wort. Es
wies die Stadt Ratzeburg darauf hin, daß

„durch eine Fremdenverkehrsabgabe die ‚besonderen wirtschaftlichen Vorteile‘ abgegolten werden sollen, die in erhöh-
ten Verdienst- und Gewinnmöglichkeiten durch den Fremdenverkehr in einer Gemeinde bestehen. (. . .)
Vor diesem Hintergrund wird die Beklagte gebeten, den si-
gnifikanten wirtschaftlichen Vorteil für den Kläger darzulegen." (Schreiben des Verwaltungsgerichtes vom 21. 5. 1996)
Die Stadt Ratzeburg nahm diese Aufforderung zum Anlaß,
bei allen Zahnärzten des Ortes die Leistungen gegenüber Tou-
risten und den daraus resultierenden Aufträgen für die Den-
tallabore, insbesondere natürlich für das von Herrn Dankwart,
zu erfragen. Auch dieses wahrhaftig aufwendige Bemühen
nützte jedoch nichts – das Ergebnis konnte die Richter keinesfalls davon überzeugen, daß Herrn Dankwart aus dem Tou-
rismus nennenswerte Gewinne erwuchsen. Nur ein Zahnarzt
hatte einmal ein Dentallabor für die Behandlung eines Erholungssuchenden in Anspruch genommen. Sonst wurden lediglich wenige kleinere Reparaturaufträge angeführt, die in den
vergangenen Jahren an unterschiedliche Dentallabors ergangen
waren. Aus dieser statistischen Bestandsaufnahme folgerte das
Verwaltungsgericht in seinem Gerichtsbescheid:

„Damit kann von einem Sondervorteil nicht mehr ausgegangen werden. Denn es ist nicht ausreichend, daß der Frem-
denverkehr generell geeignet ist, die Wirtschaftskraft einer
Gemeinde und ihrer Einwohnerzahl zu erhöhen und auf diese
Weise die allgemeinen Dienstmöglichkeiten zu verbessern.
Hierbei handelt es sich vielmehr um Vorteile, die – wenn auch
in unterschiedlichem Maße – allen Gemeindeeinwohnern zu-
gute kommen. (. . .)
Der Klage war daher mit der Kostenfolge gemäß § Abs. 1
VwGO stattzugeben." (Gerichtsbescheid des Verwaltungsge-
richtes vom 3. 9. 1996)
Nachtrag:
Am 31. 10. 1996 nahm die Stadt Ratzeburg auf die bei allen
in diesem Buch geschilderten Fällen übliche Nachfrage Stel-

lung zu der beschriebenen Auseinandersetzung. Sie betonte zum einen, „daß es sich nach herrschender Meinung (z.B. THIEM – Kommentar zum KAG) bei der Fremdenverkehrsabgabe weder um eine Abgabe noch um eine Steuer handelt, sondern um einen speziellen Beitrag" (!). Weiterhin bat sie um Verständnis dafür, „daß wir aufgrund des noch laufenden gerichtlichen Verfahrens in der Angelegenheit (...) keine Stellungnahme zum Sachverhalt abgeben." (Brief der Stadt Ratzeburg vom 31. 10. 1996)

Tatsächlich hat die Stadt Ratzeburg Berufung gegen das Urteil des Schleswig-Holsteinischen Verwaltungsgerichtes eingelegt. Das Verfahren ist bis heute nicht abgeschlossen.

3. Das abrißbedrohte Wohngebäude
im Landschaftsschutzgebiet

Stadtverwaltung Hann. Münden

Viele der vorliegenden Fälle sind nach Schilderung und Aktenlage so eindeutig zu beurteilen und zu beschreiben, daß eine
falsche oder tendenziöse Bewertung unwahrscheinlich wird.
Daneben liegt jedoch eine nicht geringe Zahl von Konflikten
mit Behörden vor, bei denen sowohl das Verhalten der Behörden als auch der rechtliche Hintergrund nur schwer zu erhellen
sind. Wenn selbst Juristen angesichts eines verwirrenden Sachverhalts zu ganz unterschiedlichen Beurteilungen kommen und
auch das Vorgehen der Behörden je nach Standort unterschiedlich bewertet werden kann, dann wurden derartige Fälle
nicht weiter verfolgt, weil es die Möglichkeiten des Projektes
„Bürokratie im Alltag" überfordert hätte. Bei einigen Konflikten fiel diese Entscheidung besonders schwer, so auch bei dem
hier geschilderten, dessen Bewertung im Rahmen dieser Veröffentlichung nicht abschließend erfolgen kann.
Der folgende Fall zeigt jedoch zum einen, wie sich die Gesetzesgrundlagen im Laufe einer kurzen Zeit ändern können
und dann zuungunsten der Betroffenen ausgelegt werden.
Derartige immer im Fluß befindliche Neuorientierungen erfolgen ganz besonders im Bereich des Naturschutzes, wobei gerade hier zwischen gesellschaftlichem Ideal und seinem Zerrbild im Spiegel der Verwaltung oftmals erhebliche Differenzen
zu bestehen scheinen.
Zum anderen wirft der Fall ein Licht auf den für „Normalbürger" undurchdringlichen Paragraphendschungel und eine
Auslegung von Gesetzen und Vorschriften, die für die Betroffenen nicht mehr nachvollziehbar ist und daher am Ende allergrößtes Unverständnis und langandauernde Frustration hinter-

läßt. Die Reaktionen darauf sind unterschiedlich. Nicht selten führt der Ärger zu einer ausgeprägten Widerständigkeit, die dann nur zu schnell als Querulantentum abgetan wird ...

Die Familie Stendahl lebte seit mehreren Generationen in Kassel. Herr Stendahl war von Beruf Schlosser. Im nahegelegenen Münden hatte er Anfang der dreißiger Jahre ein kleines Wochenendhäuschen errichtet. Dieses befand sich nahe am Ort Bonaforth direkt am Ufer der Fulda. Die Familie verbrachte dort – weit weg vom Großstadtlärm – einen großen Teil ihrer Freizeit.

Als im Jahre 1943 während einer Welle verheerender Bombenangriffe auch ihr Wohnhaus in Kassel vernichtet wurde, zog die Familie ganz nach Bonaforth. Dazu mußte das kleine Wochenendhaus vergrößert werden. Die Stadt Münden genehmigte nach Vorlage eines Bauplanes sofort und unbürokratisch den Ausbau der Holzhütte zum Behelfsheim. Zu dieser Zeit entstand an diesem Abschnitt der Fulda die Siedlung „Kleine Wemme".

Beim Einrücken der Amerikaner wurde auch das neue Wohnhaus der Stendahls vollständig zerstört. Die weitere Entwicklung des Gebäudes ist ab diesem Zeitpunkt nicht mehr exakt rekonstruierbar. Während in den Akten der Hausbesitzer eine Bauzeichnung vom 4. 4. 1946 mit Eingangsbestätigung der Stadt Münden sowie eine Baufreigabe vom selben Tag vorliegt, existieren bei der Behörde heute weder die genannten Pläne noch etwa eine Baugenehmigung.

Zwei eidesstattliche Erklärungen des ausführenden Architekten und des heutigen Hausbesitzers weisen darauf hin, daß die Bauunterlagen nicht nur beim Bauamt abgegeben, sondern vielmehr noch vor wenigen Jahren dort vorhanden waren. Weiterhin existiert eine Flurkarte der „Vermessensverwaltung" des Kreises Münden vom 26. 4. 1946, in der das neu aufgebaute Haus in seiner heutigen Form bereits eingezeichnet war. (Abz. der Flurkarte, Liegenschaftsbuch 361, Gr. b Bd. 10, Bl. 356, Flurk. 8)

Im Jahre 1949 zog die Familie Stendahl wieder zurück nach Kassel; das Haus an der Fulda vermietete sie für mehrere Jahre, um es dann als Sommerwohnung zu nutzen. Im Jahr 1951 schloß sie einen Erbbauvertrag mit der Realgemeinde Bonaforth, der bei der Landwirtschaftsbehörde des Landkreises Münden unter dem Zeichen – II c – 237/51 zu den Akten genommen und vom Oberkreisdirektor unterzeichnet wurde. In diesem Vertrag heißt es in § 2:

„Kraft des Erbbaurechts ist der Erbbauberechtigte berechtigt, das Erbbaugelände mit einem Wohngebäude und zu diesem gehörenden Nebengebäuden zu bebauen." (Erbbauvertrag vom 15. 10. 1951)

Auch im Grundbuch der Stadt war das Gebäude als „Hof- und Gebäudefläche" aktenkundig. Am 16. 1. 1962 bat der Oberkreisdirektor den mittlerweile zum Gewerkschaftssekretär aufgestiegenen Herrn Stendahl vor dem Hintergrund „des wilden, ungenehmigten Campingbetriebes, der in den letzten Jahren auf den Fuldawiesen um die Siedlung „Kleine Wemme" im Gemeindegebiet Bonaforth überhand genommen hat, (...) als Erbbauberechtigten in dem betreffenden Gebiet, die genannten Bestimmungen der Landschaftsschutzverordnung genau zu beachten, damit Zwangsmaßnahmen vermieden werden können." (Brief des Oberkreisdirektors vom 16. 1. 1962)

Obgleich das Umweltbewußtsein also offenbar gewachsen war und die Ausweisung des Gebietes als Landschaftsschutzgebiet unmittelbar bevorstand (1964), erklärte die Naturschutzbehörde des Landkreises Münden im Jahr 1963 ihre Zustimmung zu einem Wohnwagengebiet im Bereich des Ortsteiles „Kleine Wemme". (Briefe der Gemeinde Bonaforth vom 16. 3. 1963 sowie des Landkreises Münden vom 24. 7. 1963 und 14. 6. 1963)

1964 übernahm der im VW-Werk Kassel arbeitende Sohn das Haus der Familie Stendahl und nutzte es gemeinsam mit seiner Frau als Zweitwohnsitz. Diese Besitzübergabe wurde ebenfalls im Grundbuch eingetragen. In den folgenden Jahren bemühte sich der neue Hausbesitzer um eine Modernisierung des Hauses im Innenbereich. An der Erstellung der Stromversorgung beteiligte sich der Ort Bonaforth finanziell, die Baubehörde genehmigte die Errichtung eines Heizöltanks, 1971 erwarb Herr Stendahl das Grundstück schließlich von der Realgemeinde.

Im Jahr 1978 faßte Herr Stendahl dann den Plan, in unmittelbarer Nähe Kassels ein neues Wohnhaus zu errichten. Zur Finanzierung dieses Vorhabens beabsichtigte er den Verkauf des mittlerweile in zeitgemäßem und ansehnlichem Zustand befindlichen Hauses am Fuldaufer. Als ein sehr ernsthafter Kaufinteressent die Vorlage einer Bestandsgarantie zur Bedingung für einen Erwerb des Grundstückes machte, bat Herr Stendahl bei der Stadt Münden um eine „Unbedenklichkeitsbescheinigung". (Brief von Herrn Stendahl vom 9. 11. 1978)

Im Rückblick kann als sicher angenommen werden, daß die Nachfrage nach einer Bescheinigung, die von Amts wegen nicht vorgesehen war und darum für erhebliche Irritationen und bemühte Aktivitäten im Bauamt der Stadt Münden gesorgt haben mag, den Anstoß für die nun beginnenden Auseinandersetzungen gegeben hat. Diese Vermutung stützt ein Brief des um Hilfe angerufenen niedersächsischen Sozialministeriums, in dem es heißt:

„Am 9. 11. 1978 beantragten Sie dann die ‚Erstellung einer baurechtlichen Unbedenklichkeitsbescheinigung'. Eine solche Bescheinigung sieht die Niedersächsische Bauordnung nicht vor. Sie kennt nur den Bauvorbescheid (§ 74), die Teilbaugenehmigung (§ 76) und die Baugenehmigung (§ 75). Die von Ihnen erbetene Bescheinigung könnte nur in Form einer nachträglichen Baugenehmigung erteilt werden." (Brief des Sozialministeriums vom 30. 6. 1981)

Die Antwort der Stadt Münden auf die genannte Anfrage fiel dann auch ganz anders aus, als Herr Stendahl sich das vorgestellt hatte:

„Sehr geehrter Herr Stendahl!

Hierdurch bestätige ich den Eingang Ihres Schreibens vom 9. 11. 1978, hier eingegangen am 13. 11. 1978. Nach eingehender Prüfung Ihres Schreibens und der von Ihnen eingereichten sowie der hier vorliegenden Unterlagen kann Ihnen eine baurechtliche Unbedenklichkeitsbescheinigung nicht erteilt werden. (...) Am 20. 12. 1978 zwischen 10.00 Uhr und 10.30 Uhr beabsichtige ich eine Ortsbesichtigung zum Aufmaß der baulichen Anlagen durchzuführen." (Schreiben der Stadt Münden vom 15. 12. 1978)

Als Grund für diese Maßnahme wurden die von Herrn Stendahl vorgelegten Zeichnungen genannt, die mit den Unterlagen der Stadt nicht übereinstimmten. Nun war es mit der Ruhe in der Siedlung „Kleine Wemme" vorbei. Alle vorhandenen Gebäude wurden einer genauen Überprüfung hinsichtlich einer Baugenehmigung unterzogen. Es folgte ein mehrjähriger Schriftverkehr zwischen Behörden und den Betroffenen unter Einbeziehung politischer Parteien, des Landtages und der niedersächsischen Landesregierung. Das Ergebnis war eine Alternative, die insbesondere Herr Stendahl nicht hinnehmen wollte: Entweder unterschrieb er einen sogenannten „öffentlich-rechtlichen" Vertrag, in dem ihm eine zeitlich und nutzungsrechtlich eingeschränkte Duldung zugesagt wurde, oder er ging den Widerspruchs- und Klageweg über Bezirksregierung und Verwaltungsgerichte, die unter Umständen die von der Stadt bereits angedrohte Abrißverfügung bestätigen würden.

Nachdem Herr Stendahl den Plan für den Neubau eines Wohnhauses längst zurückgestellt hatte, legte er nun Widerspruch bei der Bezirksregierung Braunschweig ein – und erhielt nach negativem Bescheid folgendes Schreiben der Stadt München:

„Sehr geehrte Frau Stendahl, sehr geehrter Herr Stendahl!

Die sämtlichen auf den im Folgenden näher bezeichneten Grundstücken errichteten baulichen Anlagen sind innerhalb von drei Monaten nach Unanfechtbarkeit dieser Verfügung zu beseitigen. (. . .)

Bei den baulichen Anlagen handelt es sich um ein eingeschossiges Einfamilienhaus, eine überdachte Terrasse, eine Brunnenanlage, zwei Wasserzapfstellen und eine Duschanlage sowie die befestigte Hoffläche mit Betonsteinpflaster (. . .), die ohne bauaufsichtliche Genehmigung errichtet wurden bzw. die durch Umbauten und Erweiterungen so verändert worden sind, daß sie mit den ursprünglich genehmigten Vorhaben nicht mehr übereinstimmen und somit im Widerspruch zu § 78

Abs. 1 NBauO stehen." (Brief des Bauordnungsamtes der Stadt Münden vom 3. 5. 1984)

In der Abrißverfügung wurde allerdings als mögliche Alternative noch einmal der „öffentlich-rechtliche Vertrag" genannt. Dieses Angebot wollte jedoch vor allem Herr Stendahl nicht annehmen. Nach den ihm vorliegenden Bauunterlagen sowie den vielen von Stadt und Kreis höchst offiziell genehmigten Bau-, Kauf-, Tausch- und sonstigen Maßnahmen vermochte er nicht einzusehen, warum er nun auf einmal der Schuldige und Benachteiligte sein sollte. Immerhin hatte er in den vergangenen Jahren erhebliche Summen zur Instandhaltung, Renovierung und zum Kauf des Grundstückes investiert. Ohne das so mühsam und aus seiner Sicht absolut rechtmäßig aufgebaute Immobilienvermögen war die finanzielle Absicherung des VW-Arbeiters im Alter unsicher geworden. Auch ein Hausbau und somit die Schaffung eines Eigenheims für den Ruhestand kam ohne den Erlös aus dem Verkauf nicht mehr in Frage.

Was Herrn Stendahl besonders in Rage versetzte, war die seiner Ansicht nach unredliche Vorgehensweise der Stadt Münden. So führte diese in einer bereits 1980 verhandelten Klage eines Nachbarn gegen eine Abrißverfügung folgendes aus:

„Nach Ende des Zweiten Weltkrieges und Beendigung der anschließenden Wohnungsmisere weigerten sich jedoch einige der in der Kleinen Wemme notdürftig Untergekommenen im Gegensatz zu allen anderen vergleichbar Betroffenen in der weiteren Umgebung, ihre Behelfsheime wieder in normale Gartenlauben umzuwandeln. Ohne Kenntnis der zuständigen Bauaufsichtsbehörde wurden einzelne Behelfsunterkünfte nach und nach zum Dauerwohnen hergerichtet ..." (Begründung der Stadt Münden zur Klageabweisung beim Verwaltungsgericht Hannover vom 26. 8. 1980)

Derartige Begründungen entsprachen nicht dem tatsächlichen Verlauf. Niemals hatte sich Herr Stendahl irgendwelchen Anweisungen zum Hausrückbau oder ähnlichem verweigert, im Gegenteil waren alle Maßnahmen von der Hausübergabe bis zur hochoffiziell durchgeführten Stromversorgung von Stadt- oder Kreisverwaltungsstellen mitgetragen worden. Das Gerechtigkeitsempfinden von Herrn Stendahl war schwer getroffen – er hatte zuvor wenig mit Behörden zu tun gehabt, das sollte sich für den Rest seines Lebens ändern. Während seine Frau ihm mit den Worten „Laß die Finger davon, dabei bleibst Du auf der Strecke" vom ungleichen Kampf abriet, erwiderte Herr Stendahl: „Wer mich so in die Ecke treibt, soll mich kennenlernen!" Noch heute betont er: „Wenn irgendwann jemand gekommen wäre und hätte gesagt: ‚Komm, laßt uns alle an einen Tisch setzen – da ist was schief gelaufen, wie kommen wir da wieder raus', dann hätte ich nicht so auf stur geschaltet. Aber diese harte Tour – nicht mit mir!"

Nicht nur für Herrn Stendahl stellte sich die Frage, warum die Stadt Münden nicht einen für alle Seiten gangbaren Kompromiß als Ausweg aus dem zweifellos vorhandenen Dilemma vorgeschlagen hatte. Vor dem Hintergrund der offenbar von allen Seiten gemachten Fehler einerseits und des berechtigten Naturschutzinteresses andererseits wäre Herr Stendahl mit einem fairen Kaufangebot der Stadt Münden einverstanden gewesen...

So jedenfalls mochte er nicht „klein beigeben" – er ging vor das Verwaltungsgericht Braunschweig. Dieses bezog sich in seiner Urteilsbegründung auf die Argumentation der Stadt, nach der sich die vorhandene Baugenehmigung des Behelfsheimes nicht auf die jetzige Form bezogen habe. Die ihr vorliegende Baugenehmigung aus dem Jahre 1944 habe sich vielmehr auf einen Baukörper bezogen, „der mit dem heutigen Baukörper nicht identisch sei und schon aus diesem Grund kein Bestandsschutz gegeben sein könne. Eine Genehmigung des heute vorhandenen Baukörpers habe der Kläger dagegen nicht nachweisen können. Das Gebäude sei zu jeder Zeit materiell illegal gewesen und könne auch heute nicht genehmigt werden."

Bezugnehmend auf die Bauzeichnung mit Eingangsstempel vom 4. 4. 1946 argumentierte das Verwaltungsgericht:

„Weiterhin läßt sich aus dem Vorliegen einer Zeichnung noch nicht schließen, daß tatsächlich ein entsprechender Bauantrag gestellt, eingereicht und auch von der zuständigen Behörde bearbeitet worden ist. Noch viel weniger läßt sich daraus entnehmen, daß dieser Bauantrag, selbst wenn er bei der Behörde eingegangen war, positiv beschieden wurde."

Ein weiterer wesentlicher Grund für die negative Entscheidung des Gerichtes war die Nutzungsänderung des Hauses vom Behelfsheim zum Wochenendhaus. Diese Nutzungsänderung hätte von der Familie Stendahl beantragt werden müssen (!):

„Nachdem im Jahre 1949 die Familie der Kläger wieder nach Kassel übergesiedelt war, wurde das Gebäude nur noch als Wochenendhaus genutzt. Die Nutzung als Behelfsheim ist demnach bereits im Jahre 1949 entfallen. Wenn man davon ausgeht, daß die seinerzeit erteilte Baugenehmigung auf diese Nutzung bezogen und damit auch beschränkt war, wäre eine Nutzungsänderung eingetreten, die ebenfalls den Bestandschutz (...) entfallen lassen würde." (Urteil des Verwaltungsgerichtes Braunschweig vom 27. 8. 1987)

Herr Stendahl hatte wie gesagt inzwischen längst „auf stur geschaltet" und reichte nach dem für ihn niederschmetternden Urteil des Verwaltungsgerichts Klage vor dem Oberverwaltungsgericht Lüneburg ein. Diese nahm der Kläger dann aber doch auf intensives Anraten des Richters zurück, da seine Chancen vor allem aufgrund der nicht angegebenen Nutzungsänderung äußerst gering seien. Dennoch brachte der Richter sein Unverständnis über die von der Stadt leichtfertig vorgenommenen Eintragungen ins Grundbuch, die amtliche Absegnung des Erbbaurechtsvertrages und des Grundstückskaufes sowie über die Genehmigung der Erdöllagerung und die Förderung des Stromanschlusses zum Ausdruck.

Nach jahrelangem Kampf, unzähligen Anfragen, Petitionen und Bitten erhielt Herr Stendahl eines Tages folgenden Brief des Stadtdirektors der Stadt Münden:

„Sehr geehrter Herr Stendahl!

Ich bestätige den Eingang Ihres Schreibens vom 17. 1. 1991 und muß Ihrer Behauptung, daß Sie sich durch mein Rechtsamt im Hinblick auf den Abschluß des vg. öffentlich-rechtlichen Vertrages ‚unter Druck' gesetzt fühlen, entschieden widersprechen.

Nach meiner Auffassung ist eher das Gegenteil der Fall, denn, obwohl ich Ihnen bereits im Juli 1990 eine unterschriftsreife Ausfertigung des Vertrages zur Kenntnis übersandt habe, weigerten Sie sich bisher permanent, den Vertrag zu unterzeichnen. Dennoch habe ich bisher Ihr Zögern sehr wohlwollend toleriert. (. . .)

Ich bitte Sie, meine Ausführungen nicht dahingehend zu verstehen, daß ich Ihnen das Recht absprechen will, sich gegen Maßnahmen der öffentlichen Gewalt zu wehren bzw. von Ihrem Petitionsrecht Gebrauch zu machen. Es ist jedoch meiner Auffassung nach nicht nur eine Frage des politischen Stils, wie die beabsichtigten Ziele verfolgt bzw. erreicht werden sollen.

Ihr geschicktes Taktieren, mit dem Sie der Stadtverwaltung Hann. Münden Versäumnisse bzw. vorsätzliches rechtswidriges Verhalten nachgesagt haben, verletzt in ganz erheblichem Maße die Grenzlinie zwischen berechtigter Inanspruchnahme von Rechtsschutz und der Einordnung in das Querulantentum. (. . .)

Abschließend möchte ich in diesem Zusammenhang noch einmal darauf hinweisen, daß Sie Ihre Klage vor dem Oberverwaltungsgericht Lüneburg gegen meine Beseitigungsanordnung aus dem Jahre 1984 zurückgezogen haben. Damit ist aber auch diese Beseitigungsanordnung seit einiger Zeit vollstreckbar und es wird sich der Zeitpunkt nähern, an dem ich Ihre Weigerung, den öffentlich-rechtlichen Vertrag zu unterzeichnen, auch im Hinblick auf die anderen Grundstückseigentümer nicht mehr tolerieren kann." (Brief des Stadtdirektors der Stadt Münden vom 14. 2. 1991)

Am 16. 7. 1991 unterschrieben Frau und Herr Stendahl schließlich den genannten öffentlich-rechtlichen Vertrag mit der Stadt Münden. Hierin bestätigen sie die Unrechtmäßigkeit des Wohngebäudes und die Berechtigung der Abrißverfügung; weiterhin verpflichten sie sich, „sich nachhaltig um ein anderes Grundstück zu bemühen". Darüber hinaus erklären sie ihr Einverständnis zur „bauaufsichtlichen Duldung" „des baurechtswidrigen Zustandes" auf Lebenszeit. Aufgabe des zweiten Wohnsitzes, Veräußerung, Vermietung, unentgeltliche Überlassung an Dritte und Nutzung als Wochenendhaus werden ausdrücklich ausgeschlossen und führen zum sofortigen Abriß.

Nachtrag:
Nachdem die Stadt Hann. Münden wie einige andere Ämter zunächst keine Stellungnahme abgeben wollte, äußerte sie sich dann nach eingehenden Telefongesprächen mit der Institutsleitung des Seminars für Volkskunde (!) und dem Projektleiter und Verfasser dieses Buches doch in schriftlicher Form.

Nach nochmaliger Hergangsbeschreibung bezog sich der unterzeichnende Dezernent auf ein Schreiben des Sozialministeriums, in dem festgestellt worden sei, daß „durch die inzwischen erfolgte Unterzeichnung des angebotenen öffentlich-rechtlichen Vertrages durch Herrn Stendahl die Angelegenheit einen Abschluß gefunden hat, der den sozialen Belangen des Herrn Stendahl hinreichend Rechnung trägt."

Nach dieser moderaten Einführung äußerte der Dezernent folgenden Vorwurf gegen Herrn Stendahl:

„Im Verlauf des Verfahrens hat Herr Stendahl Strafanzeige gegen leitende Beamte der Stadt wegen Aktenunterdrückung gestellt. Die Ermittlungen ergaben aber nicht nur, daß diese Anschuldigungen falsch waren, sondern auch, daß von Herrn Stendahl als Beweismittel vorgelegte Dokumente Fälschungen sind." (Schreiben der Stadt Hann. Münden vom 8. 10. 1996)

Obgleich diese gewichtige Behauptung im folgenden nicht konkretisiert oder belegt wurde, unterzogen wir daraufhin alle vorhandenen Unterlagen noch einmal einer gewissenhaften Prüfung. Dabei fand sich lediglich ein Vermerk des Polizeireviers Göttingen über „einen sich erhärtenden Verdacht", daß die „Eingangsbestätigungen irgendwann später manipuliert worden sein könnten." (Vermerk der KPI Göttingen vom 23. 8. 1984) Dies scheint jedoch nach Sichtung der Akten und einem Vergleich der 1946 geleisteten Amtsunterschriften nicht wahrscheinlich zu sein. Im übrigen sprechen alle sonst aus dem Jahre 1946 vorliegenden Unterlagen (Antrag auf Baufreigabe und Flurkartenauszug bzw. Vermessungskarte der Stadt Münden) dagegen.

Im Schreiben der Stadt wird abschließend der obengenannte Brief des Stadtdirektors zitiert, in dem dieser Herrn Stendahl darauf hingewiesen hatte, daß er die Rechtsordnung mißachte und die Grenzlinie zum Querulantentum mit seinen sinnlosen Eingaben überschritten habe . . .

4. Das ungepflegte Grab

Grünflächenamt Göttingen

Zu Beginn der siebziger Jahre kaufte die Stadt Göttingen am Rande eines gerade erschlossenen Bebauungsgebietes etwa 24 Hektar Land auf, um dort einen neuen Friedhof anzulegen. In den Jahren 1974 bis 1976 ließ sie dann auf dem Grundstück ein Straßennetz mit mehreren überdachten Wartehäuschen erstellen, so daß von den futuristisch anmutenden Friedhofsgebäuden mit Kapellen, Krematorium, Blumengeschäft, Kühlhaus, Verwaltung, Parkplatz und Katakomben jeder Friedhofsabschnitt auch mit Großraumfahrzeugen erreichbar ist. Immerhin sah die mittlerweile verworfene Planung vor, die Anlage auf ca. 80 Hektar zu erweitern. Die Verwirklichung der ehrgeizigen Pläne vom „Friedhof 2000" hatte ihren Preis – der Friedhof „Am Junkernberg" nimmt mit seinen Gebühren eine Spitzenposition in Deutschland ein. Eine durchschnittlich ausgestattete Beerdingung in einem Reihengrab (1,30 mal 2,50 Meter) mit 25jähriger Nutzungsdauer kostet derzeit 5650 DM.

Auch bei der Gestaltung der Grünflächen wurde ein besonderes Konzept verfolgt: Am Stadtrand gelegen, sollte sich der Friedhof sozusagen als Übergang in die freie Landschaft präsentieren. Diese sich fortschrittlich darstellende Idee eines grünen Friedhofparks schlug sich dann auch in der Friedhofssatzung nieder. Hier heißt es:

„Der Baumbestand steht unter besonderem Schutz. Alle Maßnahmen auf dem Friedhof müssen den Baumschutz berücksichtigen."

Weitere Regelungen für die Abteilungen „mit zusätzlichen Gestaltungsvorschriften" belegen die Gründlichkeit, mit der das genannte Konzept verfolgt wird. So sind lediglich bestimmte Bearbeitungsarten der Grabsteine zugelassen, nämlich

„Bearbeitungsarten für Natursteine wie gespitzt, gekrönelt, geflächt, gebeilt, gezahnt, geriffelt, scharriert, gesägt, abgerieben, gesandet, beflammt, gefräst. Geschurt, geschliffen und poliert sind nicht zugelassen." (S.119 der Friedhofssatzung).

Da kann es auch nicht verwundern, daß die Errichtung von Grabmalen „und sonstigen baulichen Anlagen" der Genehmigung bedarf:

„Anträge sind mit den von der Friedhofsverwaltung ausgegebenen Formularen zu stellen. In besonderen Fällen kann die Vorlage eines Modells im Maßstab 1:5 oder das Aufstellen einer Attrappe in natürlicher Größe auf der Grabstätte verlangt werden. (. . .) Als provisorische Grabmale sind lediglich Holztafeln zulässig. Sie müssen im Holzton lasiert sein und mindestens 20 cm tief in den Boden eingelassen werden." (S.121)

Die Idee vom grünen Friedhof sollte also keinesfalls als Aufforderung mißverstanden werden, die ansonsten sehr gepflegte Grünfläche dem freien Spiel der individuellen Gestaltung zu überlassen. Nicht genehmigungsfähig sind nach der Satzung Einfassungen und Zwischenhecken, die Abdeckung mit Kies, Asche oder Sand, das Aufstellen von Pflanzschalen oder Blumen außerhalb der Beetflächen, das Benutzen von Einmachgläsern als Vasen, das Aufstellen von Bänken, Vogelhäuschen, Figuren und anderen Dingen. Auch die Idee der Annäherung an die umliegende freie Natur hat ihre Grenzen. So wird in der Friedhofssatzung nicht nur das Anpflanzen großwüchsiger Gehölze untersagt, auch der Vernachlässigung der Grabpflege wird ein eigener Absatz gewidmet.

Diesen Absatz hatte Frau Olmers nie studiert. Es gab auch keinen Anlaß dazu, da die beiden Töchter der 88jährigen Witwe ihr seit Jahren die Pflege des Grabes ihres 1977 verstorbenen Mannes abnahmen. Wegen einer Gehbehinderung waren ihre Friedhofsbesuche seltener geworden, zumal der Weg zum Grab auf dem weitläufigen Friedhof für sie lang und beschwerlich war. Dabei hatte sie sich jedoch immer über das gut gepflegte Grab mit der inzwischen stattlich gewordenen Blautanne gefreut.

Ähnlich war es bei Frau Seiferts. Sie hatte aber im Gegensatz zu Frau Olmers das Grab der Eltern bei der Friedhofsgärtnerei in Pflege gegeben. Mit der Friedhofsverwaltung hatten die beide Frauen noch nie zu tun gehabt. Daher wunderten sie sich beide, als sie eines Tages einen Brief vom städtischen Grünflächenamt erhielten. Als sie den ähnlich lautenden Inhalt zuerst überflogen, dann jedoch noch mehrmals intensiv gelesen hatten, waren sie (wie viele andere unbekannte Empfänger) gleichermaßen betroffen:

„Bei einer Kontrolle der Friedhofsanlagen wurde festgestellt, daß sich ihre Grabstätte in einem ungepflegten Zustand befindet. (§ 32, Abs.3 der z.Zt. gültigen Friedhofssatzung der Stadt Göttingen)

Nach § 30, Abs. 3 der o.g. Satzung ist der Nutzungsberechtigte für die Grabstätte verantwortlich.

Ich bitte Sie daher, die o.g. Grabstätte bis zum 15. 9. 1995 wieder in einen ordnungsgemäßen Zustand zu versetzen.

Bei Vernachlässigung der Grabpflege oder bei nicht ordnungsgemäßer Herrichtung der Grabstätten bin ich nach § 33, Abs.1 der Friedhofssatzung berechtigt, die Grabstätte abzuräumen und einzusäen, sowie Ihnen das Nutzungsrecht entschädigungslos zu entziehen." (Brief des Grünflächenamtes der Stadt Göttingen vom 23. 7. 1994)

Frau Olmers verstand zuerst überhaupt nicht, worum es eigentlich ging. Unmißverständlich war jedoch die Drohung, das Grab ihres Mannes einzuebnen. Erst abends erreichte sie telefonisch ihren Schwiegersohn, „der sich mit solchen Sachen auskennt"; ihm gelang es dann auch, die sehr verunsicherte Frau zu beruhigen. Frau Seiferts dagegen war wütend, wußte sie doch, daß der Vorwurf der mangelnden Grabpflege nicht zutraf.

Auf Nachfrage wurde den beiden Frauen mitgeteilt, daß ein Baum auf den Gräbern ihrer Angehörigen zu groß geworden war. Die Beschwerde über die Formulierung des Briefes hatte zur Folge, daß Frau Seiferts einen neues Anschreiben erhielt, in dem sie zwar nun darauf hingewiesen wurde, daß Gehölze auf ihrem Grab zu groß geworden seien – der letzte Passus war jedoch unverändert enthalten.

Bei einer Ortsbesichtigung der Friedhofsanlage verwies ein Vertreter des Grünflächenamtes auf gelbe Schilder, die in jenen Grabstellen steckten, die ebenfalls zur Beanstandung Anlaß gaben. Hier lägen jedoch die Adressen der Angehörigen nicht vor. Der auf den Schildern für jeden Friedhofsbesucher gut lesbare Hinweis lautete:

„Dieses Grab ist ungepflegt.
Bitte bringen Sie die Grabfläche innerhalb
von drei Monaten in Ordnung,
sonst erfolgt Einebnung."

Die Briefe seien – so der Beamte des Grünflächenamtes – ebenso wie die Schilder korrekt, wenn auch der Tonfall in den Anschreiben in Zukunft etwas freundlicher ausfallen solle – aber: „Wenn man aufgefordert wird, muß eine Frist gesetzt werden, das ist verwaltungsüblich. Das ist so: Wir fordern auf und bitten nicht. Wenn ich jemand auffordere, dann muß ich ihm auch sagen, was passiert, wenn er es nicht tut." Inmmerhin sei es ja auch möglich, Bußgeldbescheide auszustellen.

In der Friedhofssatzung wird auch diese Möglichkeit detailliert ausgeführt: „Für den Fall, daß die Vorschriften dieser Satzung nicht befolgt werden oder gegen sie verstoßen wird, kann nach §§ 87, 42, 43 und 45 des Nieders. Gesetzes über die öffentliche Sicherheit und Ordnung (...) ein Zwangsgeld bis zu 10 000 DM angedroht und festgesetzt werden." (S. 123) Als Ordnungswidrigkeit ist im folgenden auch die Vernachlässigung der Grabpflege aufgeführt.

Auch an Herrn Hertwig richtete das Grünflächenamt einen Brief, in dem er darauf hingewiesen wurde, daß er als Nutzungsberechtigter für die Grabstelle verantwortlich sei und sie innerhalb einer gesetzten Frist in Ordnung zu bringen habe. Ohne die Androhung der Einebnung erfolgte hier aber nur die moderat vorgetragene Bitte, die Grabstätte wieder in einen ordnungsgemäßen Zustand zu versetzen. Diese Bitte traf jedoch den Falschen: Herr Hertwig ruhte bereits seit acht Jahren in eben diesem Grab...

5. Die verschollene Barkasse

Amtsgericht Magdeburg

Wie jedes Wohnhaus, so unterliegen auch die auf unseren Flüssen verkehrenden Binnenschiffe einer exakten amtlichen Registrierung. Im sogenannten „Binnenschiffsregister" werden alle wesentlichen Daten des jeweiligen Schiffes archiviert. Ob Eichdaten, Abmessungen oder auf dem Schiff liegende Hypotheken – alles findet sich in den Akten des Binnenschiffsregisters wieder. Die hier gespeicherten Daten sind mit den Grundbucheintragungen für ein Gebäude vergleichbar. Daher verwundert es auch nicht, daß die Akten des Binnenschiffsregisters von den zuständigen Amtsgerichten geführt werden.

In der DDR wurde das Binnenschiffsregister jedoch nicht von einem Gericht, sondern zentral vom Wasserstraßenaufsichtsamt in Berlin verwaltet. Der Einigungsvertrag brachte es mit sich, daß am 3.10. 1993 das Wasseraufsichtsamt seine Tätigkeit einstellte und alle Unterlagen dem nun zuständigen Amtsgericht Magdeburg übergab. Damit gewann das Amtsgericht erheblich an Bedeutung – und für die dort neu organisierte Verwaltung fiel eine Menge Arbeit an:

„Dabei sind von den jetzigen Mitarbeitern des Amtsgerichts alle Register umzuschreiben und aus den Folianten der Amtsgerichte wie vor dem II. Weltkrieg auf das Loseblatt-System zu übertragen.

Nach der Umschreibung sind gemäß der gesetzlichen Vorschrift des § 57 Schiffsregisterordnung alle aus dem Register Ersichtlichen, Berechtigten und Betroffenen zu benachrichtigen." (Schreiben des Amtsgerichtes Magdeburg vom 21. 10. 1994)

Eine dieser Benachrichtigungen erhielt am 24.8. 1994 auch Frau Zülchmann. Die mit ihren 77 Jahren nicht mehr so stark belastbare Frau war unschlüssig, ob sie den Brief überhaupt annehmen solle, denn er war nicht an sie, sondern an ihren bereits vor 30 Jahren verstorbenen Vater adressiert. Dann nahm sie ihn doch in Empfang und studierte ratlos das Anschreiben:

„Binnenschiffsregistersache ‚Möwe'

Sehr geehrter Herr Dornbusch,

bei der im hiesigen Binnenschiffsregister unter BSR Bl. 638 eingetragenen Motorbarkasse aus Stahl ist (...) in Abteilung I–III das aus der anliegenden Eintragungsnachricht Ersichtliche eingetragen.

Sie werden gebeten, den alten Schiffsbrief binnen 4 Wochen hier einzureichen." (Schreiben des Amtsgerichts Magdeburg vom 24.8. 1994)

Nicht allein, daß der Brief an ihren Vater gerichtet war, irritierte Frau Zülchmann sehr. Auch der Briefinhalt war nicht dazu angetan, Klarheit in die Angelegenheit zu bringen. Zwar wußte Frau Zülchmann noch, daß ihr Vater vor einigen Jahrzehnten den Beruf des Binnenschiffers auf der Elbe ausgeübt hatte. Das mußte jedoch ihres Wissens vor dem II. Weltkrieg gewesen sein – immerhin war er bereits 1964 im stattlichen Alter von 83 Jahren verstorben!

Irritiert übergab Frau Zülchmann die Angelegenheit ihrer Nichte, Frau Schlehvogt. Diese rief umgehend beim Amtsgericht Magdeburg an, um den Irrtum aufzuklären: „Ich dachte, die entschuldigen sich jetzt bei uns und damit wäre die Sache erledigt." Im Gegenteil riet man ihr dort, den Verbleib des Schiffes nachzuweisen bzw. den Beleg über eine eventuell vorgenommene Verschrottung zu erbringen, denn dies sei Sache der Erben. Im übrigen stehe offenbar noch eine 1959 aufgenommene Hypothek offen.

So sehr sich Frau Schlehvogt in den folgenden Wochen jedoch bemühte, es waren keinerlei Unterlagen über das Binnenschiff „Möwe" mehr auffindbar. Auch bei der Binnenreederei und der Hafenmeisterei in Magdeburg wußte niemand etwas über den Verbleib der Barkasse. Weder sie noch ihr Besitzer waren dort überhaupt noch bekannt. Auch die genannte

Rechtsnachfolgerin der Bank, bei der angeblich noch eine Hypothek bestehen sollte, wußte hiervon nichts.

Frau Schlehvogt erinnert sich noch sehr genau an den weiteren Verlauf der unglaublichen Geschichte: „Darauf verfaßten wir gemeinsam ein Schreiben mit einer eidesstattlichen Erklärung, daß das Schiff unauffindbar sei, keine Forderungen an die Erben bestehen und keine Papiere existieren. Damit war die Oma einigermaßen beruhigt – bis das Schreiben aus Mainz kam..."

Inzwischen war auch die „Wasser- und Schiffahrtsdirektion" Mainz eingeschaltet worden. Diese hatte wiederum den Vater von Frau Zülchmann angeschrieben:

„Als Anlage erhalten Sie einen Zählbogen für die Fortschreibung des Schiffsbestandes der Binnenflotte mit der Bitte, den Zählbogen binnen 4 Wochen ausgefüllt an die o.g. Ausgabestelle zurückzusenden.

Der Zählbogen ist von Ihnen bzw. einem beim Schiffsregistergericht bestellten Vertreter auszufüllen.

Die Pflicht zur Ausfüllung dieses Zählbogens beruht auf § 9 des Gesetzes über die Statistik der Binnenschiffahrt vom 26. Juli 1957, geändert durch Artikel 12 des Gesetzes vom 14. März 1980 (BGB. I S.294).

Eine vorsätzliche oder fahrlässige Verletzung der Auskunftspflicht kann nach § 23 des Gesetzes über die Statistik für Bundeszwecke als Ordnungswidrigkeit mit einer Geldbuße bis zu 10000,– DM geahndet werden." (Schreiben der Wasser- und Schiffahrtsdirektion Mainz vom 12. 9. 1994)

Frau Zülchmann war ob dieser nicht sehr freundlich vorgetragenen Aufforderung und der Androhung einer empfindlichen Geldstrafe ganz außer sich vor Angst. Sie vermochte den Sinn des Anschreibens nicht nachzuvollziehen, eins schien jedoch klar: Nach all dem Ärger zuvor stand jetzt weiterer, weit bedrohlicherer bevor! Da ihre Nichte einige Tage nicht zu erreichen war, stand Frau Zülchmann mit der amtlichen Nachricht allein da und verlebte die folgenden Tage in Angst und Ungewißheit. Als Frau Schlehvogt nach ihrer Rückkehr gleich bei der Wasser- und Schiffahrtsdirektion Mainz anrief, stieß sie dort endlich auf Verständnis: Die zuständige Sachbearbeiterin entschuldigte sich für das Versehen und versicherte, daß die Angelegenheit damit erledigt sei.

Das Amtsgericht Magdeburg war da ganz anderer Meinung; am 30. 9. 1994 erhielt Frau Zülchmann ein Anschreiben, das dieses Mal direkt an sie adressiert war:

„Sehr geehrte Frau Zülchmann,

in obiger Sache wird bezugnehmend auf Ihr Schreiben vom 1.9. 1994 mitgeteilt, daß die Löschung des Schiffes im Binnenschiffsregister noch nicht vorgenommen werden kann.

1. Ist zur Rechtsnachfolge hier ein Erbschein vorzulegen, aus dem sich ergibt, daß Sie sowie Ihre Schwester zusammen mit Ihrer Mutter Erben des Herrn Dornbusch und Sie beide Erben nach Ihrer Mutter geworden sind. (...)

3. Die alleinige Erklärung, daß keine Forderungen der Volksbank mehr bestehen, ist nicht ausreichend. Dazu ist eine notariell beglaubigte Löschungsbewilligung der Bank einzureichen sowie ein Antrag auf Löschung der Hypothek der Eigentümer.

4. Zur Löschung des Schiffes im Binnenschiffsregister ist eigentlich eine Abwrackbescheinigung vorzulegen. Daß Ihr Vater lt. Register Eigentümer war, belegt auch ein 1958 geschlossener Kaufvertrag. Demzufolge müßten auch Unterlagen zu dem Schiff bzw. zu seiner Abwrackung vorliegen.

Es wird zur Einreichung der angeforderten Unterlagen eine Frist von 4 Monaten gewährt." (Schreiben des Amtsgerichts Magdeburg vom 30. 9. 1994)

Frau Schlehvogt erinnert sich an die Reaktion ihrer Tante, die nun völlig verschreckt gewesen sei: „Die darin aufgeführten Forderungen sind für die Oma finanziell und vom Aufwand her eine Zumutung gewesen! Das Schiff ist vor ca. 34 Jahren verschrottet worden und es gab – wessen Fehler das nun auch immer war – keine schriftlichen Beweise und keine lebenden Augenzeugen mehr.

Ist das nun wirklich zuviel verlangt, wenn wir das Amtsgericht Magdeburg gebeten haben, die ,Möwe' aus dem Register zu streichen?

Wir fragen ja auch nicht nach, aus welchem verstaubten Archiv die Beamten nach Jahrzehnten ihre Akten ausgraben und wieso eigentlich?"

Nach einer extra einberufenen Vorstandssitzung bestätigte die Volksbank Magdeburg am 8. 11. 1994, daß keine Dahrlehensforderungen an Herrn Dornbusch oder dessen Erben beständen.

Frau Schlehvogt hatte sich inzwischen mit dieser unglaublichen Geschichte an die Medien gewandt. Nachdem sich eine Fernsehsendung des Falles angenommen hatte, sei erstmals „der Chef des Amtsgerichts persönlich zu sprechen" gewesen. „Vorher bin ich doch gar nicht bis zu dem durchgedrungen! Und dann war der beleidigt und meinte ‚Das hätte man doch auch so regeln können'. Dabei hatten die meine Tante fertig gemacht; die hat zu Hause geweint und gedacht, sie müßte ins Gefängnis."

Am 6. 9. 1995 erhielt die Nichte von Frau Zülchmann vom Amtsgericht Magdeburg die Nachricht, daß die „Möwe" aus dem Binnenschiffsregister gelöscht sei.

6. Die ungenehmigte Teichanlage

Untere Naturschutzbehörde Göttingen, Bezirksregierung Braunschweig

Die Mühlen der Bürokratie mahlen mitunter langsam, das ist bekannt und allenfalls am Rande Thema dieses Buches. Wenn sich jedoch im Laufe der Bearbeitungszeit die Grundlagen für einen einmal ergangenen Bescheid ändern, die Mühlen aber so weiter arbeiten, als sei die Zeit stehen geblieben, dann kann Langsamkeit schnell zur Willkür werden.

In unserer Gesellschaft ist die Sensibilität für den Gedanken des Naturschutzes erheblich gewachsen – darauf weisen auch die vielen zu diesem Bereich eingesandten Fälle hin. Es gibt wohl kaum jemanden, der diese Entwicklung nicht begrüßen würde. Offenbar bietet jedoch auch oder gerade dieser Bereich vielfältigen Spielraum zur behördlichen Auslegung. Der Abgleich theoretischer Vorgaben mit der Realität scheint in unseren Amtsstuben mitunter schwerzufallen, insbesondere dann, wenn die Vorgaben einerseits, die Realität andererseits einem ständigen Wandel unterworfen sind...

Eines steht außer Frage: Der Teich, den Herr Worthmann am Rande eines kleinen Waldstückes angelegt hatte, war nicht genehmigt. Auch sein Einwand, von einer Genehmigungspflicht nichts gewußt zu haben, kann an dieser rechtlichen Beurteilung nichts ändern.

Im Jahre 1980 hatte der Maurerpolier am Rande eines bewaldeten Hanges in der Nähe von Duderstadt ein ca. 3000qm großes Grundstück erworben, dessen Flurbezeichnung „Im Teiche" lautete. Da zwischen dieser Fläche und dem Waldweg ein kleiner Graben verlief, schien Herrn Worthmann der Gedanke naheliegend, hier eine kleine Fischteichanlage zu errichten. Er verbrachte fortan einen Großteil seiner Freizeit damit, Brennesseln, Niederholz und „eine Menge Bauschutt" abzuräumen; sodann ließ er zwei Vertiefungen ausbaggern, die sich sehr bald mit dem Wasser des nahen Baches füllten.

Doch bevor sich Herr Worthmann richtig über seine Anlage freuen konnte, erhielt er per Post die Aufforderung des Landkreises Göttingen, seine „ungenehmigte Fischteichanlage" einem Genehmigungsverfahren zu unterziehen. (Brief des Landkreises Göttingen vom 7. 7. 1981)

Die daraufhin vorgelegten Zeichnungen und Anträge wurden abschlägig beschieden, „da das geplante Vorhaben die Veränderung der Gestalt und Nutzung von Grundflächen bewirkt. Die Leistungsfähigkeit des Naturhaushaltes und das Landschaftsbild werden durch das Vorhaben erheblich beeinträchtigt. (...) Die erhebliche Beeinträchtigung ergibt sich weiterhin aus der Nutzung des Teiches als Freizeitanlage und der daraus folgenden Beunruhigung dieses ruhigen Landschaftsbildes. (...) Da hiernach durch die geplante Errichtung der Fischteichanlage eine Beeinträchtigung des Wohls der Allgemeinheit zu erwarten ist, die auch durch Auflagen nicht verhindert werden kann, ist die beantragte Erlaubnis gemäß § 8 NWG zu versagen." (Bescheid des Landkreises vom 24. 2. 1982)

Im Widerspruch entgegnete Herr Worthmann, daß durch seine Maßnahme das Landschaftsbild nicht beeinträchtigt werde, da er „erst wieder ein Feuchtbiotop geschaffen" habe, und schloß dann:

„Ich bitte Sie sehr herzlich, meinem Widerspruch stattzugeben. Bitte überlegen Sie bei Ihrer Entscheidung auch, daß bei einem Abriß der Anlage wertvolle Wirtschaftsgüter und Hunderte von Pflanzen und Hecken vernichtet werden müssen. Von meinen Arbeitsstunden, die ich investiert habe, ganz zu schweigen." (Widerspruch von Herrn Worthmann vom 25. 5. 1982)

Nachdem die Untere Naturschutzbehörde ein Gutachten eingeholt hatte, das die „Einrichtung des Fischteiches als schwerwiegenden Eingriff in das Ökosystem des Baches" bezeichnete, gab sie dem Widerspruch nicht statt und verwies ihn an die Bezirksregierung Braunschweig.

Da Herr Worthmann in der Folgezeit nichts von den Behörden hörte und im übrigen aufgrund seines Widerspruchs recht optimistisch war, sah er keinen Grund, sich nicht weiter seiner Teichanlage zu widmen. Im Laufe der Jahre entwickelte sich die Anlage nicht nur zu einem Refugium für den gestreßten Maurerpolier, sondern auch für „Kröten, Frösche, Schnecken, Bachflöhe, Krebse, sieben bis acht verschiedene Libellenarten, Stichlinge, Wildbienen, Fledermäuse, Hornissen, Kohlmeisen, Blaumeisen, Sumpfmeisen, Tannenmeisen, Buntspecht, Zwergspecht, Grünspecht, Schwarzspecht, Kernbeißer, Rotkelchen, Grünfinken, Dompfaff, Eisvogel, Zaunkönig und vieles andere."

Es fiel Herrn Worthmann nach einigen Jahren intensiven Naturstudiums nicht mehr schwer, all diese auf seinem Gelände lebenden Tierarten aufzuzählen. Für die sieben Hummelarten hatte er Holzkisten mit Fluglöchern aufgestellt, im Winter verfütterte er 2 Zentner Sonnenblumenkerne, acht Pfund Flomenspeck und vierzig Pfund Speck mit Schwarte, an den Bäumen hatte er Nistkästen für die unterschiedlichen Vogelarten angebracht. Mit einem Satz: Herrn Worthmann war sein Stück Natur ans Herz gewachsen. Von den Behörden hatte sich noch immer niemand gemeldet. Von einem Schriftverkehr zwischen dem Landkreis Göttingen und der Bezirksregierung Braunschweig ahnte Herr Worthmann dagegen nichts.

Regelmäßig hatte die Untere Naturschutzbehörde Göttingen bei der Bezirksregierung in Braunschweig angefragt, wann denn in der Sache Worthmann endlich eine Entscheidung gefällt werde. In einem Brief vom 26. 7. 1989 wies der Sachbearbeiter erstmals auf den Zeitfaktor hin:

„Bei einer heutigen Anordnung zum Rückbau bzw. zur Veränderung der Anlage, die Zurückweisung vorausgesetzt, muß ich davon ausgehen, daß derartige Maßnahmen einem neuerlichen Eingriff in Naturhaushalt und Landschaftspflege gleichkommen. Es wird (...) eine umfassende neue Beurteilung notwendig werden." (Brief des Landkreises Göttingen vom 26. 7. 1989)

Am 7.7.1993 – also nahezu 11 Jahre nach der (nicht rechtskräftigen) Ablehnung des von Herrn Worthmann eingereichten Antrages auf Errichtung einer Teichanlage – wies die Bezirksregierung Braunschweig den Widerspruch endgültig zurück, ohne die mittlerweile eingewachsene Teichanlage, die sich zum Lebensraum für schützenswerte Pflanzen und Tiere entwickelt hatte, jemals in Augenschein genommen zu haben. In ihrer Argumentation lehnte sich die übergeordnete Behörde in weiten Teilen an den vor über zehn Jahren getroffenen Bescheid des Landkreises Göttingen an.

Mit dieser Entscheidung hatte der Betroffene nicht mehr gerechnet. Er wußte, was die Anweisung, den Zu- und Ablauf der Teichanlage zu unterbrechen, bedeutete: In kürzester Zeit würde der Teich zur feuchten Sumpfmulde und dann allmählich ganz eintrocknen. Dies wollte Herr Worthmann keinesfalls kampflos hinnehmen. Zuerst informierte er die Lokalpresse, dann wandte er sich an die örtlichen Parteien. Und tatsächlich nahm die Öffentlichkeit aufgrund der Berichterstattung in den Medien regen Anteil an der weiteren Entwicklung des Falles. Die Überschriften wiesen deutlich auf das Versagen der Behörden hin: „Teichbau in Mingerode nach elf Jahren verboten" (Göttinger Tageblatt vom 16. 7. 1993), „Über den Antrag wuchs Gras" (Frankfurter Rundschau vom 17. 7. 1993).

Die Resonanz war groß – auch der Oberkreisdirektor fand sich nach wenigen Tagen im Beisein der Presse vor Ort ein, um seine gewichtige Meinung zum Ausdruck zu bringen. Er verwies darauf, daß zwar die „Grundvoraussetzungen des Verbots von 1982 unverändert seien. Jedoch sei aus dem Teich ein schützenswerter Lebensraum geworden." (Göttinger Tageblatt vom 16. 7. 1993) Herr Worthmann erinnert sich noch sehr gut an das lange Gespräch mit dem Oberkreisdirektor: „Der war ganz begeistert vom Teich und allem andern, der hat mir auf die Schulter geklopft und gesagt ‚Herr Worthmann, das machen wir schon'. Und dann hat er gesagt, daß er auf jeden Fall nach seiner Pensionierung mit seiner Frau mal zum Kaffeetrinken vorbeikommen wollte."

Am 28. 9. 1993 erhielt Herr Worthmann dann einen Brief vom Oberkreisdirektor persönlich. Dieser enthielt jedoch nicht den sicher erwarteten positiven Bescheid – die Nachricht war vielmehr ausgesprochen sachlich gehalten:

„Sehr geehrter Herr Worthmann,
nach Durchführung des Ortstermins am 16. 8. 1993 habe ich durch meine Fachämter eine Bewertung Ihrer o. g. Fischteich-anlage durchführen lassen, die insbesondere den jetzigen Zu-stand der Anlage berücksichtigt.

Ergebnis dieser Bewertung ist, daß der Fischteich nach wie vor ein beeinträchtigendes Element im Naturhaushalt darstellt. Zu- und Ablauf des Teiches sind daher auch aus heutiger Sicht zu beseitigen. (. . .)

Ich bedaure, daß die erneute Bewertung der Anlage zu keinem für Sie günstigeren Ergebnis führt.

Mit freundlichem Gruß"

(Brief des Oberkreisdirektors des Landkreises Göttingen vom 28. 9. 1993)

Nachdem er den Wasserzulauf zum Teich gestoppt hatte, und dieser nach wenigen Tagen kaum noch Wasser führte, nahm sich Herr Worthmann einen Anwalt, der Klage gegen die Entscheidung beim Verwaltungsgericht erhob. „Meine Kinder sollten später nicht sagen können, daß ihr Vater 'ne Flasche ist."

In der Klagebegründung wies der Anwalt darauf hin, daß „die Entnahme des Wassers aus dem Graben und die entsprechende Zurückführung des Wassers (. . .) den Wasserlauf in keiner Weise" beeinträchtige. Im Gegenteil sorge erst der Kläger durch seine Instandhaltung desselben für dessen gleichmäßige Wasserführung. Der Anwalt führte – bezugnehmend auf das von der Naturschutzbehörde vorgelegte Gutachten – weiter aus:

„Weder kommt es zu einem Aufstau im Rahmen der Was-serentnahme noch zu einer Trennung der Lebensräume im Ober- und Unterlauf. Diese diesbezüglichen Behauptungen stellen sich für jeden, der die Anlage vor Ort gesehen hat, als völliger Quatsch dar."

Diese Wortwahl entspricht nicht den sonst in den Brief-wechseln zwischen Anwälten und Behörden oder Gerichten geübten Gepflogenheiten; sie mag inhaltlich auch anfechtbar sein, dennoch verdeutlicht ihre Einmaligkeit eindsruckvoll, wie weit sich in der Regel die Amtssprache von der Alltagssprache entfernt hat. Man mag die Bemerkung als „Ausrutscher" bezeichnen, man mag herzhaft über einen sehr unkonventionellen Ton lachen, der die oft nur schwer erträgliche amtliche Kommunikation mit einem Schlag durchbricht – eins kann jedoch zweifelsfrei festgehalten werden:

Es kam bei den in diesem Buch vorgelegten Fällen häufiger vor, daß sich Anwälte der „Amtssprache" nicht bedingungslos unterwerfen wollten. Im Gegenteil nahmen sie den Amtsschimmel in Kenntnis seines sehr befremdlichen Sprachcodes mitunter ganz gehörig auf die Schippe. Ein exquisites Beispiel dafür bietet das von einem Ratzeburger Anwalt beschriebene „Kirschkernrisiko" („Die verweigerte Fremdenverkehrsabgabe"). Derartige stille oder auch deutlich artikulierte Gegenwehr gibt Anlaß zur Hoffnung, daß der offenbar undurchdringliche Panzer der Amtssprache doch noch einmal durchbrochen werden kann.

Im Falle der verbotenen Teichanlage blieb der Anwalt bei seiner von Unmut und Unverständnis geprägten Argumentation und hielt der Bezirksregierung weiter vor:

„Wenn die Bezirksregierung Braunschweig von einer negativen Beeinträchtigung der Tier- und Pflanzenwelt spricht, so hätte es nahegelegen, sich zuvor einmal zu überzeugen, welche Tiere und Pflanzen überhaupt vorhanden sind (. . .). Wenn denn tatsächlich durch die vorgenommenen Veränderungen die Belange der Allgemeinheit derart stark beeinträchtigt worden sein sollten, hätte es nahegelegen, rasch zu entscheiden." (Klagebegründung des Anwalts vom 29. 11. 1993)

Im Antrag der Gegenpartei, die Klage abzuweisen, ging der Landkreis erwartungsgemäß unter anderem auf die Infragestellung des Gutachtens ein:

„Die Klage ist unbegründet, denn der Bescheid des Beklagten vom 24. 2. 1982 ist rechtmäßig. (. . .)

Zweifel an der Richtigkeit des Sachverständigengutachtens vom 25. 8. 1982 sind nicht gerechtfertigt. Der Gutachter besitzt aufgrund seiner Ausbildung und Erfahrung die notwendige Qualifikation; das Gutachten ist in sich schlüssig und widerspruchsfrei. Wie der Kläger als Laie dazu kommt, das Gutachten auf Bl. 6 der Klagebegründungsschrift als ‚völligen Quatsch‘ zu bezeichnen, bleibt unerklärlich. Der Kläger mag seine wissenschaftliche Fachkompetenz auf diesem Gebiet nachweisen. (. . .)" (Antrag auf Klageabweisung des Landkreises Göttingen vom 11. 1. 1994)

Mit dieser Erwiderung und der nochmaligen Begründung schien der Landkreis ganz offensichtlich die besseren Karten für das bevorstehende Gerichtsverfahren zu haben. Dieser Einschätzung versetzte jedoch ein Brief des Verwaltungsgerichtes an den Landkreis einen ersten Dämpfer. Darin wurde mitgeteilt, daß der Presse entnommen worden sei (!), „daß OKD Engelhardt die streitbefangene Anlage des Klägers als ‚Biotop‘ bezeichnet" habe. Hierzu werde um Stellungnahme gebeten . . . (Brief des Verwaltungsgerichtes vom 13. 1. 1994)

Wenige Tage später beantwortete der Landkreis die Anfrage „des Herrn Berichterstatters" des Verwaltungsgerichtes pflichtbewußt und sachkundig:

„Wenn Herr Oberkreisdirektor Dr. Engelhardt den vom Kläger angelegten Teich als ‚Biotop‘ bezeichnet hat, ist dies fachlich völlig korrekt. Denn als Biotop (= Lebensraum) ist jeder Bereich im besiedelten und unbesiedelten Raum zu verstehen, in dem (potentiell) Organismen leben können. Dies kann eine grasbewachsene Mauerritze ebenso sein wie der Innenhof der Kreisverwaltung oder ein künstlich angelegter Teich, in dem Karpfen ausgesetzt werden. (. . .)" (Brief des Landkreises vom 25. 1. 1994)

Bald verfügte Herr Worthmann jedoch über eine weitere Trumpfkarte: Der Naturschutzbund Deutschland hatte sich eingeschaltet und in der Angelegenheit an das Niedersächsische Ministerium für Umwelt geschrieben:

„Nach mehr als 12 Jahren hat sich in und an der Teichanlage ein inzwischen schutzwürdiger Biotop mit einer artenreichen, standorttypischen und schützenswerten Lebensgemeinschaft aus zum Teil sehr seltenen und gefährdeten Tier- und Pflanzenarten (‚Rote Liste Arten') entwickelt. Entsprechend den im Bundes- und Landesnaturschutzgesetz festgelegten Zielen des Naturschutzes gilt es, diesen Lebensraum und seine Lebensgemeinschaft zu erhalten und zu schützen. (. . .) Insgesamt ist der allgemein kritisierte Artenrückgang auch durch eine in der Vergangenheit betriebene Vernichtung von Feuchtbiotopen bedingt. In dieser Situation ist die Erhaltung bzw. Wiederherstellung des Biotops umgehend, das heißt, noch vor dem nächsten Frühjahr, zu betreiben." (Brief des Naturschutzbundes Deutschland vom 15. 11. 1993)

Wiederum schaltete sich das Verwaltungsgericht unter Hinweis auf die Tagespresse ein:

„(Ich) entnehme dem Göttinger Tageblatt von heute, daß der Naturschutzbund Deutschland den streitgegenständlichen Fischteich für ein schutzwürdiges Biotop hält und gegen die angefochtene Verfügung Beschwerde beim Nds. Ministerium für Umwelt eingelegt haben soll.

Ich bitte um Mitteilung bis zum 20. 5. 1994, ob Ihnen hierüber konkrete Kenntnisse vorliegen und – wenn möglich – Übersendung der Beschwerde zu diesem Verfahren." (Brief des Verwaltungsgerichtes vom 20. 4. 1994)

Der Landkreis blieb jedoch bei seiner Einschätzung und betonte nach längerer Begründung noch einmal:

„Daß es sich bei dem Fischteich nicht um ein gemäß §§ 28 a, 28 b NNatG geschütztes Biotop handelt, muß nach alledem nicht erneut betont werden. Wie der Naturschutzbund Deutschland in seiner Beschwerde vom 15. 11. 1993 dazu kommt, hier von ‚Rote-Liste-Arten' zu sprechen, bleibt unerfindlich." (Stellungnahme des Landkreises vom 11. 5. 1994)

Am 5. 6. 1994 erteilte der Landkreis Göttingen dann überraschend in einem außergerichtlichen Vergleich seine Zustimmung zur begrenzten „Wasserentnahme aus dem Gewässer III. Ordnung" bis zum Jahre 2016.

Das größte Problem für Herrn Worthmann bestand darin, daß ihm einerseits niemand das Vorgehen gegen ihn – immerhin fühlte er sich als Naturfreund und -schützer – verständlich machen konnte und man ihn andererseits so lange im

Ungewissen ließ: „Wenn ich sagen soll, was die nun eigentlich wollten – ich könnte es nicht sagen. Jedenfalls – die kommen zu dir mit erhobenem Haupte. Und denn lassen se dich paddeln, bis dir die Puste ausgeht. Mir ist sie nicht ausgegangen – aber das sitzt einem alles noch ganz schön in den Knochen . . .“

7. Das geringgeschätzte Wirtschaftsdiplom

Finanzamt Ingolstadt

Die Vermutung, daß zumindest unsere Finanzbeamten bindende Richtlinien und Gesetzesvorlagen vorfinden, auf deren Grundlage sie ihre Entscheidungen eindeutig und ohne Ermessensspielraum fällen können, liegt vielleicht nahe, ist jedoch falsch. Immer wieder wird der Bundesfinanzhof in Anspruch genommen, um strittige Fragen des Steuerrechts zu klären. So sprach er ein Machtwort in der Frage, ob ein Karnevalsprinz ein Unternehmer im Sinne des Umsatzsteuergesetzes oder ob ein Berufspokerspieler einer einkommenssteuerpflichtigen Berufstätigkeit nachgeht – beides beantwortete er mit einem klaren Ja!

Eines von vielen weiteren Problemen der steuerlichen Entscheidungsfindung betrifft die Frage der freiberuflichen Tätigkeit. Sorgsam – und in anderen europäischen Ländern nicht üblich – wurde in Deutschland eine Grenze zwischen Freiberuflern und Gewerbetreibenden gezogen. Dabei ist bis heute die Einordnung hier oder dort wohl eher eine Image- als eine finanzielle Frage, obgleich der bei den Gewerbetreibenden fällig werdende Gewerbesteuermeßbescheid ebenfalls ein nicht unerheblicher Grund dafür sein dürfte, die Bezeichnung „Freiberufler" anzustreben.

Kriterien der Einstufung sind die besondere fachliche Qualifikation und die eigenverantwortliche Arbeit von Freiberuflern, zu denen einerseits wissenschaftliche Tätigkeiten, andererseits die sogenannten Katalogberufe gehören. Hier werden im § 18, Abs.1 Nr.1 EStG neben Ärzten, Rechtsanwälten und Steuerberatern auch „beratende Volks- und Betriebswirte" genannt. Auch Unternehmensberater zählen zu diesem Kreis, „wenn die Tätigkeit auf einer vergleichbaren breiten fachlichen

Vorbildung beruht wie bei einem beratenden Betriebswirt und sich auf einen vergleichbar breiten betrieblichen Bereich erstreckt." Weiter heißt es:

„Eine Tätigkeit ist ähnlich, wenn sie in wesentlichen Punkten mit dem Katalogberuf verglichen werden kann; dazu gehören die Vergleichbarkeit der Ausbildung und der beruflichen Tätigkeit. (...) Der Nachweis der wissenschaftlichen Tätigkeit kann sich erübrigen, wenn die berufliche Tätigkeit an sich schon so geartet ist, (...) daß sie eine gewisse fachliche Breite aufweist, d.h., die Tätigkeit muß zumindest das Wissen des Kernbereichs eines Fachstudiums voraussetzen."

Am 16. 12. 1975 schloß Herr Schafrodt sein Studium an der staatlichen Verwaltungs- und Wirtschaftsakademie Rheinland-Pfalz ab. Es war ihm nicht leicht gefallen, im Verlauf der über drei Jahre dauernden wissenschaflichen Ausbildung mehrmals in der Woche abends die Schulbank zu drücken. Nachdem er erfolgreich als kaufmännischer Angestellter in verschiedenen Firmen tätig gewesen war, hatte er sich ein neues Ziel gesetzt: Er wollte den Sprung zum Betriebswirt schaffen.

Nach erfolgreichem Abschluß des staatlich geförderten Studiums erhielt Herr Schafrodt ein Diplom der Verwaltungs- und Wirtschaftakademie Rheinland-Pfalz, in dem es unter anderem heißt:

„Herr Albert Schafrodt hat heute nach einem ordnungs-gemäßen Studium (...) die Abschlußprüfung (...) bestanden.

Der Inhaber dieses Diploms ist nach § 13 Abs 1 der Prüfungsordnung berechtigt, die Bezeichnung ‚Betriebswirt‘ zu tragen."

Herr Schafrodt hatte es geschafft! Es erfüllte ihn schon mit Stolz, daß er sich nun nicht länger Kaufmann, sondern Betriebswirt nennen durfte. Diese Qualifikation verhalf ihm in den kommenden Jahren zu verantwortungsvollen Positionen in der freien Wirtschaft – in zwei großen Unternehmen war er zuerst kaufmännischer Direktor, dann Leiter der Revision.

Im Jahre 1990 machte sich Herr Schafrodt als freiberuflicher Wirtschafts- und Unternehmensberater selbständig. Sein Beratungsspektrum war breit, es reichte von der Bilanzanalyse über

Finanzplanung, Kostenrechnung, Kostenanalyse, Kalkulation bis zur Marketingkonzeption. Die beratende Hilfestellung wurde besonders von kleinen und mittleren Unternehmen gern angenommen, weil das Bundesamt für Wirtschaft die Beratungen förderte, wenn „sie von selbständigen Beratern durchgeführt werden, die nachweislich über die für den Beratungsauftrag erforderlichen Fähigkeiten (...) verfügen..." (Richtlinien über die Förderung von Unternehmensberatungen für mittlere und kleine Unternehmen vom 19. 12. 1991)

Am 20. 7. 1995 erhielt Herr Schafrodt überraschend einen Gewerbesteuermeßbescheid vom Finanzamt Ingolstadt für das Jahr 1993. Die späte Veranlagung hatte einen ganz einfachen Grund: Im Jahre 1993 lag der Gewinn seines Betriebes erstmals über der für eine Veranlagung als Gewerbebetrieb maßgeblichen Höhe. Herr Schafrodt glaubte zuerst an einen einfachen Irrtum der Finanzbehörden. In seinem Einspruch gegen die Einstufung als Gewerbetreibender legte er sein Diplom, die Beschreibung seines breiten Tätigkeitsspektrums und Belege über die Vielzahl von staatlich geförderten Beratungen vor.

Die Reaktion des Finanzamtes Ingolstadt auf den Widerspruch war zwar inhaltlich sehr vage, dafür im Fazit um so deutlicher:

„Die von Ihnen beschriebene Tätigkeit wird meistens von beratenden Volks- und Betriebswirten ausgeübt. (...) Voraussetzung, daß Ihre Tätigkeit i.S. des § 18 (1) Nr. 1EStG als freiberuflich eingestuft wird, ist, daß Ihre Tätigkeit dem eines entsprechenden Katalogberufes vergleichbar ist. Es sind aber daran sehr strenge Maßstäbe anzusetzen. (...)

Ich sehe für Ihren Einspruch keinen Erfolg." (Brief des Finanzamtes Ingolstadt vom 2.8. 1995)

Dieser Meinung war Herr Schafrodt zunächst überhaupt nicht, er hielt seinen Einspruch aufrecht und begründete ihn mit einer ausführlichen Stellungnahme sowie zahlreichen Belegen über seine erfolgreiche und (staatlich) anerkannte Tätigkeit als freier Unternehmensberater. Dieses und auch der Hinweis, daß die Wirtschafts- und Verwaltungakademie sowie das Bundesamt für Wirtschaft kein Verständnis für seine Veranlagung als Gewerbetreibender hätten, nützte jedoch nichts: Die Rechtsbehelfsstelle des Finanzamtes wies den Einspruch mit folgender Begründung zurück:

„Der Einspruchsführer übt (...) keinen dem Volks- oder Betriebswirt ähnlichen Beruf im Sinn von § 18 Abs. 1 Nr. 1 Satz 2 EStG aus.

Nach dieser Vorschrift zählen zu den freiberuflichen Tätigkeiten auch die den sog. Katalogberufen ähnlichen Berufe. (...)

Die Zugehörigkeit zu einem ähnlichen Beruf setzt voraus, daß der Einspruchsführer durch die Teilnahme an Kursen oder durch Selbststudium Kenntnisse erworben hat, die mit der für den Katalogberuf erforderlichen Ausbildung vergleichbar sind. (...) Da der Nachweis auch den Erfolg der autodidaktischen Ausbildung mitumfaßt, wird dieser Beweis in der Regel allerdings schwer zu erbringen sein. Daher hat die Rechtsprechung auch zugelassen, daß der Steuerpflichtige den erforderlichen Nachweis der theoretischen Kenntnisse anhand eigener praktischer Arbeiten führt. Für diese Form des Nachweises ist es jedoch erforderlich, daß die Tätigkeit des Steuerpflichtigen besonders anspruchsvoll ist und nicht nur der Tiefe, sondern auch der Breite nach zumindest das Wissen des Kernbereichs eines Fachstudiums voraussetzt." (Einspruchsentscheidung der Rechtsbehelfsstelle des Finanzamtes Ingolstadt vom 20. 10. 1995)

Nachdem Herr Schafrodt das Schreiben des Finanzamtes gelesen hatte, war er fassungslos: Obgleich er also ein staatlich anerkanntes Diplom als Betriebswirt besaß, wurde seiner Tätigkeit die Ähnlichkeit zu ebendiesem Beruf abgesprochen! Da das Problem der Veranlagung als Gewerbetreibender für Herrn Schafrodt eher prinzipieller als finanzieller Natur war – der Betrag, um den er hätte streiten müssen, lag nicht höher als 200 DM – verzichtete Herr Schafrodt auf eine Klage beim Finanzgericht München. Dieser Form der Rechts- und Gesetzesauslegung mochte er sich nicht länger aussetzen.

Nachtrag:

Auf die obligatorische Nachfrage formulierte der zuständige Sachbearbeiter ein Antwortschreiben, das hier ausführlich vorgestellt werden soll, weil es den Tenor vieler anderer Reaktionen der zum jeweiligen Fall befragten Behörden wiedergibt. Während der Beamte im ersten Teil des Schreibens den allseits bekannten Hergang noch einmal wie eine amtliche Litanei auflistete, bekannte er sich im zweiten Teil recht offen dazu, daß die (erhoffte) dezidierte Stellungnahme oder die Beantwortung der Fragen zum Fall von ihm nicht zu erwarten sei:

„Der Steuerbürger hat mit Schreiben vom 22. 7. 95 (Eingang mit Frühleerungsstempel vom 24. 7. 95) form- und fristgerecht gegen diesen Bescheid Einspruch eingelegt. Als zuständiger Sachbearbeiter konnte ich dem Begehren des Steuerbürgers nicht entsprechen. (...)

Mit Schreiben vom 13. 11. 94 wandte sich der Steuerbürger an das Bayer. Finanzministerium. Das Ministerium antwortete mit Schreiben vom 14. 12. 95. Daraufhin hat sich der Steuerbürger mit Schreiben vom 26.1.96 wieder an das Bayer. Finanzministerium gewandt. Das Ministerium antwortete wieder mit Schreiben vom 20. 2. 96. (...) Die Rechtsbehelfstelle hat daraufhin mit Einspruchsentscheidung vom 20. 10. 95 den Einspruch als unbegründet zurückgewiesen. (...) Klage beim Finanzgericht München wurde nicht eingelegt. (...)

Bitte haben Sie Verständnis dafür, daß ich Ihnen wegen des Steuergeheimnisses trotz Entbindungsvollmacht nur die nötigsten Daten aus den Steuerakten geben darf, und daß ich Ihre Fragen im Schreiben vom 16. 9. 96 wegen Verletzung des Steuerberatungsgesetzes (!) nicht beantworten darf. (...)

Dieses Schreiben gilt nicht als Verwaltungsakt i.S. des § 118 AO der Finanzbehörde. Das Steuergeheimnis wurde nicht verletzt, weil ich Ihnen hiermit nur Daten mitgeteilt habe, die Ihnen bereits bekannt waren." (!) (Schreiben des Finanzamtes Ingolstadt vom 18.9. 1996)

8. Die doppelt gestrafte Geldanlegerin

Finanzamt Hamburg-Oberalster

Als im Jahre 1984 überraschend ihr Mann verstarb, ging es Frau Kausche wie vielen anderen Frauen der älteren Generation: Da Herr Kausche alle Vorsorgemaßnahmen für den geplanten gemeinsamen Lebensabend, aber auch alle größeren Geldgeschäfte ohne Abstimmung mit ihr durchgeführt hatte, stand sie nun da und fragte sich, wie sie das Leben ohne ihn bewältigen solle. Bald zeigte sich jedoch, daß ihr Mann tatsächlich vorgesorgt hatte – unter anderem auch mit Geldanlagen in stattlicher Höhe.

Seit dem Tod ihres Mannes waren mehrere Jahre vergangen, als einige der Einlagen zur Auszahlung fällig wurden. Frau Kausche, die in Geldangelegenheiten nach wie vor nicht sonderlich bewandert war, fragte ihren mittlerweile erwachsenen Sohn, wie sie die doch erhebliche freiwerdende Summe anlegen solle. Es traf sich offenbar gut, daß ihr Sohn einen Anlageberater kannte, der einen „Investment-Club" gegründet hatte. Mit den Einlagen seiner meist gutsituierten Kunden führte er überaus erfolgreich Warentermingeschäfte in den USA durch; weiterhin bot er auch andere weniger risikoreiche Geldgeschäfte an.

Frau Kausche investierte zuerst nur kleinere Summen, da sie nicht sehr risikofreudig war. Als sie auf den monatlich ausgestellten Auszügen ihre Einlage jedoch kontinuierlich wachsen sah, transferierte sie immer größere Geldbeträge von ihrer Hausbank auf das Konto des „Investment-Clubs". Um die Seriösität des Unternehmens auf die Probe zu stellen, ließen sie und ihr Sohn sich mehrfach größere Summen aus ihrem Depot auszahlen. Nach den vorliegenden Angaben erfolgten im Laufe der Zeit Einzahlungen in Höhe von etwa 160000 DM, auf der anderen Seite standen Auszahlungen in Höhe von etwa 77 000 DM.

Am 19.11. 1990 erhielt Frau Kausche ein Anschreiben des „Investment-Clubs" , das sie zuerst achtlos öffnete und dann lange in den Händen hielt. Der Gründer und Geschäftsführer des Anlageklubs hatte sich in einem „persönlichen" Brief mit folgenden Worten an die Anleger gewandt:

„Liebe Anleger,

der schlimmste aller Fälle ist eingetreten: Das Geld ist weg!

Ich bin offensichtlich einer ganz raffinierten Betrügergruppe auf den Leim gegangen...

Mir tut das für Sie alle wahnsinnig leid. Ich habe mir immer Mühe gegeben, in dieser Branche einer der seriösesten zu sein und es ist mit lange Jahre ja auch geglückt. Mir ist klar, daß viele von Ihnen mich jetzt anzeigen werden. Das muß ich nun durchstehen.

Ich kann nur noch mal sagen, daß es mir leid tut. Ich bedanke mich für das Vertrauen, das Sie in mich gesetzt haben und das ich nun letztendlich doch enttäuschen muß." (Brief des Anlageberaters vom 19. 11. 1990)

Diese Nachricht traf nicht nur Frau Kausche wie ein Schlag ins Gesicht. Andere Anleger hatten Kredite aufgenommen, um sie über die hohen Renditen des „Investment-Clubs" abzuzahlen und darüber hinaus Gewinne zu erzielen. Der Bankrott des Unternehmens bedrohte ihre Existenz. Dies war zwar bei Frau Kausche nicht so – aber ein erheblicher Teil ihres Bargeldes war jedenfalls verloren. Im Laufes des Gerichtsverfahrens gegen den Anlageberater wurde offenbar, daß auch die im letzten Rundbrief formulierten persönlichen Worte gelogen waren und vor dem Hintergrund seines kriminellen Handelns überaus zynisch klangen. Die Anleger waren einem Betrüger aufgesessen. Bis zum November 1990 nahm der Angeklagte 6,4 Millionen DM ein und verbrauchte „die eingezahlten Beträge ganz überwiegend für eigene Zwecke". Die Höhe der in den monatlichen Auszügen ausgewiesenen Anteilswerte „orientierte sich nicht an dem Ergebnis tatsächlich durchgeführter Börsengeschäfte, sondern wurde vom Angeklagten von Anfang an in fiktiver Höhe frei festgesetzt." So konnte es nicht verwundern, daß der Beklagte vom Landgericht Hamburg wegen Betrugs von gutgläubigen Geldanlegern zu drei Jahren und neun Monaten Haft verurteilt wurde. (Urteil des Landgerichts Hamburg vom 1. 7. 1993)

Frau Kausche war von diesem Betrug zwar ebenfalls schwer betroffen, im Laufe der Jahre hatten sich ihre Wut und ihr Ärger jedoch allmählich gelegt. Drei Jahre nach dem für sie unvergeßlichen Brief des Anlageberaters erhielt sie dann im Januar 1993 ein formloses Einschreiben mit Postzustellungsurkunde. Auch das Schreiben der Steuerfahndungsstelle Hamburg wird Frau Kausche wohl niemals vergessen können:

„Betr. Einkünfte 1988 u. 1989

Sehr geehrte Frau Kausche,

gegen Sie wurde ein Ermittlungsverfahren wegen Steuerhinterziehung eingeleitet. Um Ihnen Gelegenheit zur Anhörung zu geben, bitten wir sie, am 16. 1. 1993 bei der Steuerfahndungsstelle Hamburg vorstellig zu werden." (Brief nicht mehr vorhanden, aus der Erinnerung rekonstruiert)

Frau Kausche erinnert sich noch an die Anhörung bei der Steuerfahndungsstelle Hamburg: „Die sprechen eine ganz eigene Sprache, ich habe zuerst gar nicht verstanden, was die von mir wollten. Und wenn man versucht, etwas zu erklären, dann tun die so, als wenn man derjenige ist, der chinesisch spricht."

Noch viel weniger vermochte sie einzusehen, was ihr dann von der Steuerfahndungsstelle zum Vorwurf gemacht wurde:

„Die Anlagestrategie der (. . .) Vermögensverwaltung bestand darin, aus hingegebenem Kapital Erträge zu erwirtschaften, die weit über banküblichen Erträgen für gleichwertigen Bankeinsatz lagen. Sie haben durch die Übersendung periodischer Abrechnungen (Kontoauszüge) die Möglichkeit erhalten, den jeweils per Monatsende ermittelten Wert Ihrer Kapitalanlage zur Kenntnis zu nehmen. In Ihrer Entscheidung lag es dann, die ‚Abschöpfung' der sich angesammelten Erträge durch Auszahlung abzufordern."

Im folgenden führte die Steuerfahndungsstelle des Finanzamtes Hamburg die als Ertragszufluß gekennzeichneten Auszahlungen auf und erläuterte dann mit der ganzen Kraft ihrer staatlichen Autorität das in Gang gesetzte strafrechtliche Vorgehen:

„In Ihren den Finanzamt Hamburg-Oberalster eingereichten Einkommenssteuererklärungen haben Sie es unterlassen, diese Beiträge als Ertragszufluß aus der Anlage von Kapitalvermögen anzugeben. Ich habe daher gegen Sie ein Steuerstrafverfahren eingeleitet, weil der Verdacht besteht, daß Sie durch die Abgabe inhaltlich unrichtiger Steuererklärungen die Finanzbehörden über steuerlich erhebliche Tatsachen in Unkenntnis gelassen haben (. . .).

Ich gebe Ihnen Gelegenheit, sich zum Vorwurf zu äußern. Ihre Vernehmung an Amtsstelle bedarf jedoch vorweg einer Terminabsprache mit mir." (Schreiben der Steuerfahndungsstelle des Finanzamtes Hamburg vom 1. 3. 1993)

Frau Kausche verstand die Welt nicht mehr: Zuerst war sie einem Betrüger auf den Leim gegangen, und nun stellte man sie selbst als Betrügerin an den Pranger! Abgesehen davon wollte es ihr nicht einleuchten, daß sie auf die Auszahlungen der Betrugsfirma, die weit unter ihrem Verlust lagen, nun auch noch Steuern zahlen sollte. Nach Monaten der Aufregung wurde das Verfahren wegen Steuerhinterziehung zwar am 16. 8. 1993 eingestellt, die Veranlagung der Entnahmen als Gewinn blieb jedoch bestehen. Dazu nahm die Oberfinanzdirektion Hamburg wie folgt Stellung:

"Die *strafrechtliche* Beurteilung dieser Sachverhalte (s. LG-Urteil) ist für *steuerliche* Beurteilungen nicht bindend, da die gesetzlichen Anknüpfungen andere sind. (. . .)

Prägend ist hingegen die Nutzung des hingegebenen Kapitals in einer allein dem „Verwalter" bekannten Art und Weise und die Auszahlung bzw. Gutschrift von Renditen für die Kapitalüberlassung. (. . .)

Die ausgewiesenen Renditen sind als Ergebnis der Kapitalüberlassung anzusehen, *unabhängig davon, in welcher Höhe*

sie tatsächlich über Termingeldanlagen, Börsen- oder Waren-
termingeschäfte o.ä. erwirtschaftet worden sind. (...)

Dieser Veranlassungszusammenhang reicht für die Zuord-
nung zur Einkunftsart des § 20 EStG (Einkünfte aus Kapitalvermögen) aus, denn der Veranlassungsbegriff ist nicht nur
auf der Ausgabenseite, sondern auch auf der Einnahmenseite
weit (!) zu verstehen, soweit eine private Veranlassung ausgeschlossen werden kann (Urteil des Finanzgerichtes Köln vom
16. 06. 1982, EFG 1983, S. 59, in der Begründung bestätigt
durch das Urteil des Bundesfinanzhofs vom 09. 05. 1985,
BStBl. 1985 II S. 427). Soweit es zur Auszahlung von ‚Renditen‘ gekommen ist, sind diese gem. § 20 Abs. Nr. 7 EStG zu
versteuern. Der etwaige oder tatsächliche Ausfall der Kapital-
forderungen liegt auf der *Vermögensebene* und spielt für die
Ertragsbesteuerung keine Rolle. Grundsätzlich sind auch die
stehengelassenen und wiederangelegten ‚Renditen‘ wie ausge-
zahlte Beträge zu versteuern." (Schreiben der Oberfinanzdirektion Hamburg vom 22. 3. 1994)

Die letzten Zeilen waren kaum falsch zu verstehen: Auch die
in den monatlichen Kontoauszügen völlig fiktiv angegebenen
Gewinne sollten als Erträge aus Kapitalgewinn zu versteuern
sein. Entrüstet schrieb Frau Kausche an den Finanzsenator der
Stadt Hamburg:

„Wie sehr dieser unerhörte Sachverhalt in seiner Gesamtheit
meinen Lebensabend aufregt, ich bin 67 Jahre alt, kann ich gar
nicht schildern.

Ich hoffe sehr, daß Sie, Herr Senator, die Möglichkeit ergrei-
fen und durch einen Ihrer Mitarbeiter bei der Steurfahndungs-
stelle klären lassen, wie es dazu kommt, derartige Steuerforde-
rungen zu erheben." (Brief von Frau Kausche vom 3. 2. 1994)

Als sie auch vom Finanzsenator keine Nachricht erhielt,
nahm sich Frau Kausche einen Anwalt. Der reichte Klage beim
Finanzgericht Hamburg ein und begründete diese unter anderem so:

„Die Klägerin hat durch das betrügerische Verhalten des
Herrn S. einen Großteil ihres Kapitals verloren. Sie kann darüber hinaus nicht noch mehr bestraft werden, indem nicht er-

wirtschaftete Zinsen bzw. Wertsteigerungen, die in fiktiver Höhe festgesetzt wurden, § 20 Abs. 1 Nr. 7 EStG unterfallen sollen. Dies würde jeglichem Empfinden für Gerechtigkeit widersprechen.

Die Besteuerung fiktiver ‚Erträge‘ führt dazu, daß betrügerisches Verhalten vom Fiskus in der Art und Weise gebilligt wird, als er hierdurch Steuereinnahmen erzielt, denen gar keine Einkünfte des Steuerzahlers zugrunde liegen." (Klageschrift des Anwalts vom 12. 9. 1994)

Das Verfahren vor dem Finanzgericht Hamburg ist bis heute nicht abgeschlossen. Von Bekannten, die der Betrüger ebenfalls hereingelegt hatte, erfuhr Frau Kausche, daß sie in keiner Weise von ihren Finanzämtern belangt worden waren.

9. Die denkmalgeschützte Terrassenüberdachung

Untere Denkmalschutzbehörde Barntrup, Obere Denkmalschutzbehörde Detmold, Bauordnungsamt Detmold

Herr Liesegang hatte sich einen Traum erfüllt und im Jahre
1986 für 35000 DM ein altes und mittlerweile vom Verfall be-
drohtes Altenteilerhaus gekauft. Das Fachwerkgebäude war
ursprünglich Teil einer Hofanlage und hatte in früheren Zeiten
den Altbauern als Ruhesitz gedient.

Die auch Leibzucht genannten Häuser kamen auf größeren
Bauernhöfen häufig vor. Beim Bau der Leibzucht- und Tage-
löhnerwohnungen wurde in der Regel nicht so viel Geld und
Mühe investiert wie beim Haupthaus – das Baumaterial war
häufig minderwertiger, die Räume kleiner und der Zuschnitt
weniger großzügig als beim Haus der jungen Bauerngenera-
tion. Auch bei der Pflege und Instandhaltung mußten Prioritäten gesetzt werden. Daß in den vergangenen Jahrzehnten ein
großer Teil dieser Gebäude verfiel, hatte noch einen anderen
Grund: Viele landwirtschaftliche Betriebe verloren ihre Exi-
stenzgrundlage. Nach der Aufgabe der Landwirtschaft wurden
zuerst die in schlechtem Zustand befindlichen Nebengebäude
außer Betrieb genommen.

Auch Herr Liesegang merkte sehr bald, daß bis zum Einzug
in ihr neues Domizil noch einige Hindernisse zu überwinden
waren – da seine Frau und er sich jedoch sehr bewußt für das
alte Fachwerkhaus entschieden hatten, nahm er den umfangreichen Umbau in Kauf. Die Gebäudehülle mußte vollkom-
men entkernt und teilweise mit Betonstützen stabilisiert werden, oben wurde ein neues Dach errichtet, unten ein neuer
Keller. Nachdem Treppen, Türen, Decken, Fußböden, Elek-
troinstallation und Heizung ausgewechselt waren und die Re-
novierungskosten eine halbe Million DM längst überschritten

hatten, fragte Herr Liesegang den Kreisbaudirektor des Kreises Detmold um Rat. Dieser machte dem Bauherren nach Besichtigung des Hauses den Vorschlag, das Gebäude unter Denkmalschutz stellen zu lassen und verlieh seinem Ratschlag, wie sich der Betroffene erinnert, Gewicht mit der Bemerkung: „Wenn Sie es nicht unter Schutz stellen lassen, mache ich es von Amts wegen."

Dieser Empfehlung folgte Herr Liesegang und beantragte bei der Stadt Barntrup die „Unterschutzstellung des Fachwerkhauses nach dem Denkmalschutzgesetz". Die Untere Denkmalschutzbehörde war sich der Bedeutung des Gebäudes jedoch offenbar nicht ganz sicher, jedenfalls teilte sie dem Bauherrn mit:

„Aufgrund Ihres o.g. Antrages habe ich das Westfälische Amt für Denkmalpflege Münster beteiligt, um festzustellen, ob das Gebäude Denkmaleigenschaften besitzt." (Schreiben der Unteren Denkmalschutzbehörde der Stadt Barntrup vom 16. 6. 1988)

Am 17.11. 1988 erhielt Herr Liesegang Nachricht darüber, daß sein Fachwerkhaus unter Denkmalschutz gestellt sei. Zwar hätten verschiedene Veränderungen am Torbogen und an den Fenstern das Erscheinungsbild beeinträchtigt, „doch mindern diese Eingriffe den Denkmalwert nicht wesentlich". Andererseits „habe der äußerlich schon etwas vernachlässigte Fachwerkbau durch die Restaurierung wieder entscheidend an Anschauungswert gewonnen, so daß auch für das Ortsbild wieder ein bemerkenswerter Akzent gebildet wird". (Beschlußvorlage der Verwaltung vom 26. 9. 1988 und Mitteilung über Eintragung eines Denkmals in die Denkmalliste vom 17. 11. 1988)

Jetzt gab es allerdings ein Problem: Das Gespräch mit dem Kreisbaudirektor hatte bereits zu Beginn des Jahres stattgefunden, der Antrag auf Unterschutzstellung war am 27. 5. 1988 eingereicht worden – mittlerweile waren die Baumaßnahmen nahezu abgeschlossen! Lediglich der Einbau dreier Außentüren und eines Dielentors stand einem Einzug der Familie Liesegang noch im Wege. Die 23 820 DM teure Maßnahme war die einzige, die im Rahmen des Denkmalschutzes noch gefördert werden konnte – die Fördersumme betrug 9528 DM.

Auch für das Finanzamt war das Datum der Unterschutzstellung maßgeblich: Erhöhte Abschreibungsmöglichkeiten gewährte es lediglich für Baumaßnahmen, die nach diesem Datum durchgeführt worden waren.

Im Jahre 1989 zog die neunköpfige Familie in ihr neues Domizil ein. Zu Beginn des folgenden Jahres erhielt Herr Liesegang einen freundlichen Brief von der Stadt Barntrup, in dem der Bürgermeister und der Stadtdirektor ihre Anerkennung für seine Leistungen als Eigentümer eines Baudenkmals zum Ausdruck brachten:

„Wir wissen, daß die Verpflichtung zum Erhalt eines Baudenkmals mit nicht unerheblichen Kosten und Nutzungseinschränkungen verbunden ist. Der Besitz eines Baudenkmals wird manchmal als Last empfunden und das Engagement für seine Erhaltung wird oft nicht richtig anerkannt.

Das Land Nordrhein-Westfalen hat Denkmalurkunden und Denkmalplaketten gestiftet. Mit diesen möchten sich das Land und die Stadt Barntrup bei Ihnen für den Erhalt Ihres Baudenkmals bedanken. Die Plakette soll auch Ihren Einsatz nach außen deutlich machen." (Brief der Stadt Barntrup vom 2. 2. 1990)

Den bevorstehenden Sommer vor Augen, plante der so Belobigte gemeinsam mit seinem Architekten eine Pergola, die auf der nach Süden gerichteten Rückseite seines Hauses für Schatten sorgen sollte. Am 31. 5. 1990 beantragte er die Genehmigung zur Errichtung einer Pergola, die wenig später mit folgender Begründung abgelehnt wurde:

„Gegen die Errichtung einer Pergola vor der Südfront des denkmalgeschützten Fachwerkhauses werden denkmalpflegerische Bedenken erhoben. Die für das äußere Erscheinungsbild des Baudenkmals so wichtige Fachwerkfront würde durch diese Pergola zugestellt und somit eine starke Beeinträchtigung der Wirkung des Denkmals die Folge sein.

Aus diesem Grunde kann ich Ihnen die Erlaubnis nach § 9 Denkmalschutzgesetz für die Errichtung einer Pergola nicht erteilen." (Brief der Bauverwaltung der Stadt Barntrup vom 4. 7. 1990)

Es dauerte zwei Jahre, bis dann doch eine Baugenehmigung des Kreises Lippe vorlag. Herr Liesegang hatte nach langwierigen Verhandlungen mit der Unteren Denkmalschutzbehörde einen neuen Bauantrag für eine „offene Veranda" gestellt, „die in einem Ständerwerk aus Eiche ausgeführt wird, das zum Fachwerk des vorhandenen Wohnhauses harmonisch paßt. Das Ständerwerk bleibt offen, so bleibt die Seitenansicht des Wohnhauses erhalten. Die Eindeckung wird mit einem zum vorhandenen Hausdach passenden roten Hohlpfalzziegel versehen." Die im Antrag angegebenen Maße lauteten: 5,50 m in der Länge, 3 m in der Tiefe. (Bauantrag vom 20. 6. 1992)

Diese Bauausführung war zwar erheblich teurer als die zuerst ins Auge gefaßte, eine Förderung aus Mitteln des Denkmalschutzes war ohnehin nicht möglich – dennoch machte Herr Liesegang gute Miene zum bösen Spiel.

Als der Zimmermann endgültig die Maße für die Holzkonstruktion nahm, vertrat er die Ansicht, daß die Veranda aus bautechnischen Gründen – vor allem wegen der besseren Verzapfungsmöglichkeit mit den Balken des Hauses – 80 cm größer ausfallen solle. Die geringfügige Vergrößerung schien Herrn Liesegang so unerheblich, daß er ohne Bedenken zustimmte.

Dieser Veränderung gegenüber dem Bauantrag mochte das Bauordnungs- und Hochbauamt des Kreises Lippe jedoch keinesfalls zustimmen, in seinem Schreiben vom 15. 1. 1993 bezog es sich auf eine Ortsbesichtigung der Bau- und Denkmalschutzbehörden:

„Durch eine Überprüfung wurde (...) festgestellt, daß die Veranda abweichend von der Genehmigung direkt mit der östlichen Gebäudeabschlußwand des Gebäudes abschließt.

Diese Bauausführung kann auch nachträglich nicht genehmigt werden. (...) Ich beabsichtige daher, Sie durch Bauordnungsverfahren aufzufordern, die Veranda in diesem Bereich wieder vollständig zu beseitigen." (Brief des Bauordnungs- und Hochbauamtes des Kreises Lippe vom 15. 1. 1993)

In seiner Antwort führte Herr Liesegang aus, daß es bei den Verhandlungen mit der Denkmalbehörde vor allem um die

Frage der Stilanpassung und der Transparenz der Veranda gegangen sei. Er schrieb weiter:

„Es fällt uns auf, daß Sie die harmonische Abstimmung der Veranda mit dem Fachwerk des Wohnhauses nicht wahrnehmen. Jeder Besucher lobt spontan den Stil und die Ästhetik der Vorbauten. (...) Weder aus denkmalschützerischer noch aus städtebaulicher Sicht gibt es auch nur einen vernünftigen Grund, mich zum Abriß zu veranlassen. Übrigens habe ich auch keine Fremdmittel erhalten." (Brief von Herrn Liesegang an das Bauordnungs- und Hochbauamt vom 24. 1. 1993)

Diese Argumente wurden bei der drei Wochen später per Postzustellungsurkunde bei Herrn Liesegang eingehenden

„*Bauordnungsverfügung mit Androhung von Zwangsgeld*"

jedoch nicht berücksichtigt. Die Überbauung des östlichen Gefaches „direkt an der östlichen Gebäudeabschlußwand" stehe der Genehmigung des Vorhabens ausdrücklich entgegen, da die Veranda nun von der Straße her zu sehen sei. Damit führe „die jetzige Bauausführung zu einer optischen Beeinträchtigung des Baudenkmals. (...) Da die jetzige Bauausführung somit auch nachträglich nicht genehmigungsfähig ist, ist das Bauvorhaben auch materiell baurechtswidrig.

Nach gefestigter Rechtsprechung stellen formell und materiell rechtswidrig errichtete Bauvorhaben eine Störung der öffentlichen Sicherheit im Sinne der §§ 1 und 14 OBG dar, die grundsätzlich nur durch die Beseitigung der baulichen Anlage wiederhergestellt werden kann. Im vorliegenden Fall sind Sie daher aufzufordern, die Veranda entsprechend der seinerzeit erteilten Baugenehmigung herzustellen." (Bauordnungsverfügung des Bauordnungs- und Hochbauamtes Detmold vom 17. 2. 1993)

Eine Woche später beantragte Herr Liesegang die Löschung seines Hauses aus der Denkmalliste und bot nach ablehnendem Bescheid wenig später auch die Rückzahlung der erhaltenen Fördermittel an. Dennoch – der Versuch, sich dem Zugriff des Denkmalschutzes zu entziehen, hatte keine Aussicht auf Erfolg.

In seinem Widerspruch gegen die Abrißverfügung betonte der Beschuldigte, daß die Terrassenüberdachung nicht mit der

Hausecke abschließe, sondern „um mehr als dreißig Zentimeter zurückgesetzt" sei. Außerdem verfange das Argument nicht, daß die Veranda von der Straße aus nicht zu sehen sei, wenn das östliche Gefach nicht überbaut worden wäre:

„Es läßt sich leicht feststellen, daß die Terrassenüberdachung auch dann noch von der öffentlichen Verkehrsfläche einsehbar wäre, wenn der von Ihnen geforderte Abriß erfolgen würde: Dieses ist eine offenkundige Tatsache und läßt sich leicht durch eine Augenscheinnahme feststellen."

Weiterhin wies Herr Liesegang darauf hin, daß er bei der jetzigen Ausführung der Veranda bereits einen weitgehenden Kompromiß eingegangen sei. (Widerspruch von Herrn Liesegang vom 7. 3. 1993)

Der Widerspruch gegen die Ordnungsverfügung wurde im Februar 1994 vom Regierungspräsidium Detmold zurückgewiesen. In der Begründung hieß es unter anderem:

„Es besteht kein Anspruch auf nachträgliche Sanktionierung der Veranda in der derzeitigen Bauausführung, da die Veranda in der derzeitigen Ausführung gegen öffentlich-rechtliche Vorschriften verstößt (vgl. § 70 Abs. 1 BauO NW).

In der derzeitigen Form verstößt die Veranda gegen die Vorgaben des § 9 Abs. 2 a DSchG. Nach dieser Norm dürfen u.a. Veränderungen an Baudenkmälern Gründe des Denkmalschutzes nicht entgegenstehen. Gründe des Denkmalschutzes stehen einem Vorhaben im Sinne der v.g. Norm dann entgegen, wenn das Schutzobjekt durch die betreffende Maßnahme eine mehr als nur geringfügige Beeinträchtigung erfährt (vgl. OVG NRW, Urteil vom 18.5. 1984 – 11 A 1776/83)."

Weiterhin sei „festzustellen, daß der Charakter des Baudenkmals verändert und ein Teil der Fassade durch die Veranda verstellt worden ist. (...) In diesem Zusammenhang ist beachtlich, daß nach gefestigter Rechtsprechung ein sog. ‚Schwarzbauer' das Risiko eines finanziellen Schadens, bedingt durch eine von der Baugenehmigung abweichende Bauausführung, grundsätzlich hinnehmen und allein tragen muß."

Der Bescheid klingt aus mit dem Zugeständnis,

„daß bisweilen die Akzeptanz von Denkmalschutz und Denkmalpflege Schwierigkeiten bereitet: Gleichwohl verpflichtet das Denkmalschutzgesetz im Rahmen der Sozialpflichtigkeit des Eigentums u.a. den Eigentümer insbesondere dazu, das Denkmal instand zu halten, instand zu setzen, sachgemäß zu behandeln und vor Gefährdungen zu schützen (vgl. § 7 DSchG) und so zu nutzen, daß die Erhaltung der Substanz auf Dauer gewährleistet ist." (Widerspruchsbescheid des Regierungspräsidiums Detmold vom 7. 2. 1994)

Mit „Schwarzbauern" mochte Herr Liesegang sich nun wirklich nicht über einen Kamm scheren lassen, auch der Hinweis auf die Verpflichtung zur Instandhaltung und sachgemäßen Behandlung seines Hauses ärgerte den noch vor kurzem so Belobigten über die Maßen. Ohne sein Engagement wäre das Haus binnen kurzer Zeit abbruchreif gewesen! Vor diesem Hintergrund war Herr Liesegang nicht mehr kompromißbereit. Im übrigen kam eine mittlerweile von der Verwaltung als Lösung angebotene „Verschiebung" der Terassenüberdachung um ein Gefach auch deshalb nicht in Frage, weil diese Maßnahme für ihn zum einen keinen Sinn ergab, zum anderen damit die Anpassung der Holzkonstruktion an die unterschiedlich großen Gefache verloren gegangen wäre. Herr Liesegang reichte Klage beim Verwaltungsgericht ein.

Am 27. 9. 1994 fand eine Ortsbesichtigung mit Vertretern der Denkmalschutzbehörde und des Verwaltungsgerichtes Minden statt. Herr Liesegang erinnert sich noch sehr gut an das denkwürdige Ereignis: „Nachdem dem Vorsitzenden Richter der Anlaß des Streits vorgeführt worden war, fragte er an, ob dies alles sei." Danach habe er den Vertretern der Denkmalbehörde nahegelegt, sich zu einem Gespräch zurückzuziehen und über ein Einlenken nachzudenken. Die Unterredung brachte jedoch in dieser Hinsicht kein Ergebnis. So warteten alle Parteien das Urteil des Verwaltungsgerichtes ab, das am 6. 4. 1995 schriftlich vorlag: Dort wird kurz und knapp festgestellt, daß die Aufforderung zum Teilabriß „rechtswidrig" sei, da sie „gegen den Grundsatz der Verhältnismäßigkeit" verstoße.

10. Die falsch ausgestellte Sterbeurkunde

Standesamt Uslar

Am 28. August 1937 stellte ein Standesbeamter der Reichs-hauptstadt Berlin einen Heiratsschein für das Ehepaar Renn-hack aus. Besondere Mühe gab er sich augenscheinlich beim Schreiben der Familiennamen. Während er andere Angaben in der ihm offenbar vertrauteren deutschen Schrift zu Papier brachte, schrieb er die Nachnamen des Ehemannes – Rennhack – und der Ehefrau – geb. Wiedhoeft – sorgfältig in lateinischen Buchstaben. Dabei gelang ihm der Anfangsbuchstabe W in ausnehmend schönem Schwung. Alles deutet darauf hin, daß dem Beamten die gut lesbare Schreibweise der Familiennamen ein wichtiges Anliegen war. Daß diese ausgerechnet aufgrund seiner Sorgfalt viele Jahre später noch einmal Anlaß zu Dis-kussion geben sollten, hätte der Standesbeamte wohl nicht für möglich gehalten . . .

Am 8. 6. 1992 verstarb Max Rennhack im Alter von 88 Jah-ren. Für die Ausstellung der Sterbeurkunde ließ der bearbei-tende Beamte des Standesamtes der Stadt Uslar sich das Stammbuch vorlegen – und beging einen folgenschweren Feh-ler: Scheinbar in der Eile des Tagesgeschäfts hielt er das im Heiratsschein so schwungvoll geratene, aber eindeutig zu entziffernde W für ein R und trug daraufhin den Geburtsna-men der Ehefrau des Verstorbenen falsch in die Sterbeurkunde ein! Das kann passieren, dachte sich die Tochter von Herrn Rennhack ging mit dem Heiratsschein und dem Personalaus-weis ihrer Mutter zum Standesbeamten und bat ihn freundlich um Änderung des von ihm eingetragenen Namens Riedhoeft in die richtige Bezeichnung Wiedhoeft.

Indes, der Standesbeamte der Stadt Uslar beharrte auf seiner Schreibweise! Auch die Eintragung im Personalausweis mochte er als Beweis nicht anerkennen. Als er auf Drängen der Tochter des Verstorbenen daraufhin den Amtsstellenleiter hinzuzog, attestierte dieser seinem Kollegen „völlig korrektes Verhalten" und stellte sich rückhaltlos hinter ihn.

Die mittlerweile verärgerte Angehörige konsultierte daraufhin den Stadtdirektor. Dieser war sehr zuvorkommend und bat nach Ansicht der Unterlagen die beiden Beamten, ihre Lesart noch einmal zu überprüfen. Dies taten sie – und bestanden weiterhin auf der falschen Eintragung! Eine Berichtigung der Angaben sei lediglich nach Vorlage „aussagekräftiger Urkunden" möglich. Diese forderten sie beim Standesamt in Berlin-Tiergarten an und erhielten von dort eine beglaubigte Kopie mit der Auskunft, daß der korrekte Geburtsname der Ehefrau des Verstorbenen Wiedhoeft lautete.

Nach entsprechender Änderung in der Sterbeurkunde war damit der Fall für die Beamten der Stadt Uslar erledigt, nicht jedoch für den Schwiegersohn des Verstorbenen – er legte Beschwerde bei der Bezirksregierung Braunschweig ein und schrieb dem Innenminister des Landes Niedersachsen einen Brief, in dem er nach Schilderung des Hergangs folgenden Vorschlag machte:

„Sie würden, sehr verehrter Herr Minister, mein erschüttertes Vertrauen in die Kompetenz, Effizienz und Bürgernähe der niedersächsischen Verwaltung wieder herstellen, wenn Sie mir mitteilen könnten, daß die beiden Herren des Standesamtes Uslar zum Besuch eines Fortbildungskurses – ich schlage vor: Lesekurs II, 1. Teil: Lateinische Schrift unter besonderer Berücksichtigung der Majuskeln, 2. Teil: Deutsche Schrift dgl. – abgeordnet worden sind. Sie würden damit den BürgerInnen Uslars, die weiterhin auf die Tätigkeit dieses Amtes angewiesen sind, einen Dienst erweisen. Ich selbst wäre bei meiner nächsten Reise nicht mehr versucht, das niedersächsische Wappentier als wiehernden Amtsschimmel zu interpretieren, sondern könnte es heraldisch exakt identifizieren." (Brief des Schwiegersohns des Verstorbenen vom 20. 6. 1992)

Im Antwortbrief des Ministeriums vom 3. 7. 1992 hieß es unter anderem: „In der Sache vermag ich ohne Kenntnis des

Falles (. . .) keine Stellungnahme abzugeben. Ich habe im Interesse einer beschleunigten Bearbeitung Ihrer Beschwerde die Bezirksregierung Braunschweig als Behörde der Standesamtsaufsicht gebeten, eine Überprüfung vornehmen zu lassen und Sie über das Ergebnis zu unterrichten. Ich gehe davon aus, daß die Bezirksregierung auch Ihren Vorschlag hinsichtlich der standesamtlichen Fortbildung in ihre Erwägungen einbeziehen wird." (Brief des Niders. Innenministeriums vom 3. 7. 1992)

Dies tat die vorgesetzte Behörde jedoch nicht. In ihrer gewissenhaften Fallbeschreibung vollzog sie ungewollt erstmals das Ausmaß der behördlichen Anmaßung nach, die bereits bei der Vorlage der Unterlagen durch den Bestattungsunternehmer begann:

Der außerordentlich pflichtbewußte Standesbeamte hatte nicht etwa aufgrund flüchtiger Bearbeitung einen Lesefehler begangen und deshalb den Namen falsch in die Sterbeurkunden übertragen. Im Gegenteil war seine Eintragung das Ergebnis sorgfältiger Prüfung: Der Bestattungsunternehmer hatte ihm die korrekt lautende Todesbescheinigung und die Sterbefallanzeige des Kreiskrankenhauses zur Beurkundung vorgelegt. Beim gewissenhaften Vergleich mit der Heiratsurkunde war der Beamte dann auf das schwungvolle W der von diesem Todesfall zwar betroffenen, jedoch für die behördliche Bearbeitung des Vorgangs ganz unwichtigen Ehefrau des Verstorbenen gestoßen. Die Bezirksregierung erläuterte diese Nachprüfung so:

„Beim Vergleichen der Personalien (. . .) anhand der Heiratsurkunde ergaben sich Schwierigkeiten beim Lesen der Anfangsbuchstaben des Geburtsnamens der Ehefrau."

Von diesen „Schwierigkeiten" hatte sich der Standesbeamte jedoch offensichtlich freigemacht und den in den vorgelegten Papieren richtig geschriebenen Namen nicht in die Sterbeurkunde übernommen, sondern dort ohne weitere Nachfrage bei den Angehörigen den falschen Namen eingetragen! Zum weiteren Verlauf des Vorfalls zitierte die Bezirksregierung den Beamten:

„Am Vormittag des 12. 6. 92 (Freitag) sprach im hiesigen Standesamt die Tochter des Verstorbenen den Unterzeichner zwischen zwei Eheschließungen an mit der Forderung, es sollten umgehend Sterbeurkunden mit dem richtigen Geburtsnamen ‚Wiedhoeft‘ ausgeschrieben werden. Zur Begründung legte sie nochmals das betreffende Stammbuch vor. Die Heiratsurkunde konnte insofern wiederum keine Erkenntnis in Richtung der Schreibweise ‚Wiedhoeft‘ bringen (. . .). Ich habe der Tochter zunächst mein Bedauern an der Fehldeutung betreffend der Schreibweise des Anfangsbuchstaben ausgesprochen, ihr aber *höflich und korrekt* erläutert, eine sofortige Ausstellung neuer Sterbeurkunden mit dem Namen ‚Wiedhoeft‘ könne nicht erfolgen, da hierfür eine Berichtigung des zugrunde liegenden Sterbeeintrages durch einen entsprechenden Randvermerk vorausgehen müsse. Eine solche Berichtigung könne der Standesbeamte vornehmen, wenn der richtige Sachverhalt durch *inländische Personenstandsurkunden* festgestellt sei.“

Der Widerspruch dieser Beschreibung ist ganz offenbar: Einerseits „konnte die Heiratsurkunde wiederum keine Erkenntnis bringen“, andererseits hatte der „Unterzeichner“ im Gespräch mit der Angehörigen also sein Bedauern über seine „Fehldeutung betreffend der Schreibweise des Anfangsbuchstaben“ zum Ausdruck gebracht. Tatsächlich lag somit die Entscheidung zum vollendeten Eingeständnis seiner willkürlichen Lesart und zur sofortigen Abänderung der Urkunde ganz bei ihm. Der Standesbeamte zog es jedoch vor, die Trauernden mit einer weiteren Finesse bürokratischer Spitzfindigkeit zu strapazieren:

„Ich habe zugesagt und umgehend ausgeführt, beim Berliner Standesamt Tiergarten beglaubigte Kopien des Heirats- und des Geburtseintrages der Witwe Rennhack mit dem Vermerk ‚Eilt‘ anzufordern, nach Erhalt dieser Urkunden den Sterbeeintrag umgehend zu berichtigen und entsprechend berichtigte Sterbeurkunden auszustellen.“

Obgleich er also das Ergebnis der Nachfrage selbst vorwegnehmen konnte, bestand er auf der Fortsetzung des von ihm ohne Not in Gang gesetzten Vorgangs bis zum voraussehbaren

Ende. Die Bezirksregierung als Beschwerdeinstanz kam abschließend zu folgender Beurteilung des Vorfalls, nachdem sie noch einmal „auf die Schwierigkeiten beim Lesen des Anfangsbuchstabens" hingewiesen hatte:

„Es lag also nicht daran – wie Sie meinen – , daß die Standesbeamten in Uslar nicht in der Lage sind, die deutsche Schrift zu lesen, ein Vorwurf, der im übrigen von den Standesbeamten zurückgewiesen wird.

Der dem Standesbeamten vorgelegte Personalausweis, in dem die richtige Schreibweise des Geburtsnamens eingetragen war, ist für die Beurkundung des Personenstandes, vorliegend des Sterbefalls, keine beweiskräftige Urkunde im Sinne des Personenstandsgesetzes – PStG – in der Fassung vom 26. 6. 90 (BGBl., I S. 1163). (. . .)

Auch wenn die Angelegenheit für Sie und die übrigen Familienmitglieder des Verstorbenen bedauerlicherweise mit Ärger, Verzögerungen und Lauferereien verbunden waren, kann ich dennoch ein Fehlverhalten des Standesbeamten in Uslar bei der Bearbeitung des Sterbefalles nicht erkennen." (Schreiben der Bezirksregierung Braunschweig ohne Datum)

Nachtrag:

Auf die übliche Nachfrage traf ein Antwortschreiben der Stadt Uslar ein, in dem zuerst auf die geltende Rechtslage verwiesen wurde, nach der ein Eingehen auf den konkreten Einzelfall rechtlich nicht möglich sei. Sodann erfolgte der Verweis auf „das sehr ausgefeilte" Personenstandsgesetz, das „keinen oder nur sehr geringen Spielraum" zulasse. Weiter wurde dort ausgeführt:

„Die vom Standesamt geführten ‚staatlichen' Register haben allgemein bindende Wirkungen und öffentlichen Beweiswert, vergleichbar mit den Eintragungen im Grundbuch. (. . .) Umgekehrt bedeutet dies, daß ein in einem solchen Register, aus welchen Gründen bedauerlicherweise auch immer, falsch geschriebener Name ‚nicht so einfach' bzw. nicht nur durch einfache Vorlage eines Personalausweises geändert werden kann. (. . .)

Insofern ist es dem Standesbeamten bedauerlicherweise oftmals nicht möglich, anders zu reagieren, obwohl er dies gern täte, um den Menschen in der heutigen Zeit möglichst unbürokratisch zu helfen.

Ich hoffe, daß diese offenen Ausführungen und allgemeinen Hintergrundinformationen dazu beitragen mögen, die Situation des öffentlichen Dienstes dem Bürger transparenter darzustellen und ihm ein Verständnis für derzeit noch bestimmte Verhaltensweisen der ‚gebundenen' Verwaltung zu vermitteln." (Schreiben der Stadt Uslar vom 25. 9. 1996)

11. Die verbotene Gartennutzung

Untere Naturschutzbehörde, Bauordnungsamt Tusslingen

Um eins vorwegzunehmen und dem interessierten Leser die Suche auf der Landkarte zu ersparen: Ein Ort mit der Bezeichnung Tusslingen existiert in Wirklichkeit nicht; es handelt sich um einen Phantasienamen, der den im folgenden Fall Betroffenen vor einem bösen Neubeginn seiner mehrjährigen traumatischen Erlebnisse einerseits, vor dem Zorn inzwischen weiterer betroffener Landbewohner andererseits schützen soll.

Am Anfang stand die Erbschaft eines ca. 1 1/2 Morgen großen Grundstücks in unmittelbarer Nähe einer kleinen Dorfgemeinde in Norddeutschland. Da das nächste Gebäude nur einen Steinwurf entfernt lag, wurde ein Teil des Landes von seinen ehemaligen Besitzern als Gemüsegarten genutzt. Daneben hatten sie ein Garten- bzw. Gerätehaus errichtet, in dem sie über viele Jahre auch Hühner hielten. Auf der daran angrenzenden Wiese weideten Schafe oder andere Tiere, die eine kleinbäuerliche Familie auf dem Land üblicherweise hielt. Heute ist das anders, das wissen wir.

Klein- und Nebenerwerbslandwirtschaft sind inzwischen Relikte eines Landlebens, das quer durch alle sozialen Schichten von der Landbewirtschaftung und von der Tierhaltung bestimmt war. Heute sind es nur noch wenige, die Tiere halten. Sie müssen keine Landwirte mehr sein; wenn sie kein Land bewirtschaften, melden sie ihre Tierhaltung als Gewerbe an. Unter welchen – gesetzlich sanktionierten – Bedingungen heute Massentierhaltung betrieben wird, wissen wir ebenfalls – auch wenn wir gern darüber hinwegsehen möchten.

Dies war einer der Beweggründe für einen der Miterben, Herrn Jablowski, das Land nicht liegen zu lassen oder zu verpachten, sondern es selbst zu nutzen. Nach Feierabend brachte er den alten Gemüsegarten wieder in Schuß und errichtete dort für die Tomaten aus wenigen Stangen und einer Folie ein kleines Gewächshaus. Daneben legte er einen cirka 2 mal 2 Meter großen Gartenteich an. Als Handwerker war es für ihn kein Problem, das Gartenhaus zu restaurieren. Auf Empfehlung des Bauamtes hatte er für die Dacherneuerung einen Bauantrag gestellt, dessen Genehmigung problemlos erfolgte. Bei gleicher Gelegenheit hatte ein Beamter des städtischen Bauamtes ihm die mündliche Auskunft gegeben, daß ein Unterstand für die zunächst angeschafften Mufflons bis zu einer bestimmten Größe nicht genehmigungspflichtig sei. Wegen der Tiere versah Herr Jablowski das Grundstück mit einem Schafzaun aus Maschendraht.

Als alles fertiggestellt war, erfolgte die Abnahme des Gartenhauses. Auch hier gab es keine Probleme – die Mitarbeiter des Bauamtes inspizierten das Häuschen und das Grundstück am 21. 2. 1989, fuhren wieder und schickten mit freundlichen Grüßen den Bauabnahmeschein.

Es war nahezu zwei Jahre später, als Herr Jablowski an einem regnerischen Novembertag von der Arbeit nach Hause kam. Als er sich auf das Wohnzimmersofa setzen wollte, fand er auf dem Tisch einen von seiner Frau bereits geöffneten Brief des Landkreises Tusslingen mit folgendem Wortlaut vor:

„Sehr geehrter Herr Jablowski!

Ihnen wird vorgeworfen, die in der Anlage näher bezeichnete Ordnungswidrigkeit begangen zu haben. Nach § 55 Ordnungswidrigkeitengesetz (OWiG) gebe ich Ihnen Gelegenheit, sich zu der Beschuldigung zu äußern. Es steht Ihnen frei, zur Sache auszusagen. (. . .) Sofern Sie sich nicht zu der Beschuldigung äußern, kann ohne weitere Anhörung zur Sache ein Bußgeldbescheid gegen Sie erlassen werden."

Erst ein Blick in die „Anlage zum Bußgeldverfahren" brachte dem Angeschuldigten allmählich Klarheit über die Gründe des eingeleiteten Verfahrens:

„Sie errichteten ohne die dafür vorgesehene Genehmigung auf dem Ihnen gehörenden Grundstück (. . .) ein Tiergehege, um dort Tiere wildlebender Art, nämlich Mufflons, zu halten.

(...) Das Grundstück selbst ist durch Zäune in mehrere Flächen aufgeteilt. Auf den Flächen wurden u.a. ohne Erlaubnis ein Gewächshaus bzw. eine Schutzhütte für das Mufflonwild errichtet. Die Gesamtfläche wurde mit einem Knotendrahtgeflecht eingefriedet. (...) Somit verwirklichten Sie durch Ihr Tun, Dulden, bzw. Unterlassen durch die Errichtung des Tiergeheges sowie des Gartenhauses und der Schutzhütte fahrlässig Tatbestände von Ordnungswidrigkeiten." (Brief des Landkreises Tusslingen vom 27. 11. 90)

Verwirrt und betroffen ob dieser überraschenden Entwicklung verwies Herr Jablowski in seinem Antwortschreiben auf die erfolgte Abnahme und die Gespräche mit einem (namentlich genannten) Mitarbeiter des Bauamtes hinsichtlich der Hütte und des Foliengewächshauses. Diesem habe er im übrigen einen Flurkartenauszug vorgelegt, auf dem Gartenhaus, Gewächshaus und Schutzhütte eingezeichnet gewesen seien.

Am 8. 1. 1991 erhielt Herr Jablowski einen unkommentierten Bußgeldbescheid über 426 DM. Spätestens jetzt spürte er, daß die Angelegenheit ernstzunehmen war und bemühte sich in einem ausführlichen Brief an den Landkreis um Richtigstellung:

„Sehr geehrter Herr Hulpe!

Hiermit möchte ich noch einmal den ganzen Sachverhalt richtigstellen. Leider ist keine Richtigstellung Ihrer Anschuldigung erfolgt, obwohl ich Ihnen dieses auf der Rückseite des Anhörungsbogens beschrieb.

Eine Richtigstellung oder ein weiteres Schreiben habe ich von Ihnen nicht erhalten. Da muß ich mich doch fragen wozu Sie einem die Möglichkeit der Anhörung einräumen?"

Weiterhin brachte der unvermutet im grellen Licht der Anklage Stehende sein Unverständnis über eine inzwischen erfolgte Mahnung (Mahngebühren 7 DM) zum Ausdruck:

„Hierzu fordere ich Sie auf Stellung zu nehmen wie es möglich sein soll am 8. 1. 91 Bußgeld zu begleichen, wenn der Bescheid am 8. 1. 91 ausgestellt und am 10. 1. 91 schriftlich vorlag? Ich kann diese Unterlagen so nicht mehr akzeptieren und bitte Sie diese zu berichtigen." (Brief von Herrn Jablowski vom 26. 1. 1991)

Die gewünschte Berichtigung erfolgte nicht, der Einspruch wurde an das zuständige Amtsgericht weitergeleitet, das die „in dem Bußgeldbescheid erhobenen Vorwürfe für zutreffend" und die Geldbuße „nicht für überhöht" hielt. Daher gab das Gericht dem Beklagten den wohlmeinenden Hinweis:

„Durch eine gerichtliche Hauptverhandlung und Verurteilung zu einer Geldbuße würden Ihnen weitere nicht unerhebliche Kosten entstehen." (Brief vom Amtsgericht Tusslingen vom 20. 3. 1991)

Inzwischen hatte das Bauordnungsamt Herrn Jablowski in einem weiteren Schreiben aufgefordert, einen Bauantrag für die „baulichen Anlagen" auf seinem Grundstück zu stellen. Damit war die Grundlage für die Ablehnung und für die Ordentlichkeit des weiteren Verfahrens hergestellt. Die für den Freizeitlandwirt ganz unverständliche und bis heute nicht begreifliche Antwort auf seinen Antrag lautete kurz und knapp:

„Sehr geehrter Herr Jablowski!

Ihren o. a. Bauantrag lehne ich ab.

Gleichzeitig ordne ich gemäß § 89 (1) Ziffer 2 der Nieders. Bauordnung (NBauO) in der Fassung vom 6. 6. 1986 (Nieders. GVB. S. 157) zuletzt geändert durch Gesetz vom 22. 3. 1990 (Nieders. GVBl. S. 101) an, die auf dem o. a. Grundstück ohne bauaufsichtliche Genehmigung errichteten baulichen Anlagen einer Freizeitanlage, wie nachfolgend aufgeführt, zu beseitigen, die überdachte Terrasse an dem genehmigten Gartenhaus zu beseitigen und das Gartenhaus seiner ursprünglichen Nutzung zuzuführen.

Es handelt sich dabei um folgende bauliche Anlagen und Freizeiteinrichtungen einschließlich Einfriedung:

1. 1 Gewächshaus

2. 1 Unterstand

3. 1 Fischteich

4. 1 Schaukel

5. 1 Einfriedung mit Maschendrahtzaun, die das gesamte Grundstück umfaßt

Zur Beseitigung der baulichen Anlagen bzw. die Rückführung des Gartenhauses in seinen ursprünglichen Zustand (gemäß Baugenehmigung Nr. 1166/87 vom 7. 12. 1987) setze ich Ihnen eine Frist von 2 Wochen nach Bestandskraft dieser Verfügung."

Der Hinweis auf die Nutzung des Gartenhauses bezog sich auf Tisch, Stühle, PVC-Boden und ähnliche Dinge, die der genehmigten Nutzung als Garten- und Gerätehaus nach Ansicht der Behörden widersprachen.

In der Begründung wurde vor allem darauf verwiesen, daß die „Freizeitanlage" öffentlichen Belangen entgegenstehe und sie keinem land- oder forstwirtschaftlichen Betrieb diene. Weiterhin hieß es, daß die

„Verfestigung einer Splittersiedlung" „die naturgegebene Eigenart der Landschaft beeinträchtigt. (. . .) Hier muß das Interesse der Allgemeinheit an der Freihaltung des Außenbereiches und der Einhaltung der Rechtsordnung höher bewertet werden als Ihr Interesse an dem Bestand und der Nutzung der o.g. baulichen Anlagen. Außerdem könnte eine weitere Duldung des rechtswidrigen Zustandes, wegen der Vorbildwirkung, zu einer weiteren ungenehmigten Bebauung des Außenbereiches führen. Die Beseitigungsanordnung bzw. Nutzungsuntersagung entsprechen somit der Verhältnismäßigkeit."
(Brief des Bauordnungsamtes Tusslingen vom 16. 7. 1991)

Dieser Argumentation vermochte Herr Jablowski nicht mehr zu folgen. Am Gartenhaus hatte er seit der Bauabnahme keine baulichen Veränderungen vorgenommen, was er mit Fotografien von der Errichtung des Daches leicht belegen konnte. Zu einem konstruktiven auf eine Lösung des Problems bedachten Gespräch war es jedoch nie gekommen. Auch die anderen Vorwürfe vermittelten ihm das Gefühl, wie ein Straftäter behandelt zu werden. Dabei wollte er lediglich auf seinem Grundstück eine bescheidene Kleintierhaltung und ein wenig Gemüseanbau betreiben. Jetzt war das Maß voll, das Tischtuch zerschnitten – Herr Jablowski war sauer und brachte dies in seinem gar nicht mehr auf Einlenken bedachten Antwortbrief auch zum Ausdruck:

„Das Grundstück ist in seiner Struktur nicht verändert worden. Es dient immer noch der Landwirtschaft, indem es als

Weidefläche und Wintervorrat für meine Tiere (Heidschnuk-
ken) genutzt wird.

Die Sicht Ihrer Vorbildwirkung ist lachhaft! Was ist mit den
Schutzhütten, Lauben und Einfriedungen im gesamten Landkreis?" (Brief von Herrn Jablowski vom 12. 8. 1991)

Dann nahm Herr Jablowski sich einen Anwalt, der Widerspruch gegen den Bescheid des Landkreises Tusslingen einlegte.

Die Bezirksregierung als nächstfolgende Rechtsinstanz
schloß sich der Argumentation des Landkreises vorbehaltlos
an. Ihr Bescheid las sich in weiten Teilen wie eine Kopie des
vorangegangenen Bescheides, allerdings war er ausführlicher.
Um die Nutzungsänderung des Gartenhauses zu belegen,
wurde – offenbar mangels eigener Beweisaufnahme – auf eine
Abbildung in der örtlichen Tageszeitung hingewiesen, die sich
des Falles angenommen hatte. Hier seien deutlich „bepflanzte
Blumenkästen vor den Fenstern" zu sehen, so daß die Nutzung des Gartenhauses als Wochenendhaus offenbar werde.

Auch dem Unterstand für die Heidschnucken, die seit einiger Zeit an die Stelle der Mufflons getreten waren, widmete die
Bezirksregierung eine längere Passage. Frappant war ihr Argument, daß

„die Errichtung des Schafstalls (!) auch nicht (...) wegen
seiner Besonderheit nur im Außenbereich möglich" sei, „die
Mufflons können durchaus auch innerhalb von Ortschaften in
Ställen gehalten werden. (...) Das Überbauen von immer mehr
Landschaftsflächen im Außenbereich soll verhindert werden.
Die Hobbytierhaltung eines Einzelnen in einer unbebauten
Landschaft widerspricht von ihrem Zweck her dem natürli-
chen Landschaftsbild."

Die Einfriedung des Grundstücks wurde im Bescheid zur
„baulichen Anlage i.S. von § 2 Abs.1 NBauO, da sie mit dem
Erdboden verbunden und aus Bauteilen hergestellt ist. Nach
§ 68 NBauO ist sie daher genehmigungspflichtig. Sie wäre
nach Nr.6.1. des Anhangs zur NBauO nur genehmigungsfrei,
wenn sie höchstens 50 m von einem Grundstück mit Aufent-
haltsräumen entfernt wäre. (...) Nach Nr. 6.3. sind offene
Einfriedungen ohne Sockel, die einem land- oder forstwirt-

schaftlichen Zweck dienen, genehmigungsfrei. Die Einfriedung Ihres Mandanten ist weder offen, noch dient sie einem land- oder forstwirtschaftlichen Betrieb, so daß es sich um eine genehmigungspflichtige Anlage handelt. Dieses Vorhaben ist jedoch gleichfalls nach § 35 BauGB unzulässig. Wie bereits erörtert, könnte das Mufflongehege auch in einem bebauten Bereich stehen."

Auf der Grundlage ihrer ausführlichen Argumentation kam auch die Bezirksregierung zu dem Schluß, daß alle baulichen Anlagen (auch der als Terassenüberdachung bezeichnete Dachüberstand, unter dem eine Bank ihren festen Platz gefunden hatte, wurde hier noch einmal genannt) zu beseitigen seien und das Gartenhaus „wieder seiner ursprünglichen Nutzung zuzuführen" sei. Sie halte diese Maßnahmen für geeignet,

„weil sie rechtlich und tatsächlich durchführbar sind. Sie sind erforderlich, weil ein milderes Mittel hier nicht ersichtlich ist, um den rechtmäßigen Zustand wieder herzustellen. Dies gilt insbesondere für die Einfriedung." Auch die Möglichkeit der Umgestaltung des Zaunes wurde ausdrücklich ausgeschlossen. (Bescheid der Bezirksregierung vom 6. 1. 1993)

Als Herr Jablowski in Ruhe über die Konsequenzen dieses Bescheides nachdachte, wurde ihm sehr klar, daß das geerbte Grundstück für ihn kaum noch nutzbar war. Die Heidschnucken mochte er ohne Unterstand nicht halten; wenn es sich bei ihnen auch um eine robuste Tierart handelte – zumindest im Winter mußte ihnen ein Wind- und Wetterschutz gewährt werden. Der Vorschlag, den „Stall" und die Schafhaltung ins Dorf zu verlegen, mutete den Betroffenen zynisch an. Erstens hatte er ein Grundstück außerhalb des Dorfes geerbt und in seinem Einfamilienhaus war für Heidschnucken nun wirklich kein Platz, zweitens handelte es sich bei ihnen um freilaufende Tiere, die nur den kleinsten Teil des Jahres im Stall gehalten werden sollten.

Im übrigen bezog sich der Bescheid noch immer auf die längst abgeschafften Mufflons (siehe Brief von Herrn Jablowski an den Landkreis vom 12. 8. 1991). Ohne Schafzaun war eine Haltung der Heidschnucken ebenfalls undenkbar, abgesehen davon, daß der Bescheid der Bezirksregierung auch die Errichtung eines anderen Zaunes ausgeschlossen hatte. Als Herr Jablowski sich umschaute, blickte er im Süden auf die nahen Häuser mit ihren Gartenzäunen, im Norden auf stacheldrahtumzäunte Weiden, auf denen friedlich Rinder grasten.

Eine Veränderung der Dachkonstruktion des Gartenhauses kam schon deshalb nicht in Frage, weil sie wenige Jahre zuvor höchst offiziell genehmigt worden war. Die Nutzung des Gartenhauses war das geringste Problem, obgleich der Beklagte nicht einzusehen vermochte, warum in einem Garten- und Gerätehaus nicht zwei Stühle und ein Tisch stehen sollten und warum die Bank vor der Tür störte.

Da der Bescheid der Bezirksregierung jedoch rechtskräftig war, gab es für Herrn Jablowski nur zwei Möglichkeiten: Entweder er verzichtete auf die inzwischen liebgewordene Tierhaltung, oder er ging das finanziell für ihn kaum tragbare Risiko des weiteren Widerspruchsweges ein.

Die nächste Instanz war das Verwaltungsgericht. Hier nahm der Streit eine neue und denkwürdige Qualität an: Nachdem der Landkreis in einem Brief an das Gericht das Gartenhaus als „getarntes Wochenendhaus" bezeichnet hatte, nahm er zum Vorwurf der Willkür folgendermaßen Stellung:

„Entgegen den Ausführungen des Klägers ist auch der Gleichbehandlungsgrundsatz nicht verletzt. Der Beklagte schreitet vielmehr bei anderen vergleichbaren Fällen ebenfalls ein. Voraussetzung ist natürlich, daß er von den baurechtswidrigen Zuständen Kenntnis erlangt, sei es durch Anzeige, sei es durch eine Kreisbereisung. Der Kläger möge die ihm bekannten Fälle anzeigen, damit der Beklagte dazu Stellung nehmen bzw. einschreiten kann." (Brief des Landkreises Tusslingen vom 24. 8. 1993)

In seiner Not und als Beweis der Ungleichbehandlung legte Herr Jablowski daraufhin eine Karte des Landkreises vor, auf der vergleichbare Grundstücksnutzungen und Unterstände mit rotem Filzstift markiert waren.

In einem späteren Brief teilte der Landkreis Vollzug mit. „Die Berufungsfälle" seien ermittelt worden. Bei den Ortsbesichtigungen habe sich herausgestellt, daß vier der angegebenen Anlagen nicht genehmigt seien. „Die Zulässigkeit dieser 4 Anlagen wird derzeit noch geprüft." (Brief des Landkreises Tusslingen vom 23. 8. 96)

Das Urteil des Verwaltungsgerichts wirft in einem Punkt seiner Argumentation ein Licht auf juristische Spitzfindigkeit, die hier jedoch (vorerst) dem Kläger zugute kam. So werden einerseits eindeutig und in ähnlicher Weise wie zuvor der Gartenteich, das Gewächshaus, der Tierunterstand und auch die Einfriedung als nicht rechtmäßig erklärt. Während jedoch für alles andere die Beseitigung verfügt wird, nimmt die Argumentation hinsichtlich des Zauns am Ende eine überraschende Wendung:

„Die Aufforderung an den Kläger, die ‚Einfriedung mit Maschendrahtzaun, die das gesamte Flurstück umfaßt' zu beseitigen, ist rechtswidrig, weil es diese Einfriedung nicht gibt, die Befolgung der Verfügung also objektiv unmöglich ist."

Das Gericht weist in der nachfolgenden Erläuterung dieser kaum nachvollziehbaren Argumentation auf eine Ortsbegehung hin, bei der festgestellt worden sei, daß es sich bei der Einzäunung nur zum Teil um Maschendrahtzaun, zum anderen Teil jedoch um „Knoten-Geflecht-Zaun" handele. Aufgrund der vom Landkreis Tusslingen vorgelegten unpräzisen Zaunbeschreibung (und nur deshalb) sei der Zaun bei der „Beseitigungsverfügung" des Teiches, des Gewächshauses und des Schafunterstandes auszunehmen.

Hinsichtlich des Gartenhauses erzielte der Kläger einen tatsächlichen Erfolg. Es wurde festgestellt, daß „die Beseitigung des Terrassendaches (...) nicht verlangt werden" könne, „weil es am 7. Dezember 1987 genehmigt worden ist." (Urteil des Verwaltungsgerichtes ohne Datum).

In seinem maßlosen Ärger schüttete Herr Jablowski den Teich zu, riß das Gewächshaus ein – und ging vor das Oberverwaltungsgericht.

Bei der dem Urteil vorausgehenden Ortsbegehung waren die ersten Worte des Vorsitzenden Richters, daß es doch möglich sein solle, zu einer „vernünftigen Lösung zu kommen". Nach kurzer Besichtigung und Beratung mit seinen Kollegen und Kolleginnen stellte er fest, daß gegen einen Schafunterstand in einer jedoch vorgeschriebenen Größe nichts einzuwenden sei. Seinen Vorschlag, das Dach des Schafunterstandes zu verkleinern, akzeptierte Herr Jablowski gern. Gegen die Bank vor dem Gartenhaus hatten die versammelten Richter ebenfalls nichts einzuwenden. Hinsichtlich der Hausnutzung handelte man aus, darin nicht mehr als zwei Stühle aufzustellen. Im Verlauf des Gesprächs gewann Herr Jablowski den Eindruck, daß er den Teich und das Foliengewächshaus wohl zu früh beseitigt hatte.

Schließlich kam die Frage darauf, warum die Einfriedung nicht Gegenstand des Verfahrens sei. Die anwesende Vertreterin des Landkreises argumentierte, daß dieser erst die Entscheidung des Oberverwaltungsgerichts habe abwarten wollen, worauf der Vorsitzende Richter sichtbar die Stirn runzelte. Ihm war wohl sofort klar, daß der Maschendraht-Knoten-Geflecht-Zaun den Konflikt neu entfachen und einen erneuten Weg durch die Instanzen herbeiführen könnte ...

12. Alltägliche Kollisionen

Auch wer sonst noch keine negativen Erlebnisse mit Behörden hatte – eine Form der Kollision mit Beamten ist wohl niemandem ganz unbekannt: Sobald sich jemand mit einem Fahrzeug im Straßenverkehr bewegt, befindet er sich jederzeit in der Nähe einer amtlichen Verwarnung ...

Die meisten von uns kennen auch das schlechte Gewissen, das uns sofort befällt, wenn wir von einem PKW mit amtlichem Kennzeichen überholt werden. Fordert uns dann ein Polizist zum Halten auf, indem er freundlich mit seiner Kelle winkt, neigen wir doch sehr zu einem überaus höflichen Umgangston, der uns sonst ganz fremd ist. Es könnte doch sein, daß wir gegen eine Verkehrsregel verstoßen oder ein Verbotsschild übersehen haben – vielleicht haben wir auch unseren Führerschein vergessen oder keine Brille auf, auch auf das Vorhandensein eines Plastikhandschuhs im Erste-Hilfe-Kasten könnten wir jetzt keine Mark verwetten – also bemühen wir uns darum, keinen Anlaß zum Ärger zu bieten und den grünuniformierten Anhalter freundlich zu stimmen. Eins wissen wir alle: Wenn er etwas finden will, um uns zu ärgern, dann wird es ihm meistens auch gelingen ...

Die nicht abgestellte Warnblinkanlage

Polizeipräsidium München

Am 26. 11. 1993 gegen 8 Uhr hielt der Regierungsdirektor a. D., Herr Friedrich, mit seinem Fahrzeug vor dem Postamt in Pullach im Isartal, um am Außenbriefkasten einen Brief einzuwerfen. Er war in Eile, da er noch einen wichtigen Termin hatte. Als er im Rückspiegel das schlichte Grün eines Polizeifahrzeugs leuchten sah, dachte er einen Augenblick darüber nach, ob er gerade Gefahr laufe, sich ordnungswidrig oder verkehrswidrig zu verhalten. In dieser Hinsicht sah er jedoch keinerlei Probleme, zumal er nur aus dem Wagen springen und den Brief einstecken würde. Da es etwas neblig war, wollte er sich besonders vorbildlich verhalten und schaltete beim Verlassen des Autos seine Warnblinkanlage ein.

Als Herr Friedrich nach wenigen Sekunden wieder einzusteigen beabsichtigte, erwartete ihn ein junger Polizeibeamter. Dieser machte den Besitzer darauf aufmerksam, daß sein Fahrzeug während seiner Abwesenheit hätte gestohlen werden können. Nun beging Herr Friedrich einen entscheidenden Fehler: Er antwortete nicht etwa mit: „Jawohl, Herr Wachtmeister, da haben Sie recht. Ich danke Ihnen für Ihren freundlichen Hinweis." Vielmehr erwiderte er, daß er sich ja nur einige Schritte entfernt hätte und im übrigen sein Wagen ja von der Polizei gut bewacht worden sei. Daher sei das Risiko des Diebstahls doch sehr gering gewesen ...

Der Polizeibeamte verlangte daraufhin in ausnehmend sachlichem Ton Personalausweis, Führerschein und Fahrzeugpapiere. Nach Überprüfung derselben teilte er Herrn Friedrich mit, daß er ihn wegen mißbräuchlicher Einschaltung der Warnblinkanlage gebührenpflichtig verwarnen müsse. Das entsprechende Formular stellte er in seinem Dienstfahrzeug aus. Nachdem mit Gespräch, Kontrolle und Ausfertigung des Bescheides 15 Minuten vergangen waren, wußte Herr Friedrich, daß er seinen Termin keinesfalls würde einhalten können. Aber darum ging es ihm jetzt nicht mehr ...

Herr Friedrich legte Einspruch gegen die Verwarnung ein und erhob Dienstaufsichtsbeschwerde gegen den Beamten, da dieser „nach alledem mit der gebührenpflichtigen Verwarnung nicht die angebliche Ordnungswidrigkeit, sondern meinen unwillkommenen Widerspruch gegen die Belehrung sanktionieren wollte." (Dienstaufsichtsbeschwerde von Herrn Friedrich vom 26. 11. 1993)

Als am 23. 2. 1994 kommentarlos ein Bußgeldbescheid bei ihm einging, wies er diesen zurück und merkte an:

„Sollte der Bußgeldbescheid in Kenntnis meines Schreibens vom 26. 11. 1993 ergangen sein, so bitte ich zu meinen Ausführungen zumindest qualifiziert Stellung zu nehmen." (Brief von Herrn Friedrich vom 23. 2. 1994)

Herr Friedrich ließ sich von seinem Einspruch gegen den ergangenen Bußgeldbescheid nicht abbringen. Am Freitag, dem 7. 10. 1994 um 11.30 Uhr, erfolgte die Hauptverhandlung vor dem Amtsgericht München.

Obgleich der anwesende Polizist die Angaben des Klägers zum Hergang im wesentlichen bestätigte, verlief die Verhandlung nicht zu dessen Zufriedenheit. Das Urteil lautete kurz und bündig:

„Der Betroffene ist schuldig einer fahrlässigen Ordnungswidrigkeit der mißbräuchlichen Benutzung der Warnblinkanlage.

Es wird deshalb eine Geldbuße von 10 DM verhängt."

In der Urteilsbegründung wurde auch die Aussage des Polizisten gewürdigt, die doch ein Schlaglicht auf den tatsächlichen Tathergang zu werfen vermag. Immerhin hat danach der Beamte

„bekundet, daß er den Betroffenen zunächst nur deshalb angesprochen habe, da dieser unnötigerweise den Motor habe laufen lassen. (!) Bei dieser Sachlage war der Betroffene schuldig zu sprechen einer fahrlässigen Ordnungswidrigkeit der mißbräuchlichen Benutzung der Warnblinkanlage. Weder in der Tatbestandsverwirklichung noch in der Person des Betroffenen haben sich besondere Umstände ergeben, die hinsichtlich der Ahndung ein Abweichen von der Regelahndung gemäß dem Verwarnungsgeldkatalog rechtfertigen oder veranlassen." (Urteil des Amtsgerichts München vom 7. 10. 1994)

Die Schlußfolgerung des Gerichtes aus der Aussage des Polizisten wollte Herrn Friedrich überhaupt nicht einleuchten. Wenn als Ausgangsmotivation des Beamten zum Einschreiten lediglich der laufende Motor benannt wurde, warum stellte man dann die Verwarnung wegen der Warnblinkanlage nicht in Frage? Im Gegenteil verlor die Argumentation des Gerichtes beim Übergang vom Ausgangspunkt auf den dann verwarnten Tatbestand jegliche Stringenz.

Herr Friedrich legte Rechtsbeschwerde gegen das Urteil ein, die jedoch zurückgewiesen wurde. Das ebenfalls angerufene Bayerische Oberste Landesgericht bestätigte den ergangenen Bescheid – zu einer Verhandlung kam es dort nicht mehr. Auch die Bitte um „aufsichtsrechtliche Prüfung eines Bescheides" an das Staatsministerium des Innern war nicht von Erfolg beschieden. Im Gegenteil hieß es dort:

„Am 26. 11. 1993 gegen 7.55 Uhr haben Sie Ihren PKW (. . .) verlassen, um einen Brief in den nahegelegenen Briefkasten zu werfen. Indem Sie
– den Zündschlüssel nicht abzogen
– den Motor nicht abstellten und
– die Warnblinkanlage eingeschaltet hatten,
haben Sie tateinheitlich den Tatbestand von drei geringfügigen Verkehrsordnungswidrigkeiten verwirklicht. (. . .) Auch wenn Sie der Beamte zunächst nur wegen der ungenügenden Sicherung Ihres PKW gegen unbefugte Benutzung angesprochen und beanstandet hat, besteht kein Zweifel daran, daß Ihnen der Beamte schließlich eine schriftliche Verwarnung mit Zahlungsaufforderung erteilt (. . .) hat. Der schriftlichen Verwarnung konnten Sie eindeutig entnehmen, daß Ihnen die mißbräuchliche Verwendung der Warnblinkanlage zur Last gelegt wurde. (. . .) In Anbetracht der Tatsache, daß die Erstellung der schriftlichen Verwarnung lediglich zwei bis drei Minuten in Anspruch nahm und unter Berücksichtigung einer offensichtlich gereizten Stimmung ist es nachvollziehbar, daß Sie der Beamte nicht zum Abschalten der Warnblinkanlage oder zum Abstellen des Motors aufgefordert hat, da eine derartige Forderung sehr wahrscheinlich zu einer weiteren Zuspitzung der Situation beigetragen hätte." (Brief des Bayerischen Staatsministeriums des Inneren vom 6. 12. 1995)

In seiner Antwort verwies Herr Friedrich darauf, daß es ihm niemals um die „Rechtmäßigkeit" des Bußgeldbescheides, sondern vielmehr um die Frage der Willkür gegangen sei. Die offensichtliche – auch aus den „offiziellen" Fallbeschreibungen herauszulesende – Unverhältnismäßigkeit der Reaktion und das Ausspielen von „Staatsmacht" seien das, was den Vorgang so bedenklich mache. Ebenso bedenklich sei jedoch, daß keine der angerufenen Instanzen diesen Grund seiner fast zweijährigen Bemühungen in irgendeiner Weise zur Kenntnis genommen und zur Diskussion gestellt habe.

Ohne Frage spielt bei der Wahrnehmung einer derartigen Kollision das subjektive Empfinden eine erhebliche Rolle. Nur zu oft fühlen wir uns zu Unrecht schlecht oder ungerecht behandelt, und selbstverständlich würden die meisten Polizisten nicht so reagieren wie der hier betroffene. Daß Überreaktionen mit der Möglichkeit einer erheblichen Machtdemonstration denkbar sind, ist aber wohl unbestreitbar. Dann muß allerdings auch die Frage erlaubt sein, welche Institutionen überhaupt willens oder in der Lage sind, sich des Problems tatsächlicher oder vermeintlicher Willkür – und sei sie auch noch so geringfügig – mit der gebotenen Ernsthaftigkeit anzunehmen.

Abgesehen davon, daß beim geschilderten Fall die Aktenlage die Aussage von Herrn Friedrich stützte, wurde wie bei allen anderen Fällen auch sein Gegenüber um Stellungnahme gebeten. Im Antwortbrief des Polizeipräsidiums München hieß es nach der Feststellung, daß die Akten nicht mehr vorlägen: „Zudem bitten wir um Verständnis, daß der Beamte, der in der Zwischenzeit eine Vielzahl anderer Sachbearbeitungen zu erledigen hatte, nicht mehr detailliert Stellung nehmen kann." (Brief des Polizeipräsidiums München vom 16. 9. 1996)

Das eilig ausgestellte Knöllchen

Stadtverwaltung Rheinbach

Wenn es beim folgenden Ereignis auch weniger um behördliche Willkür oder die Demonstration von Macht geht, so verbindet die beiden hier geschilderten „Ordnungswidrigkeiten" doch der Ärger darüber, daß der Automatismus der Verfolgung und Bestrafung so außerordentlich gut funktioniert, während das Bemühen um ein Gespräch oder eine Diskussion eines vielleicht unterschiedlich bewertbaren „Vergehens" wohl eher selten von Erfolg gekrönt ist. So kann der Eindruck entstehen, daß wir als Steuer- und Bußgeldzahler sehr ernst, als Bürger mit einem Anliegen dagegen gar nicht so ernst genommen werden...

Wie Herr Friedrich hielt auch Herr Tonscheid mit seinem Wagen vor der Post. Er wollte allerdings keinen Brief einwerfen, sondern am Postschalter einige Briefmarken erwerben. Da er jedoch nicht allein, sondern in Begleitung seines achtjährigen Sohnes war, konnte dieser den kleinen Auftrag übernehmen, während Herr Tonscheid im Auto sitzen blieb. Von dort sah er jedoch, daß sein Sohn vor verschlossener Tür stand – die Post hatte über Mittag geschlossen. Daraufhin eilte der Vater seinem Sohn zur Hilfe und zog die Marken aus dem Automaten.

Als er gerade die Marken entnahm, sah Herr Tonscheid bereits, daß eine Politesse vor seinem Wagen Stellung bezog und ihren Verwarnungsblock zückte. Dennoch brachte er den Vorgang zuende und ging dann zügigen Schrittes zu seinem Fahrzeug. Die Staatsdienerin hatte inzwischen die Autonummer notiert und überreichte ihm sogleich ein Knöllchen über 10 DM wegen unterlassener Einstellung der in seinem PKW fest installierten Parkscheibe. Ein Gespräch mit der Politesse über die Geringfügigkeit des Vergehens war nicht möglich. Sie zog sich auf die Rechtsposition zurück, nach der die Parkscheibe in dem Moment zu bedienen sei, wenn der Motor abgestellt und der Wagen verlassen werde. Auf seine glaubhafte Argumentation, tatsächlich lediglich Briefmarken in Sichtweite des Autos gelöst zu haben, ging die Politesse nicht ein.

Noch am gleichen Tag schrieb Herr Tonscheid einen ausführlichen Brief an den Stadtdirektor, in dem er zunächst den Vorgang schilderte, um dann anzumerken:

„Ich muß davon ausgehen, daß Ihre Mitarbeiterin den ganzen Vorgang beobachtet hat. Sie muß eigentlich schon bei meinem Aussteigen neben meinem Auto gestanden haben."

Nachdem Herr Tonscheid auf offene Seitenfenster und nicht abgeschlossene Türen hingewiesen hatte, führte er weiter aus:

„Es war offensichtlich, daß das Entfernen vom Auto nur äußerst kurze Zeit in Anspruch nehmen würde.

Juristisch gesehen habe ich sicher eine Verkehrsordnungswidrigkeit begangen. Das Verhalten Ihrer Mitarbeiterin kann
ich jedoch zumindest nicht als ‚bürgerfreundlich‘ bezeichnen.
Eine Belehrung über die Tatsache, daß ich auch bei nur kurzem Verlassen des Autos die Parkscheibe zu bedienen habe,
hätte voll und ganz ausgereicht. Da ich aus beruflichen Gründen in den nächsten 14 Tagen keine Zeit haben werde, eine
Überweisung zu tätigen, ermächtige ich Sie hiermit unter o.g.
Kassenzeichen zur einmaligen Abbuchung (. . .).“ (Brief von
Herrn Tonscheid vom 7. 4. 1995)

Bereits nach sechs Tagen wurde der Betrag von 10,– DM
kommentarlos von seinem Konto abgebucht. Als auf seinen
Brief dagegen nach drei Wochen noch keinerlei Reaktion erfolgt war, wandte er sich abermals an den Stadtdirektor:

„Ich bin sehr enttäuscht darüber, daß mein Brief vom
7. 4. 95 bis heute unbeantwortet blieb und muß an dieser Stelle
Ihr, respektive das Vorgehen Ihrer Mitarbeiter, als äußerst
bürgerunfreundlich bezeichnen. (. . .)

Weiterhin konnte ich in Erfahrung bringen, daß das Ober-
landesgericht Oldenburg unter dem Aktenzeichen SS 285/93
ein Urteil zur Benutzung der Parkscheibe gefällt hat. Demnach
gilt das Abstellen und Verlassen eines Fahrzeuges auf einem als
Parkscheibenzone ausgewiesenen Platz bis zu 3 Minuten als
‚Halten‘ und nicht als ‚Parken‘ und bedarf somit nicht dem
Bedienen der Parkscheibe. Ich muß somit mein Eingeständnis
der Verkehrsordnungswidrigkeit aus meinem ersten Brief zu-
rückziehen. (. . .)

Ich bitte Sie dafür Sorge zu tragen, daß der Betrag von
10,– DM wieder auf mein Konto zurücküberwiesen wird.

Insgesamt halte ich das Vorgehen der Stadt Rheinbach in
dieser Angelegenheit als ungehörig und juristisch zweifelhaft.“
(Brief von Herrn Tonscheid vom 27. 4. 1995)

Endlich erhielt Herr Tonscheid dann am 12. 5. 1995 eine
umfassende Antwort vom zuständigen Dezernenten:

„Ihre Enttäuschung, daß ich Ihr Schreiben vom 7. 4. 1995
nicht beantwortet habe, kann ich nicht nachvollziehen.

Sie erkannten mit diesem Schreiben die von Ihnen begangene Ordnungswidrigkeit an und ermächtigten die Stadt zur Abbuchung des Betrages von 10,– DM. Aus diesem Grund war eine Beantwortung Ihres Schreibens aus meiner Sicht nicht notwendig.

Unabhängig von der Rechtslage, die ich Ihnen nachstehend noch erläutere, haben Sie mit Ihrem Schreiben vom 7. 4. 1995 ein Schuldanerkenntnis nach § 781 BGB abgegeben.

Dieses allein verpflichtet Sie zur Zahlung.

Auch Ihr weiteres Vorbringen mit Sachverhaltsschilderung im Schreiben vom 27. 04. 1995, keine Ordnungswidrigkeit begangen zu haben, hält einer rechtlichen Prüfung nicht stand. Gemäß § 12 Abs. 2 StVO *parkt* derjenige, der sein Fahrzeug verläßt *oder* länger als 3 Minuten hält. Zum einen haben Sie Ihr Fahrzeug verlassen. (. . .) Zum anderen haben Sie bei objektiver Würdigung Ihrer Sachverhaltsschilderung auch länger als 3 Minuten gehalten. (. . .) Die Verwarnung ist daher zu Recht ergangen. (. . .)

Ich hoffe, Ihnen mit diesem Schreiben das einwandfreie Vorgehen der Stadt Rheinbach verständlich gemacht zu haben." (Brief der Stadt Rheinbach vom 12. 5. 1995)

Herr Tonscheid ist noch heute erbost über die Ignoranz, mit der die Verwaltung auf seinen Wunsch nach einer Diskussion über das Vorgehen der Politesse reagiert hat: „Mir ging es nachher gar nicht mehr um den Vorfall mit der Politesse und um das Geld schon gar nicht. Es ging mir darum, mich von Mensch zu Mensch über eine ärgerliche Sache auszutauschen – aber das haben die gar nicht begriffen."

Das defekte Rücklicht

Kfz.- Zulassungsstelle Singen

Wie der folgende Fall deutlich zeigt, ist es durchaus möglich, eine geringfügige Verkehrsordnungswidrigkeit unter Wahrung der Verhältnismäßigkeit der Mittel und ohne Kostenbescheid auf freundliche Art und Weise zu regeln. Allerdings müssen hier alle Beteiligten mitspielen, sonst kann ein Bußgeldbescheid am Ende doch günstiger sein ...

Herr Vinzenz erhielt eines Tages eine Karte der örtlichen Polizeibehörde, mit der er darauf hingewiesen wurde, daß eines seiner Rücklichter nicht funktioniere. Der Angeschriebene fand es sehr freundlich, daß die genannte Polizeistreife ihn nicht angehalten und eine kostenpflichtige Verwarnung ausgesprochen hatte. Nun mußte er lediglich eine neue Glühbirne einschrauben und das so instandgesetzte Rücklicht entweder bei der Polizeidienststelle oder bei der Kfz.-Zulassungsstelle in Singen vorführen. Die Polizei kam wegen ihrer ungünstigen Lage in der Fußgängerzone nicht in Frage, also entschloß Herr Vinzenz sich zur Vorführung des intakten Lichtes bei der örtlichen Zulassungsstelle.

Da er in einem Krankenhaus in der nahegelegenen Schweiz arbeitete und die Kfz.-Stelle nur bis zum frühen Nachmittag geöffnet hatte, mußte er sich einen halben Tag freinehmen. Bei der Zulassungsstelle zog er eine Nummer und wartete geduldig, bis er an die Reihe kam. Als er die Karte abgeben und die vollzogene Reparatur melden wollte, machte der bearbeitende Beamte Herrn Vinzenz darauf aufmerksam, daß der für derartige Angelegenheiten zuständige Sachverständige zur Zeit nicht im Haus sei. Dem Vorschlag, am folgenden Tag noch einmal wiederzukommen, entgegnete Herr Vinzenz, daß dieser Besuch ihn bereits viel Zeit und Mühe gekostet habe.

Der Betroffene meint sich an die darauf folgende Bemerkung des Beamten noch genau erinnern zu können: „Wenn Sie glauben, daß ich da rausgehe, um zu sehen, ob ihr Licht funktioniert, dann liegen Sie falsch!" Auch der Vorschlag, den Wagen vor dem Fenster vorzuführen, fand nicht die Zustimmung des Beamten, der darauf verwies, daß die Behebung des Defektes nur ein Sachverständiger beurteilen könne.

Als Herr Vinzenz daraufhin noch bei der Polizei vorstellig wurde, hatte er mehr Glück. Dort nahm man die Karte entgegen und betrachtete die Angelegenheit auch ohne Überprüfung des Rücklichtes als erledigt.

Der gutgemeinte Ratschlag

Viele der mitgeteilten Erlebnisse konnten in die vorliegende Fallsammlung nicht aufgenommen werden, weil entweder die Aktenlage nicht eindeutig genug war oder – und dann schied eine Veröffentlichung von vornherein aus – weil es überhaupt keinen Schriftverkehr gab. Schilderungen wie die folgende sind nicht überprüfbar, obgleich sie häufig sehr glaubwürdig erscheinen. Als Beispiel für etliche Erzählungen ähnlicher Art soll hier der Brief von Herrn Reingert aus Bad Windsheim zitiert werden:

„Ich hatte meinen Wagen nahe der Polizeiwache hinter dem alten Rathaus geparkt und stand pünktlich nach zwei Stunden am Wagen, um abzufahren. Da sagte meine Frau:

‚Ach, jetzt habe ich doch das Päckchen im Textilhaus liegen gelassen. Bin gleich wieder da.‘ Und ging.

In diesem Augenblick trat aus der Polizeiwache ein Polizist. Er besah sich die geparkten Wagen. Ich sagte zu ihm: ‚Schauen Sie, ich würde jetzt abfahren, aber meine Frau ist noch mal weg und holt etwas aus dem Geschäft, was sie vergessen hat. Sie ist gleich wieder da.‘

Darauf sagte der Polizist: ‚Sie müssen wegfahren, zwei Stunden sind vorbei. Andere wollen auch parken. Darauf entgegnete ich: „Aber wenn ich wegfahre, dann findet mich meine Frau nicht mehr!‘ Worauf der Polizist entgegnete: ‚Da, sehen Sie, neben dem übernächsten Wagen ist noch ein Platz frei. Parken Sie dort, dann können Sie noch einmal zwei Stunden parken!‘

Worauf Herr Reingert sein Auto in die nächste – etwa 5 Meter entfernte – Parkbucht fuhr, um das sonst fällig werdende Knöllchen zu vermeiden!

13. Die teure Straßenreinigung

Stadtsteueramt Aachen

Selbstverständlich existiert für alle Abgaben, die wir an die Kommunen zu errichten haben, eine rechtliche Grundlage: Dies ist die sogenannte „Abgabenordnung" (AO), in der allerdings keine Gebührensätze festgelegt werden – über die Höhe ihrer Einnahmen entscheiden die Gemeinden selbständig. Die Abgabenordnung vermittelt als Gesetzeswerk des Bundes lediglich den rechtlichen Rahmen für die zu erhebenden Steuern und Abgaben.

Somit gibt sie der Verwaltung unter anderem auch Richtlinien für den Fall an die Hand, daß „offenbare Unrichtigkeiten beim Erlaß eines Verwaltungsaktes" vorliegen:

„Die Finanzbehörde kann Schreibfehler, Rechenfehler und ähnliche offenbare Unrichtigkeiten, die beim Erlaß eines Verwaltungsaktes unterlaufen sind, jederzeit berichtigen. Bei berechtigtem Interesse des Beteiligten ist zu berichtigen. Die Finanzbehörde ist berechtigt, die Vorlage des Schriftstückes zu verlangen, das berichtigt werden soll.

Ein rechtswidriger Verwaltungakt kann, auch nachdem er unanfechtbar geworden ist, ganz oder teilweise mit Wirkung für die Zukunft oder für die Vergangenheit zurückgenommen werden." (Abgabenordnung § 129–130)

Im Jahre 1986 erwarb die Firma Romot in einem Gewerbegebiet der Stadt Aachen ein etwa 2000 qm großes Eckgrundstück. Zur gleichen Zeit siedelten sich auf dem ehemaligen Gelände der Deutschen Bundesbahn weitere Betriebe an. Die Firma Romot „Gesellschaft für Umweltfreundliche Triebwerke" ist ein expandierendes Unternehmen im Bereich der Entwicklung elektronischer Meßtechnik mit inzwischen 110 Mitarbeitern. In den ersten Jahren ihres Bestehens betraute die

Firma einen Steuerberater mit allen Buchhaltungsangelegenheiten, 1994 richtete sie dann eine eigene Buchhaltung ein.

Bei einer Überprüfung aller regelmäßigen Ein- und Ausgänge gingen die neuen Mitarbeiter offenbar sehr gewissenhaft vor. Als sie in den Bescheiden für die Straßenreinigungsgebühr die dort angegebene Grundstücksgröße mit den tatsächlichen Abmessungen verglichen, waren sie nicht schlecht erstaunt: Als Berechnungsgrundlage für die Gebührenfestsetzung hatte die Stadt 51 mal 335 Meter statt der tatsächlich vorhandenen 21 mal 90 Meter zugrunde gelegt – dies war auf der einen Seite des Eckgrundstücks die gesamte Straßenlänge! Schnell errechnete die Buchhaltung einen Fehlbetrag in Höhe von 13 000 DM für die Jahre 1986 bis 1994!

Mit der Bitte, den offensichtlichen Irrtum aufzuklären, einen neuen Bescheid zu erstellen und die zuviel gezahlten Beträge rückzuerstatten, wandte sich die Firma Romot am 21. 11. 1994 an die Stadt Aachen; im Januar des folgenden Jahres erhielt sie dieses Antwortschreiben:

„Bei der aufgrund Ihres vorbezeichneten Schreibens durchgeführten Überprüfung wurde festgestellt, daß abweichend von den bislang zugrunde gelegten Längen tatsächlich die Straßenreinigungsgebührenveranlagung auf Grundlage von 90 Metern für die Straße Wurmbenden und 21 Metern für die Jülicher Straße erfolgen muß."

Nach eingehender Erläuterung der „Satzung über die Straßenreinigung und die Erhebung von Straßenreinigungsgebühren in der Stadt Aachen" und der detaillierten Berechnung und Aufführung der neuen Bescheide kam das Stadtsteueramt dann zur Sache:

„Bei zukünftigen Veranlagungen (ab 01. 01. 1995) erfolgt die Straßenreinigungsgebührenfestsetzung selbstverständlich auf Grundlage der erläuterten, zutreffenden Längen.

Eine Berichtigung für das laufende Jahr sowie für die Vorjahre ist jedoch nicht zulässig (!), da die entsprechenden Abgabenbescheide, mit welchen die Straßenreinigungsgebührenfestsetzungen erfolgten, in Bestandskraft erwachsen sind. Die Abgabebescheide wurden bestandskräftig, da innerhalb der jeweiligen Rechtsbehelfsfrist kein Widerspruch erhoben wurde." (Schreiben des Stadtsteueramtes Aachen vom 3. 1. 1995)

Natürlich legte die Firma Romot Widerspruch gegen diesen Bescheid ein. Dabei verwies sie auf die falsche Berechnung der Stadt und beantragte „Teiländerung wegen offensichtlicher Unrichtigkeit". (Schreiben der Firma Romot vom 10. 1. 1995)

In ihrer Antwort nahm die Stadt erstmals Bezug auf den obengenannten Paragraphen 129 der „Abgabenordnung" und interpretierte diesen dann äußerst eigenwillig:

„Ihr vorbezeichnetes Schreiben werte ich als Antrag auf Berichtigung der Abgabenbescheide für 1994 und Vorjahre wegen offenbarer Unrichtigkeit im Sinne des § 129 Abgabenordnung 1977 (AO). Diesem Antrag kann nicht entsprochen werden.

Begründung:

Gemäß § 129 AO kann die Finanzbehörde – unabhängig von der evtl. bereits eingetretenen Bestandskraft eines Bescheides – Schreibfehler, Rechenfehler und ähnliche offenbare Unrichtigkeiten, die beim Erlaß eines Verwaltungsaktes unterlaufen sind, jederzeit berichtigen.

Offenbare Unrichtigkeiten im Sinne des § 129 AO sind jedoch lediglich mechanische Versehen wie beispielsweise die bereits im Gesetzestext aufgeführten Schreib- und Rechenfehler. Nicht betroffen von dieser Ausnahmeregelung sind grundsätzlich Fehler, die aufgrund falscher Überlegungen unterlaufen sind.

Die Differenz (...) entstand somit durch einen Denkfehler im Rahmen der Tatsachenwürdigung. (!) Es liegt folglich keine offenbare Unrichtigkeit im Sinne des § 129 AO vor. (...)

Ungeachtet dessen sind aber auch bei der Abwägung Ihrer persönlichen Interessen an der Rücknahme des Bescheides und der allgemeinen Interessen an der Bestandskraft des Bescheides (!) keine Gründe erkennbar, welche abweichend vom Regelfall für ein Überwiegen der Individualinteressen sprechen würden. Auch diese Abwägung führt daher letztlich zum Ergebnis, daß den Allgemeininteressen an der Bestandskraft der Bescheide Vorrang einzuräumen und somit deren Rücknahme abzulehnen ist." (Schreiben des Stadtsteueramtes Aachen vom 30. 1. 1995)

Warum die Korrektur der Gebührenbescheide allerdings dem Allgemeininteresse widersprechen sollte, konnte das Stadtsteueramt nur unzureichend erläutern. Abgesehen davon, daß mehrere Nachbarbetriebe möglicherweise kein Interesse an einer Nachveranlagung hatten – von Straßenreinigungsgebühren waren sie bisher völlig verschont geblieben – mußte es doch eher im Interesse der Allgemeinheit liegen, daß die Stadt ihre Irrtümer eingestand und korrigierte. Der Hinweis auf das (immer höher zu bewertende) Allgemeininteresse – das trifft nicht nur auf diesen Fall zu – wird von Behörden sehr leichtfertig ins Spiel gebracht. Mögen auch im Einzelfall die Argumente noch so schwach sein – wenn sonst nichts mehr geht, dann geht eben das Allgemeinwohl vor . . .

Hierauf bezog sich auch der Widerspruch der Firma Romot:

„Auch Ihr Argument, daß es ‚Allgemeininteresse' wäre, der Bestandskraft der Bescheide Vorrang einzuräumen, können wir nicht anerkennen. Wenn eine Behörde gravierende Fehler gemacht hat, die zu einer erheblichen Fehlabgabe geführt haben, diese Fehler aber nicht korrigiert, obwohl die gesetzlichen Bestimmungen dieses ermöglichen, wird ihr dies sicherlich in der Öffentlichkeit als Behördenwillkür ausgelegt, und die liegt nicht im ‚Allgemeininteresse'." (Widerspruch der Firma Romot vom 15. 2. 1995)

Den Widerspruch wies die Stadt Aachen als unbegründet zurück. Dabei legte sie erstmals ihr tatsächliches Interesse an einer Aufrechterhaltung der Bescheide dar:

„Die Stadt ist darauf angewiesen, als endgültig eingestufte (. . .) Einnahmen auch auf Dauer behalten zu können. Eine nachträgliche Beseitigung der Verläßlichkeit der Einnahmen würde eine gesicherte Finanzierung der gemeindlichen Aufgaben unmöglich machen."

Im übrigen seien die Heranziehungsbescheide nicht „schlechthin unerträglich". Dies wären sie nur dann, wenn andere Behörden in vergleichbaren Fällen „die rechtswidrigen Bescheide zurückgenommen" hätten und dies aus der Rechtsprechung bekannt sei. Erst dann sei der in diesem Fall vorliegende Ermessensspielraum nicht mehr gegeben ... (Widerspruchsbescheid des Stadtsteueramtes der Stadt Aachen vom 7. 4. 1995)

Auf einen erneuten Widerspruch hin teilte das Stadtsteueramt der Firma Romot mit, daß ihr nun lediglich noch der Klageweg offenstehe. Weiter bat der Sachbearbeiter um „Verständnis darum, daß ich angesichts der angespannten Haushaltslage der Stadt Aachen aus grundsätzlichen Erwägungen (Haushaltssicherheit) keine günstigere Entscheidung zu treffen vermag." (Schreiben des Stadtsteueramtes vom 31. 7. 1995)

Die Firma Romot verzichtete darauf, den Klageweg zu beschreiten. Der Geschäftsführer begründete dies mit dem erheblichen Aufwand, der nicht im Verhältnis zum ungewissen Ergebnis stünde. Sein Fazit: „Erstaunlich finde ich auch die Verbissenheit, mit der diese Beamten auf ihren Fehlbescheiden bestehen. ‚Normaldenkende' Menschen würden, wenn sie solche Fehler gemacht hätten, bemüht sein, die Angelegenheit möglichst geräuschlos aus der Welt zu schaffen. Die Beamten jedoch, die sich in ihrem Naturschutzpark absolut sicher fühlen, erklären einfach, daß man selbst Schuld hat, wenn man ihre Fehler nicht rechtzeitig bemerkt. Das wesentliche Problem sind nicht die 13 000 DM, sondern das arrogante Verhalten dieser Beamten, das absolut proportional zu ihrer Unfähigkeit ist."

14. Die nicht förderungsfähige Umschulung

Arbeitsamt Detmold

In Paragraph 34 des Arbeitsförderungsgesetzes werden die Bedingungen für Weiterbildungsmaßnahmen von Arbeitslosen aufgeführt. Dort heißt es unter anderem:

„Die Förderung setzt voraus, daß die Bundesanstalt vor Beginn der Maßnahme geprüft hat, daß die Maßnahme

1. nach Dauer, Gestaltung des Lehrplanes, Unterrichtsmethode, Ausbildung und Berufserfahrung des Leiters und der Lehrkräfte eine erfolgreiche berufliche Bildung erwarten läßt,

2. angemessene Teilnahmebedingungen bietet,

3. nach den Grundsätzen der Wirtschaftlichkeit und Sparsamkeit geplant ist und durchgeführt wird, insbesondere die Kostensätze angemessen sind,

4. unter Berücksichtigung von Lage und Entwicklung des Arbeitsmarktes zweckmäßig ist.

Herr Stolte, der mit seiner Familie in Lemgo wohnte, hatte über sieben Jahre als Außendienstmitarbeiter für ein großes pharmazeutisches Unternehmen gearbeitet, das seine Produkte an Zahnarztpraxen und Krankenhäuser vertrieb. Im Zuge der Sparmaßnahmen im Gesundheitswesen entließ die Firma etliche Mitarbeiter, darunter auch Herrn Stolte. Obwohl er sich in der Folgezeit intensiv um einen neuen Arbeitsplatz bemühte, merkte er sehr bald, daß er mit seinen 51 Jahren schlechte Chancen für eine Neuanstellung hatte: „Wenn ich überhaupt zu einem Vorstellungsgespräch eingeladen wurde, sagten die mir dann ganz offen: ‚Nee, wir hatten da an einen Jüngeren gedacht.' Mit 51 bist Du zu alt für's Arbeiten und zu jung für die Rente." Auch das für ihn zuständige Arbeitsamt konnte ihm keinerlei Hoffnung machen.

Daher war es ein Glücksfall, daß Herr Stolte über einen Motorradclub, in dem er seit vielen Jahren Mitglied war, einen Fahrlehrer kannte, der ihm eines Tages eine Stelle in seinem Betrieb anbot. Zur Bedingung machte er selbstverständlich eine vorherige Ausbildung zum Fahrlehrer. Diese Chance zu einem Neuanfang wollte Herr Stolte unbedingt wahrnehmen. Gleich am nächsten Tag fand er heraus, daß die im nahegelegenen Bielefeld ansässige amtlich anerkannte Fahrlehrer-Ausbildungsstätte in wenigen Wochen einen neuen Kurs anbieten würde. Die geringe Entfernung zwischen Wohn- und Ausbildungsort machte dem Familienvater die Entscheidung noch leichter.

Mit diesem hoffnungsvollen Anliegen stellte Herr Stolte sich dann bei seinem Arbeitsamt vor, um die Förderungsmöglichkeiten der erforderlichen Umschulung zu klären. Was Herr Stolte kaum zu hoffen wagte – der zuständige Sachbearbeiter für Umschulungsangelegenheiten konnte ihm die überaus positive Mitteilung machen, daß das Arbeitsamt die geplante Maßnahme fördern werde. Herr Stolte war bester Dinge und meldete sich sogleich beim „Verkehrsinstitut Bielefeld" für den bald beginnenden Ausbildungskurs an.

Wenige Tage später rief unerwartet der Mitarbeiter des Arbeitsamtes an und teilte Herrn Stolte mit, daß er seine Zusage zurücknehmen müsse. Obgleich der Beamte ihm die Gründe darzulegen versuchte, hatte der Herr Stolte nach Beendigung des Telefongespräches lediglich zweierlei verstanden: Eine Förderung in Bielefeld kam nicht in Betracht, ohne weiteres möglich war sie jedoch im 150 km entfernten Bochum, da beim dortigen Arbeitsamt freie Stellen gemeldet seien!

Auf die obligatorische Nachfrage bemühte sich das Arbeitsamt Detmold redlich um eine Begründung:

„Die beantragte Förderung des Lehrgangs in Bielefeld konnte durch das Arbeitsamt Detmold zunächst (!) nicht erfolgen, weil der in Bielefeld angebotene Lehrgang nicht nach § 34 des Arbeitsförderungsgesetzes (AFG) vom zuständigen Arbeitsamt Bielefeld anerkannt wurde. Für diese Entscheidung waren ausschließlich arbeitsmarktpolitische Gründe maßgeblich. Nach den Recherchen des Arbeitsamtes Bielefeld gab es kaum Beschäftigungsmöglichkeiten für derartig ausgebildete Fachkräfte. Da auch mit der angestrebten Qualifizierung somit die Arbeitslosigkeit wahrscheinlich nicht zu beenden war, ist grundsätzlich eine finanzielle Förderung nicht möglich gewesen. Da Herr S. jedoch eine konkrete Einstellungszusage vorweisen konnte, bot ihm das Arbeitsamt Detmold dennoch eine derartige Fortbildung an, um die Arbeitslosigkeit in diesem speziellen Einzelfall zu beenden. Gleichwohl konnte eine Förderung für die angestrebte Fortbildung zum Fahrlehrer nur an einer Ausbildungsstätte in Bochum zugesagt werden. Da in diesem Großraum ein entsprechender Markt vorhanden ist, wurde die Fahrlehrerfortbildung vom dortigen Arbeitsamt anerkannt und war somit auch förderungsfähig.

Auf den ersten Blick mag die Förderung des Herrn S. an der auswärtigen Bildungsstätte aufwendiger erscheinen. Für die Versichertengemeinschaft ist diese im Einzelfall getroffene Entscheidung jedoch am kostengünstigsten." (Schreiben des Arbeitsamtes Detmold vom 4. 11. 1996)

Der Ausbildungsort Bochum bedeutete für Herrn Stolte ganz konkret: Anmietung eines Zimmers, Selbstverpflegung und Heimfahrt lediglich am Wochenende. Die Zusage des Arbeitsamtes, die in diesem Zusammenhang entstehenden Kosten zu übernehmen, leuchtete Herrn Stolte überhaupt nicht ein. Warum sollte die Umschulung teurer werden als notwendig, und wieso wäre diese „im Einzelfall getroffene Entscheidung insgesamt jedoch am kostengünstigsten"? Herr Stolte verstand die Welt nicht mehr. Von seinem Bekannten im Motorradclub erfuhr er darüber hinaus, daß die Ausbildungsstätte in Bochum den Lehrgang in diesem Jahr zum ersten Mal anbiete, eigentlich handele es sich um eine ganz normale Fahrschule, die mit den Fortbildungslehrgängen ihr Spektrum erweitern wolle. Dagegen genieße das „Verkehrsinstitut Bielefeld" einen ausgezeichneten Ruf.

Als Herr Stolte ebendort hinging, um sich von dem bevorstehenden Kurs wieder abzumelden, blieb er am „Schwarzen

Brett" der Akademie stehen und staunte nicht schlecht, als er dort 13 Angebote von Fahrschulen zählte, die dringend Fahrlehrer suchten. Da dies der Einschätzung des Arbeitsamtes widersprach, daß im Raum Bielefeld keine Fahrlehrer gesucht würden, ließ sich Herr Stolte folgende Bescheinigung ausstellen:

„Hiermit bestätigen wir Herrn Albert Stolte, daß am 15. 3. 1996 an unserem „schwarzen Brett" 13 offene Stellen gemeldet wurden. 7 Stellen wurden davon im Raum Bielefeld und Umgebung gesucht." (Verkehrs-Institut Bielefeld mit Unterschrift und Stempel)

Beim Arbeitsamt wurde Herrn Stolte mitgeteilt, daß in der dort vorliegenden Kartei für den Raum Bielefeld weder offene Stellen noch Stellengesuche zu finden seien. Allein dies könne als Grundlage für die Förderung in der jeweiligen Region akzeptiert werden. Als Herr Stolte in seinem Ärger daraufhin dem Sachbearbeiter mitteilte, daß er dann eben die Ausbildung unter Aufnahme eines Kredits privat finanzieren werde, machte der Beamte ihn darauf aufmerksam, daß bei Teilnahme am Kurs auf eigene Kosten die sogenannte „Verfügbarkeitsklausel" zum Tragen käme: Da er dem Arbeitsamt während der Umschulung nicht zur Verfügung stehe, entfalle in diesem Fall sein Anspruch auf Arbeitslosengeld ...

15. Der unsortierte Hausmüll

Ordnungsamt Aurich

Die Ordnung unseres Mülls nehmen wir sehr ernst. Morgens auf dem Weg zur Arbeit sieht man sie aufgereiht am Wegesrand, die gelben Plastiktüten mit den sauber abgewaschenen Joghurtbechern, die blauen mit den Unmengen von Aldidosen, die grünen Mülleimer mit dem Bioabfall und die schwarzen mit dem Rest – selbstverständlich ohne Medizin, Farbe, Batterien und tote Katzen. Nach schriftlicher Anmeldung wird unser Sperrmüll abgeholt, nach Bekanntgabe in den Gemeindeblättern Alteisen und Schrott. Wir verbrennen unser Holz nur noch an genehmigten Tagen, egal wie dann der Wind steht, oder wir bringen es gegen teures Geld auf die Deponie. Die Entsorgung alljährlich zum Osterfest macht auch keine rechte Freude mehr, seit das Holz von Spezialisten auf Rückstände oder Eisenbeschläge untersucht wird. Selbst aus dem Bauschutt sortieren wir das Holz heraus, damit dieser nicht auf eine Sondermülldeponie gebracht werden muß.

Aber – um ein Mißverständnis auszuschließen – wir tun all das gern. Für eine saubere Umwelt nehmen wir auch die Kontrolle unserer Biotonne auf ordnungsgemäßen Inhalt in Kauf, wir lassen uns von Mitarbeitern der Kreisverwaltung befragen, wo denn bitte unser Bio-Müll bleibt, wenn wir die grüne Tonne nicht beanspruchen, wir nehmen es auch hin – wenn es denn sein muß –, daß uns eine Video-Kamera dabei beobachtet, wie wir das braune Glas im einen, das grüne im anderen Behälter entsorgen.

In unserer Ordnungsliebe gehen wir mitunter auch noch weiter. Dort, wo noch keine staatliche Überwachung möglich ist, werfen wir eben selbst ein Auge auf die öffentliche Ordnung und Sauberkeit – und melden unsere Beobachtungen pflichtbewußt der zuständigen Stelle ...

Der Landkreis Aurich kann sich seit geraumer Zeit einer fortschrittlichen Müllentsorgung rühmen. Der Versuch, diejenigen Haushalte mit einer 20%igen Ermäßigung auf die Müllgebühren zu belohnen, die ihren Bio-Müll im Garten kompostierten, mußte jedoch fallengelassen werden, weil es „zuviel schwarze Schafe" gegeben habe. Auch die Familie Ullmann war von der Rücknahme der Ermäßigung betroffen: Sie zahlen 120,– im Jahr für eine Tonne, die sie nicht brauchen. Den Änderungsbescheid nahmen sie widerspruchslos hin – und brachten ihren organischen Abfall dennoch weiter auf den Komposthaufen. Warum sollte er auch den langen Weg auf die Deponie gehen, nur weil sie dafür bezahlten?

Frau Ullmann arbeitete in einem Einzelhandelsgeschäft in der Stadt Norden. Als sie eines Tages wie immer von ihrem Mann mit dem Auto zur Arbeit gebracht wurde und gerade vor dem Geschäft ausgestiegen war, entdeckte sie auf der Straße eine weggeworfene Plastiktüte. In einem Brief an den Autor dieses Buches schilderte sie den weiteren Verlauf folgendermaßen: „Mein Mann hob den Abfall auf und warf das Papier und den Cellophanhülle in den nächsten Papierkorb, Am Markt 11, Norden." (Brief von Frau Ullmann vom 18. 7. 1995)

Am 26. 7. 1995 erhielt Herr Ullmann überraschend Post vom Landkreis Aurich:

„Sehr geehrter Herr Ullmann!

Aufgrund einer Anzeige werden Sie beschuldigt, am 20. 4. 1995 um 7.57 Uhr (Feststellungszeitpunkt) in 26506 Norden, Am Markt, unsortierten Hausmüll in einem öffentlichen städtischen Papierkorb abgelagert zu haben. Zeuge des Geschehens war der städtische Bedienstete Herr Blunk vom Ordnungsamt der Stadt Norden. Sie haben damit gegen § 4 Abs. 1. Abfallgesetz (AbfG) vom 27. 8. 86 (BGBl. I S. 1410) verstoßen, wonach Abfälle nur in den dafür zugelassenen Anlagen und Einrichtungen behandelt, gelagert und abgelagert werden

118

dürfen. Der Verstoß gegen diese Vorschrift stellt gemäß § 18 Abs. 1 Abfallgesetz eine Ordnungswidrigkeit dar. Um Ihnen die Möglichkeit zu bieten, die gegen Sie vorliegenden Verdachtsgründe zu beseitigen und die zu Ihren Gunsten entsprechenden Tatsachen geltend zu machen, gebe ich Ihnen hiermit Gelegenheit, sich unter Verwendung des beigefügten Anhörungsbogens zu der Beschuldigung zu äußern. Ich bitte Sie, diesen Bogen in Maschinen- oder Blockschrift auszufüllen und spätestens zum

15.7. 1995

unterschrieben zurückzusenden. (...)

Sofern Sie sich nicht zu der Beschuldigung äußern, kann ohne weitere Anhörung zur Sache ein Bußgeldbescheid gegen Sie erlassen werden." (Brief der Stadt Aurich vom 26. 6. 1995)

Zuerst wußte das Ehepaar Ullmann überhaupt nicht, auf welchen Vorfall sich der Brief beziehen sollte – es konnte sich also nur um eine Verwechslung handeln. Nach längerer Überlegung fiel Ihnen jedoch die Plastiktüte mit den Zeitungen wieder ein. Also standen sie tatsächlich unter Verdacht, eine Umweltsünde begangen zu haben – daran führte kein Weg vorbei. Der Gedanke, so unberechtigt an den Pranger gestellt zu werden, erzürnte sie. Noch mehr ärgerte sie jedoch, daß die Anzeige eines stadtbekannten Frührentners, der ihnen im Brief als städtischer Bediensteter vorgestellt wurde, ausreichte, um in dieser Weise beschuldigt zu werden.

Am nächsten Tag rief Herr Ullmann den Sachbearbeiter beim Ordnungsamt an und beschwerte sich. Nachdem er den wahren Hergang vorgetragen und seinem Unmut über das Vorgehen der Stadt Ausdruck verliehen hatte, wartete er auf die Entschuldigung des Beamten. Die erfolgte jedoch nicht. Herr Ullmann erinnert sich noch gut an den wohlwollenden Unterton in der Stimme des Sachbearbeiters, als er ihm folgenden Ratschlag gab: „Bezahlen Sie die 50 DM, und die Sache ist vergessen. Wenn sie Widerspruch einlegen, zieht sich alles nur hin und her, und Sie werden doch verlieren." Auf die Frage nach der genauen Bezeichnung seines angeblichen Vergehens vermutete sein Gegenüber: „Wahrscheinlich darf da nur Papier rein."

Nun nahm sich das Ehepaar Ullmann einen Anwalt – ein anderer Ausweg aus diesem irrwitzigen Dilemma bot sich tatsächlich nicht an.

In einem weiteren Brief an das Seminar für Volkskunde schrieb Frau Ullmann:

„Man steht den Bediensteten der Behörden machtlos gegenüber. Ich bin Ihnen sehr dankbar, daß Sie sich dieser Probleme annehmen. Unser Fall ist sicher nicht der spektakulärste, aber wenn man sehr umweltbewußt (und das seit vielen Jahren) lebt und handelt, fühlt man sich besonders unrecht behandelt.

Wir übergeben unseren Fall jetzt einem Anwalt, da wir keine Möglichkeit sehen, uns ohne Kosten gegen diese unberechtigte Anzeige zu verteidigen." (Brief von Frau Ullmann vom 18. 8. 1995)

Am 14. 8. 1995 teilte der inzwischen beauftragte Anwalt dem Landkreis Aurich folgendes mit:

„Herr Ullmann hat keinen Abfall in nicht dafür vorgesehene Behälter entsorgt. Am Markt 11 in Norden befindet sich ein grüner Behälter, der nicht als Papierkorb gekennzeichnet ist. In diesen tat Herr Ullmann zwei Zeitungen und eine Cellophanhülle, die er zuvor aufgehoben hatte. Gegen welche Vorschrift soll Herr Ullmann verstoßen haben?" (Brief der Anwaltskanzlei vom 14. 8. 1995)

Am 13. 9. 1995 bekam Herr Ullmann wiederum Post von der Stadt Aurich. Dieses Mal enthielt sie kommentarlos den angekündigten Bußgeldbescheid:

„Sie haben am 20. 4. 1995 um 7.57 Uhr (Feststellungszeitpunkt) in 26506 Norden, Am Markt, folgende Ordnungswidrigkeit begangen:

Ablagern von unsortiertem Hausmüll in einem städtischen Papierkorb (Verstoß gegen §§ 4 Abs. 1 und 18 Abs. 1 Abfallgesetz i.V.m. § 56 Abs. 1 Ordnungswidrigkeitengesetz).

Sie werden hiermit unter Erhebung eines Verwarnungsgeldes verwarnt. Sind Sie mit einer Verwarnung einverstanden, so bezahlen Sie bitte innerhalb einer Woche das Verwarnungsgeld in Höhe von

50,- DM

unter Verwendung des beiliegenden Überweisungsträgers (bitte nur diesen Zahlungsweg wählen!). Mit der fristgerechten Zahlung wird die Verwarnung wirksam, die Tat kann nicht mehr verfolgt werden." (Bußgeldbescheid der Stadt Aurich vom 13. 9. 1995)

Nachdem der Anwalt Widerspruch eingelegt hatte, nahm der Fall jedoch eine unverhoffte Wendung: Das vom Ordnungsamt um Stellungnahme gebetene Amt für Umweltschutz und Abfallwirtschaft erteilte die Auskunft, „daß im vorliegenden Fall nicht von einer unzulässigen Abfallentsorgung § 4 Abs. 1 u. 18 Abs. 1 AbfG ausgegangen werden kann. Der auf dem Foto ersichtliche Behälter ist nicht als Papierkorb gekennzeichnet und somit als einfacher Abfallbehälter anzusehen." (Stellungnahme des Amtes für Umweltschutz und Abfallwirtschaft vom 6. 12. 1995)

Daraufhin zog der Landkreis Aurich seine Anzeige zurück – nicht ohne darauf hinzuweisen, daß eine Verfolgung „wegen des Verstoßes gegen die Abfallentsorgungssatzung des Landkreises Aurich" ebenfalls möglich wäre. Davon wolle man jedoch im vorliegenden Fall absehen ...

16. Die unrechtmäßige Abfallbeseitigung

Umweltamt, Ordnungsamt Herscheid

Während die Großzügigkeit des Auricher Beamten das Ehepaar Ullmann noch einmal vor der Verfolgung wegen Verstoßes gegen die Abfallentsorgungssatzung verschonte, hatten Frau und Herr Seiberts aus Lüdenscheid in dieser Hinsicht weniger Glück: Als passionierte Wanderer fuhren sie am Wochenende häufig ins nahegelegene Ebbegebirge, das als Naherholungsgebiet ausgewiesen war. Die Gemeinde Herscheid hatte große Anstrengungen unternommen, den auswärtigen Besuchern die Bedingungen zu bieten, die ihnen ihre Wanderausflüge verschönten: Direkt neben den Trimm- und Erlebnispfaden boten sogenannte Wanderparkplätze die Möglichkeit zum Abstellen der Kraftfahrzeuge, so daß der Fußweg zum Wanderpfad nicht mehr sehr weit war. Als besonderen Service – sicher auch als immer präsente Mahnung – hatte die Gemeinde an den Parkplätzen geräumige Müllbehälter abgestellt, in denen ordnungsgemäß die Picknick-Abfälle entsorgt werden konnten.

Als im April 1993 ganz unverhofft der Frühling im Ebbegebirge Einzug hielt, lockten die ersten warmen Strahlen der Frühlingssonne auch das Ehepaar Seiberts hinaus ins Grüne. Wie immer stellten sie ihren Wagen auf einem der Wanderparkplätze ab und folgten dann ordnungsgemäß den ausgeschilderten Wanderpfaden. Als sie in der Mittagszeit an einer Waldlichtung vorbeikamen, machten sie dort Pause; nach Beendigung der Brotzeit gingen sie jedoch nicht, ohne darauf zu achten, daß keine Abfälle liegen geblieben waren. Diese nahmen sie, wie es sich für umweltbewußte Wandersleute gehört, mit zurück zum Waldparkplatz. Dort füllte Herr Seiberts den Beutel noch mit einigem herumliegenden Unrat und mehreren

Briefumschlägen aus seinem PKW auf, um ihn dann gewissenhaft in eine der bereitgestellten Mülltonnen zu befördern.

Als Herr Seiberts am 30. 4. 1993 per Einschreiben aufgefordert wurde, sich wegen Vergehens gegen die Abfallentsorgungssatzung einer Anhörung zu unterziehen, sprach er wenig später beim Ordnungsamt der Gemeine Herscheid vor, um das vermeintliche Mißverständnis aus der Welt zu schaffen. Er schilderte den Hergang so, wie er sich tatsächlich ereignet hatte.

Fraglich bleibt bis heute, wie die Beseitigung des Abfalls zur Anzeige gekommen war. Während sich das Umweltamt in einem Telefongespräch gegen die Behauptung der Lüdenscheider Nachrichten verwahrte, daß es in der Gemeinde Herscheid eine „Abfallfahndung" gebe (Lüdenscheider Nachrichten vom 4. 7. 1993) und dagegen auf einen Landwirt verwies, „der den Vorgang aus seinem Fenster beobachtet" habe, liest sich der Vorgang der Ermittlung in einer offiziellen Stellungnahme der Gemeinde zum Vorfall doch wieder ganz anders:

„1. An den Parkplätzen im Naherholungsraum Ebbegebirge stehen Abfallbehälter, die den Erholungssuchenden das Wegwerfen ihrer Abfälle ermöglichen, wenn sie durch die Wälder wandern. Sie dienen nicht dazu, Haushaltsabfälle aufzunehmen, wenn der Abfallbehälter zuhause nicht reicht oder Abfallgebühren gespart werden sollen. (...)

2. Ausgehend von dieser Situation werden die Behälterstandorte regelmäßig kontrolliert." (Stellungnahme der Gemeinde Herscheid vom 28. 10. 1993)

Ob aufgrund erfolgter „Abfallfahndung" oder der Aufmerksamkeit eines Landwirtes – Herr Seiberts erhielt einen

BUSSGELDBESCHEID
wegen illegaler Abfallentsorgung

„Sehr geehrter Herr Seiberts,
hiermit setze ich gegen Sie ein Bußgeld in Höhe von

150,00 DM
(in Worten: einhundertfünfzig deutsche Mark)

fest.

Begründung:
Es ist festgestellt worden, daß Sie Abfall aus Lüdenscheid in den Abfallbehälter auf dem Parkplatz Herscheid-Piene geworfen haben. Dies ist ein Verstoß gegen die Vorschriften der Abfallentsorgungssatzung, die verbindlich regeln, daß im Rahmen des Anschluß- und Benutzungszwanges die Besitzer von Abfällen diese in die Ihnen zur Verfügung gestellten Abfallbehälter einzufüllen haben. Dies wäre in Ihrem Fall Ihr Abfallbehälter in Lüdenscheid, auf gar keinen Fall jedoch ein solcher in Herscheid. (...)

Offensichtlich ist Ihr Abfallbehälter an Ihrem Wohnort zu klein für Ihren Bedarf, da Sie ansonsten nicht in die Bedrängnis hätten gelangen können, Ihren Abfall in einem öffentlichen Abfallbehälter eines anderen Ortes zu deponieren. (...)

Wie Ihnen im Anhörungsverfahren bereits mitgeteilt wurde, liegen die Beweismittel vor." (Bußgeldbescheid der Gemeinde Herscheid vom 7. 5. 1993)

Beweismittel waren die mittlerweile stark verschmutzten Briefumschläge mit seiner Adresse, die man Herrn Seiberts anläßlich der Anhörung vorgelegt hatte. Nach Erhalt des Bußgeldbescheides nahm sich der Beklagte einen Anwalt.

Bereits auf dessen erste Einlassung hin zog die Gemeinde Herscheid den Bußgeldbescheid zurück, „obwohl m.E. nach wie vor der dringende Verdacht einer illegalen Hausmüllentsorgung gelegentlich des Picknicks in Herscheid besteht. (...) Die Aufhebung des Bußgeldbescheides erfolgt ausschließlich unter dem Gesichtspunkt des zu betreibenden Aufwandes, das festgesetzte Bußgeld in einem Gerichtsverfahren durchzusetzen.

Die Benutzung der für die Wanderer und Erholungssuchenden in Herscheid aufgestellten Abfallbehälter durch rechtswidriges Vollfüllen mit Haushaltabfall wird nach wie vor aus den geschilderten Gründen verfolgt." (Schreiben des Ordnungsamtes Herscheid vom 14. 6. 1993)

17. Das übermalte Blechtäfele

Gemeindeverwaltungsverband Gullen

Im Jahre 1991 trat im Ort Waldburg – ganz in der Nähe Tübingens – ein Schmied in den Ruhestand und übergab seine Werkstatt einem Ehepaar, das dort eine Töpferei einrichten wollte. Frau und Herr Krapinski hatten Verständnis für den Wunsch des Schmiedes, ein Schild mit der Aufschrift „Schmiede-Bauschlosserei", das über der Tür der Werkstatt angebracht war, abzumontieren und mitzunehmen, um es als Erinnerung an sein Berufsleben aufzubewahren.

Wenig später – das Schild befand sich noch immer an seinem alten Platz – waren im benachbarten Wohnhaus des Schmiedes zwei Beamte des Gemeindeverwaltungsverbandes Gullen zu Besuch. Dies war keinesfalls ungewöhnlich – die Beamten begaben sich bekanntermaßen gern in den Außendienst, um in der Gemeinde „nach dem Rechten zu sehen" und Hausbesuche abzustatten. Frau Krapinski schätzt diese „Überlandfahrten" so ein: „Die sind halt oft im Ort unterwegs. Naja, und das eine fällt ihnen auf, das andere fällt ihnen nicht auf . . ."

So sprachen die beiden Beamten auch in der nahezu fertig eingerichteten Töpferwerkstatt vor, um sich ganz nebenbei zu erkundigen, ob denn über der Ladentür eine neue „Werbeanlage" geplant sei. Dies bejahte Herr Krapinski; nach seinen Plänen sollte dort gelegentlich, wenn das alte Schild entfernt sei, ein größeres „Täfele" angebracht werden. Die beiden Staatsbediensteten machten den Geschäftsmann sogleich darauf aufmerksam, daß er dafür ein Baugesuch einreichen müsse und überdies eine Verwaltungsgebühr anfalle.

Um sich und der Verwaltung unnötige Formalitäten zu ersparen, übermalte Herr Krapinski nach Rücksprache mit dem Schmied – dem die Erinnerung dann doch nicht so wichtig war, um deswegen einen Verwaltungsvorgang in Gang zu setzen – einfach das alte Schild. Fortan hieß es dort nicht mehr in grüner Farbe „Schmiede-Bauschlosserei", stattdessen wies den Passanten ein ganz in roter Farbe gehaltenes Schild mit der Aufschrift „Waldburger Töpferei" den Weg.

Am 22. 3. 1993 – also zwei Jahre später – erhielt Herr Krapinski ein Schreiben des Gemeindeverwaltungsverbandes Gullen gegen „Zustellungsnachweis". Darin hieß es ganz formal:

„B a u v o r h a b e n
Anbringen einer Werbeanlage am Westgiebel der Töpferei

Der Bauherr erhält die Auflage, für das obengenannte Bauvorhaben unverzüglich beim zuständigen Bürgermeisteramt Waldburg ordnungsgemäße Bauvorlagen in mind. 3facher Ausfertigung spätestens bis 23. April 1993 einzureichen.

Einrichtungsverfügung (11. 3 GV)

DM 150,–

Anlg. 1 Zahlschein"

(Auflage zur Einreichung von Bauvorhaben vom 22. 3. 1993)

Der Angeschriebene füllte das Formular nicht aus, vielmehr legte er Widerspruch ein. In seinem Schreiben wies er darauf hin, daß ein bereits vorhandenes Schild lediglich übermalt worden sei:

„Es handelt sich daher nicht um ein Bauvorhaben." (Widerspruch von Herrn Krapinski vom 20. 4. 1993)

Damit schien die Angelegenheit erledigt, bis das Töpfereehepaar einen Monat später folgenden Brief in Händen hielt:

„Auf Ihr Widerspruchsschreiben vom 20. 04. 1993 gegen unsere Auflage zur Einreichung von Bauvorlagen vom 22. 03. 1993 teile ich Ihnen folgendes mit: Nach § 52 Abs. 1 Nr. 32b LBO i.V.m. § 51 LBO sind Werbeanlagen im Innenbereich genehmigungspflichtig, wenn sie größer als 0,5 qm sind. Dies ist bei Ihrer Werbeanlage der Fall. Ob es sich bei Ihrem Schild um ein Bauvorhaben handelt, kann dahingestellt bleiben, weil die Werbeanlage nach der vorgenannten Vorschrift genehmigungspflichtig ist. Deshalb ist auch unsere Auflage zur Einreichung von Bauvorlagen zu Recht ergangen. Dabei kommt es auch nicht darauf an, ob früher ein ähnliches Schild an der Schmiede vorhanden war, entscheidend ist, daß Sie eine neue Werbeanlage geschaffen haben, selbst wenn sie nur durch Übermalung stattgefunden hat.

Der Gemeindeverwaltungsverband wird daher, sofern Sie Ihren Widerspruch aufrechterhalten, diesem nicht abhelfen und ihn dem Regierungspräsidium Tübingen zur Entscheidung über Ihren Widerspruch vorlegen." (Widerspruchsbescheid des Gemeindeverwaltungsverbandes Gullen vom 17. 5. 1993)

Herr Krapinski, der die Angelegenheit in die Hand genommen hatte, bestand auf seinem Widerspruch und betonte noch einmal, daß es „sich nicht um ein ähnliches, sondern um dasselbe" Schild handele, das „seit 1975 an der ehemaligen Schmiede angebracht" sei. Und im übrigen verändere „ein neuer Anstrich die Identität des Schildes nicht im baurechtlichen Sinne".

Auch über die Höhe der Verwaltungsgebühr, die beim Besuch der beiden Beamten noch mit der Hälfte angekündigt worden war, beschwerte sich Herr Krapinski. (Zweites Widerspruchsschreiben von Herrn Krapinski vom 3. 6. 1993)

Hierzu bemerkte der Sachbearbeiter des Gemeindeverbandes Gullen im Antwortscheiben, daß tatsächlich die „Baugenehmigungsgebühr" etwa bei 80 DM liege. 150 DM koste jedoch allein „die Verwaltungsgebühr für die Verfügung zur Einreichung der erforderlichen Bauvorlagen". „Wenn Sie also den Bauantrag eingereicht hätten, so hätte die Verwaltungsgebühr von 150,00 DM nicht festgesetzt werden müssen." (Schreiben des Gemeindeverwaltungsverbandes Gullen vom 27. 7. 1993)

Dieser Hinweis schien Herrn Krapinski absurd, was er in seinem erneuten Schreiben auch zum Ausdruck brachte:

„Ich halte meinen Widerspruch in vollem Umfang aufrecht.

Begründung: Ein grundsätzlich unberechtigter Verwaltungsakt kann nicht durch die Nachschiebung eines weiteren Verwaltungsaktes legitimiert werden.

Wenn das Übermalen einer seit 18 Jahren vorhandenen Blechtafel kein ,Bauvorhaben' ist, kann es somit auch keine

‚Verwaltungsgebühr für die Verfügung zur Einreichung von Bauvorlagen' geben." (Drittes Widerspruchsschreiben von Herrn Krapinski vom 20. 8. 1993)

Der Widerspruch ging seinen amtsüblichen Weg. Das Regierungspräsidium Tübingen hatte darüber zu entscheiden. Wie bei allen anderen vorliegenden Fällen (bis auf „Das verzollte Paket") stellte die vorgesetzte Behörde den zuerst ergangenen Bescheid nicht in Frage, sondern bestätigte ihn in vollem Umfang. In seinem Widerspruchsentscheid teilte das Regierungspräsidium mit, daß „die Entscheidung der Unteren Baurechtsbehörde nicht zu beanstanden" sei:

„Für die Prüfung, ob die ohne Baugenehmigung angebrachte Werbeanlage den öffentlich-rechtlichen Vorschriften entspricht, benötigt die Baurechtsbehörde entsprechende Bauvorlagen. Sie kann deshalb, gestützt auf § 49 LBO, Unterlagen und Nachweise verlangen, um prüfen zu können, ob und inwieweit die Anlage materiell rechtmäßig ist.

Wie Sie selbst einräumen, handelt es sich bei der Werbeanlage um das Schild der ehemaligen Schmiede, das Sie mit dem Namenszug „Waldburger Töpferei" übermalt haben. Abgesehen davon, daß das vorher vorhandene Schild nicht genehmigt war (!), wird es sich auf jeden Fall um eine nach den §§ 51, 52 Abs. 1 Nr. 32 b LBO genehmigungspflichtige Änderung einer baulichen Anlage handeln. Nach § 2 Abs. 9 LBO steht u.a. das Ändern der Errichtung einer Anlage gleich."

Weiterhin stellte das Regierungspräsidium Herrn Krapinski „anheim, Ihren Widerspruch durch einfache schriftliche Mitteilung an das Regierungspräsidium zurückzunehmen; in diesem Falle würde für den bisher im Widerspruchsverfahren entstandenen Verwaltungsaufwand nur eine Gebühr von DM 50,00 erhoben." (Widerspruchsbescheid des Regierungspräsidiums Tübingen vom 19. 8. 1993)

In seinem Antwortschreiben offenbarte Herr Krapinski seinen Sinn für Ironie und Sarkasmus, mit dem er die Posse zu beenden gedachte:

„Ich bin mir nicht sicher, ob der Gesetzgeber mit der ‚genehmigungspflichtigen Änderung einer baulichen Anlage' die

Verwandlung eines ehemals grünen Blechtäfele in ein rotes Blechtäfele gemeint hat.

Falls dies aber der Fall sein sollte, so geht mir tröstliche Nachricht aus dem neuen Bericht der Bundesregierung zu. Dort heißt es schlicht und eindrucksvoll: Die öffentliche Verwaltung soll effizienter werden.

Sollte das Regierungspräsidium sich meinem Eindruck anschließen, daß der vorliegende Fall den besten Anlaß bietet, diesem bürgerfreundlichen Ansinnen der Bundesregierung Vorschub zu leisten und somit die Akte über das übermalte Blechtäfele zu den Akten zu legen, dann würde mich dieses sehr freuen. Für den Fall aber, daß man sich außerstande sieht, ziehe ich meinen Widerspruch zurück, da eine weitere Verfolgung meiner etwaigen Rechte in keinem zu rechtfertigenden Verhältnis zum Aufwand steht." (Schreiben von Herrn Krapinski an das Regierungspräsidium Tübingen vom 9. 9. 1993)

Danach wandte Herr Krapinski sich an die Medien, die sich des Falles sofort annahmen. In der „Schwäbischen Zeitung" vom 11. 9. 1993 hieß es in einer großaufgemachten Titelzeile: „Blechtäfelestreit: Schildbürgerstreich oder bloß Recht und Gesetz?"

Am 8. 11. 1993 erreichte Herrn Krapinski dann ein Schreiben des Gemeindeverbandes Gullen, in dem ein Rückzug auf der ganzen Linie erfolgte:

„Nach einer erneuten Überprüfung der Sach- und Rechtslage ergeht aufgrund von § VwGO auf Ihren Widerspruch vom 20. 4. 1993 folgende

Entscheidung

1. Die Auflage zur Einreichung von Bauvorlagen (. . .) wird aufgehoben.

2. Die Kosten des Widerspruchsverfahrens trägt der Gemeindeverband Gullen.

3. Das durch Übermalen geänderte (alte) Schild wird auch weiterhin geduldet.

4. Auf die Durchführung eines förmlichen Genehmigungsverfahrens hinsichtlich des geänderten Schildes (Werbeanlage) wird verzichtet."

Anschließend wies der Sachbearbeiter in sehr persönlichem Ton darauf hin, „daß die ganze ‚Angelegenheit' hätte vermieden werden können, wenn Sie dem Gemeindeverwaltungverband mitgeteilt hätten, daß Sie entgegen Ihrer ursprünglichen Absicht, ein neues Werbeschild anzubringen, das vorhandene Schild nur übermalen werden oder wenn Sie bei Einlegung Ihres Widerspruches gleich das Foto über die Werbeanlage miteingereicht hätten. Dann wäre der Gemeindeverwaltungsverband Gullen damals wohl zu der Erkenntnis gelangt, daß das nur übermalte Schild geduldet werden kann."

Herr Krapinski mußte unwillkürlich an seinen ersten Widerspruch und weitere Schreiben denken, in denen er die Fakten so präzise wie irgend möglich dargelegt hatte. Auch die darauf erfolgte Widerspruchsentscheidung des Gemeindeverwaltungsverbandes, in der darauf hingewiesen wurde, daß er auch mit der Übermalung eine neue Werbeanlage geschaffen habe, ging ihm durch den Kopf, als er die letzte Zeile las:

„Ein Telefongespräch, das 23 Pfennig gekostet hätte, hätte somit viele Mißverständnisse ausräumen können. Leider hat hier meines Erachtens nicht nur die soviel beschriebene und verlangte Bürgernähe der Verwaltung versagt, sondern auch die Mitarbeit eines Bürgers zur Verwaltung." (Schreiben des Gemeindeverwaltungsverbandes Gullen vom 8.11. 1993)

Diese Auffassung mochte Herr Krapinski ganz und gar nicht teilen.

18. Der Verdacht auf Führerscheinfälschung

Straßenverkehrsamt Hagen

Wie bei vielen anderen geschilderten „haarsträubenden Erlebnissen mit dem Amtsschimmel" geht es auch beim folgenden Fall offenbar nur um eine Lapalie – ein Antragsteller hat Probleme bei der Ausstellung eines Führerscheins, die sich dann über einige Zeit hinziehen. Wenn wir jedoch die Ereignisse rekonstruieren, werden hinter dem behördlichen Alltagshandeln Strukturen sichtbar, die besonders dann be-drohlich erscheinen, wenn wir sie auf andere tatsächlich existenzbedrohende Konfliktsituationen übertragen. Was wäre, wenn es nicht um einen Führerschein, sondern um eine Aufenthaltsgenehmigung oder das Sorgerecht für ein Kind ginge?

Die deutlich werdende Selbstgewißheit, Maßstabslosigkeit und die Vermittlung amtlicher und hier noch weitergehend „nationaler Überlegenheit" erinnert unwillkürlich an den Begriff der „furchtbaren Beamten" (dieser Begriff war bisher den Richtern vorbehalten), die in Deutschland in unterschiedlichen Systemen ihres Amtes walteten. Bereits beim amtlichen Alltagsgeschäft in einem Straßenverkehrsamt wird uns exemplarisch vorgeführt, wieviel Macht auch der sogenannte „kleine Beamte" (hier allerdings eine Beamtin!) auszuüben in der Lage ist. Daß es sich bei dem in diesem Fall Betroffenen um einen Asylbewerber aus Bosnien-Herzegowina handelt, macht die Sache noch bedrückender.

Nahe der serbischen Grenze liegt auf bosnischem Territorium der Ort Janja. Im Herbst 1992 wurde er von der serbischen Armee besetzt. Ein Einwohner der Stadt war Sulijman Cumric. Als er von den Besatzern der Stadt aufgefordert wurde, auf ihrer Seite gegen seine Landsleute zu kämpfen, floh er schwimmend durch den Fluß Drina und dann weiter mit dem Bus nach Deutschland. Sein Vater und seine drei Schwestern mußten zurückbleiben.

In Deutschland bewarb er sich, sobald es möglich war, um Arbeit. Da er in Janja eine kleine Spedition mit mehreren Lastkraftwagen besessen hatte und in der bosnischen Armee als Lastwagenfahrer eingesetzt worden war, lag es nahe, sich auch in Deutschland in diesem Bereich um Arbeit zu bemühen. Allerdings waren seine zahlreichen Bewerbungen nicht von Erfolg gekrönt. Die Antwort fiel immer gleich aus: „Ohne einen deutschen Führerschein können wir Sie nicht beschäftigen." Aus diesem Grund – aber auch, weil der Führerschein nach zweijährigem Aufenthalt in Deutschland ohnehin umgeschrieben werden mußte – beantragte er beim Straßenverkehrsamt Hagen eine deutsche Fahrerlaubnis.

Zu diesem Zweck mußte er seinen alten Führerschein aus dem Jahre 1989 beim Straßenverkehrsamt abgeben, von hier aus wurde dieser zur Überprüfung an den ADAC nach München weitergeleitet. Offenbar war das Ergebnis der dort vorgenommenen Kontrolle positiv, denn Herr Cumric erhielt nach einigen Wochen Nachricht vom Straßenverkehrsamt, daß er die deutsche Fahrerlaubnis abholen könne. Als er am 1. 12. 1993 in Begleitung einer deutschen Bekannten bei der KFZ-Stelle vorstellig wurde, kam die Sachbearbeiterin auf die Idee, den alten jugoslawischen Führerschein noch einmal selbst einer Kontrolle zu unterziehen. Auslöser für diese amtliche und dennoch – wie sich später herausstellte – amateurhafte Überprüfung war möglicherweise das neuangeschaffte UV-Licht-Prüfgerät des Straßenverkehrsamtes Hagen.

Nach erfolgter Überprüfung kam die Sachbearbeiterin zum überraschenden Ergebnis, daß der jugoslawische Führerschein gefälscht sein müsse, da sie darauf keine Wasserzeichen entdecken konnte. Sie behielt den alten Führerschein ein, gab den bereits fertiggestellten neuen nicht heraus – und benachrichtigte die Polizei.

Noch an Ort und Stelle nahmen die Ordnungshüter des Schutzbereiches Nord der Stadt Hagen Herrn Cumric kurzerhand fest. Als Grund wurde im Sicherstellungsprotokoll „Umschreiben eines gefälschten Führerscheins; Fahren mit gefälschtem Führerschein" angegeben.

In einem anderen Protokoll hieß es ausführlicher: „Herr Cumric erschien beim SVA Hagen und wollte einen gefälschten jugoslawischen Führerschein umschreiben lassen." (Protokolle der Polizeidienststelle Hagen Schutzbereich Nord vom 1. u. 2. 12. 1993)

Der mittlerweile von Herrn Cumric eingeschaltete Anwalt wies die Staatsanwaltschaft auf die bereits vorgenommene Überprüfung der Papiere durch den ADAC hin, legte weiterhin ein Dokument des Angeklagten vor, aus dem hervorging, daß er als Fahrer bei der „Bundesarmee der jugoslawischen Republik" tätig war, schlug eine Vorlage des Führerscheins bei der jugoslawischen Botschaft vor und kam dann zum Schluß, daß die gegen seinen „Mandanten erhobenen Vorwürfe völlig aus der Luft gegriffen" seien:

„Wegen der zuletzt geschilderten Ereignisse ist es jedoch angezeigt, die zuständigen Beamten und Personen auf ihre Pflichten auch vor dem Hintergrund des Grundgesetzes hinzuweisen." (Schreiben des Anwalts von Herrn Cumric vom 4. 1. 1994)

Gegen Herrn Cumric wurde Strafanzeige wegen Urkundenfälschung erstattet, der jugoslawische Führerschein zur Begutachtung an das Landeskriminalamt in Düsseldorf weitergeleitet.

Am 3. 5. 1994 lag das Gutachten vor, das allerdings an Eindeutigkeit zu wünschen übrig ließ:

„Es ist nicht auszuschließen, daß es sich bei dem inkriminierten Vordruck um ein Exemplar eines alten Formulartyps handeln könnte, welcher erfahrungsgemäß in dem Zeitraum vor 03. 82 ausgegeben worden ist. *Hinsichtlich des Textes und der sicherungstechnischen Ausstattung entspricht es nicht den Formularvordrucken des Entstehungszeitraumes nach 1982.*" (Auszug aus dem Gutachten des Landeskriminalamtes Düsseldorf vom 3. 5. 1994)

Dieses Gutachten und die Aussage der Sachbearbeiterin des Straßenverkehrsamtes waren für die Staatsanwaltschaft Hagen Grund genug, eine Anklageschrift auszustellen:

„Herr Cumric (...)
wird angeklagt,
am 2. 12. 1993
in Hagen
eine zur Täuschung im Rechtsverkehr hergestellte unechte Urkunde gebraucht zu haben.

Dem Angeschuldigten wird folgendes zur Last gelegt:
Bei der Beantragung einer deutschen Fahrerlaubnis legte er beim Straßenverkehrsamt einen gefälschten jugoslawischen Führerschein vor." (Anklageschrift der Staatsanwaltschaft Hagen vom 20. 6. 1994)

Der Anwalt von Herrn Cumric wies in seinem Schreiben an das zuständige Amtsgericht darauf hin, daß das Landeskriminalamt nicht festgestellt habe, daß der Führerschein gefälscht sei. Danach entspreche er lediglich nicht den im Jahre 1989 üblichen Formulardrucken:

„Es ist aber durchaus denkbar, daß noch nach 1982 alte Formularvordrucke verwendet wurden. Hinsichtlich der anderen Merkmale des Führerscheins konnte nämlich eine Manipulation oder Ungereimtheit nicht festgestellt werden." (Schreiben des Anwalts von Herrn Cumric an das Amtsgericht Hagen vom 15. 7. 1994).

In einem nach Abschluß des Falles geführten Telefongespräch erinnerte sich der Anwalt mit lebhaftem Ärger an seinen Brief: „So ein Blödsinn – in Jugoslawien ist das eben nicht so amtsgenau wie in Deutschland. Da werden alte Formulare eben aufgebraucht, bis sie alle sind, und nicht von einem Tag auf den anderen einfach weggeschmissen, nur weil es von irgendwoher neue gibt!"

In einem Brief ohne Datum (Eingang 9. 9. 1994) nahm die Staatsanwaltschaft Hagen dann die Anklage gegen Herrn Cumric zurück und händigte ihm seinen alten Führerschein aus. Die Verfahrenskosten wurden der Staatskasse auferlegt.

Auch vom Straßenverkehrsamt erhielt Herr Cumric einen Brief. Darin brachte die pflichtbewußte Sachbearbeiterin zum Ausdruck, daß aufgrund des Gutachtens „weiterhin Bedenken an der Echtheit des Führerscheines" bestünden:

134

„Eine Umschreibung nach § 15 Abs. 2 Straßenverkehrs-Zulassungs-Ordnung (StVZO) in eine deutsche Fahrerlaubnis kann ohne Nachweis der Echtheit des Führerscheins nicht erfolgen." (Schreiben des Straßenverkehrsamtes vom 1. 9. 1994)

Es war ein Glück für die Gegenseite, daß sie wenig später zwei Jugoslawen ausfindig machen konnte, deren Führerscheine ebenfalls in den späten achtziger Jahren ausgestellt worden waren – auf exakt den Formularvordrucken, die in Jugoslawien angeblich bereits seit 1982 nicht mehr verwendet wurden. Der Anwalt legte diese Beweisstücke seinem neuerlichen Anschreiben an das Straßenverkehrsamt bei und schloß:

„In vorbezeichneter Sache erwarte ich nun umgehend die Erteilung eines widerspruchsfähigen Bescheides oder die Erteilung des beantragten Führerscheins." (Schreiben des Anwalts von Herrn Cumric vom 6. 10. 1994)

Am 8. 11. 1994 erhielt Herr Cumric per Postzustellungsurkunde einen Brief des Straßenverkehrsamtes der Stadt Hagen. Er glaubte nun endlich die so sehr ersehnte Fahrerlaubnis in Händen zu halten. Dann las ihm ein Bekannter den Inhalt vor:

„Ordnungsverfügung

(...) Nach dem Ergebnis des Gutachtens (Landeskriminalamt Düsseldorf) kann nicht ausgeschlossen werden, daß es sich um ein Exemplar eines alten Formulartyps handelt, welcher in dem Zeitraum vor März 1982 ausgegeben wurde. Aufgrund informativer Erkenntnisse des Bundeskriminalamtes sollen diese Formularvordrucke nach dem Jahr 1982 von amtlichen Stellen nicht mehr ausgegeben worden sein. Hinsichtlich des Textes und der sicherungstechnischen Ausstattung entspricht es nicht den Formularvordrucken des Entstehungszeitraumes nach 1982. (...)

Die Echtheit des Führerscheins konnte somit nicht bestätigt werden.

Die von Ihrem Rechtsanwalt vorgelegten Kopien von anderen jugoslawischen Führerscheinen stellen keinen Beweis dar, daß Ihr Führerschein echt ist.

Andere Möglichkeiten zum Nachweis der Authentizität Ihres Führerscheins haben Sie nicht genannt." (Ordnungsverfügung des Straßenverkehrsamtes der Stadt Hagen vom 8. 11. 1994)

Der auf diese Verfügung hin eingereichte Widerspruch wurde von der Bezirksregierung Arnsberg am 17. 3. 1995 mit folgender Begründung zurückgewiesen:

„Sobald, wie in Ihrem Fall, gravierende Hinweise für Manipulationen vorliegen, dokumentiert die Existenz eines Führerscheins nicht mehr hinreichend verläßlich die wirksame Erteilung einer ausländischen Fahrerlaubnis. (. . .)

Solange in Ihrem Fall nicht von der Echtheit des vorgelegten Führerscheins ausgegangen werden kann, ist im Hinblick auf die bestehenden Fälschungsmerkmale eine Erteilung der inländischen Fahrerlaubnis nicht zu verantworten." (Widerspruchsbescheid der Bezirksregierung Arnsberg vom 17. 3. 1995)

Inzwischen hatte Herr Cumric nach intensiven Bemühungen Arbeit in einer Baufirma gefunden. Der Bauunternehmer gab ihm jedoch unmißverständlich zu verstehen, daß die Erteilung einer deutschen Fahrerlaubnis in absehbarer Zeit erfolgen müsse . . .

Nachdem sein Anwalt nun Klage beim Verwaltungsgericht Arnsberg eingereicht hatte, bemühten sich beide um weitere Beweise für die Authentizität seines Führerscheines. So hatten sie neben der bosnischen Botschaft in diesen für alle Jugoslawen wahrhaft schweren Zeiten selbst das dortige Ministerium für innere Angelegenheiten mit der Sache befaßt. Und tatsächlich meldete sich am 4. 4. 1995 die Republik Bosnien und Herzegowina in der Angelegenheit Cumric zu Wort. In einem Fax bestätigte das Innenministerium:

„Da das SJB Bijeljina am 11.9. 1989 auf der Seite Nr. 00673535 den Führerschein an Sulijman Cumric aus Janja ausgestellt hat, sind wir der Meinung, daß der genannte Führerschein authentisch ist." (Mitteilung des Innenministeriums der Republik Bosnien-Herzogowina vom 4. 4. 1995)

Mit der etwas süffisanten Frage, ob diese Bestätigung denn nun für die Erteilung einer Fahrerlaubnis ausreiche, wandte

sich der Anwalt von Herrn Cumric wiederum an das Straßenverkehrsamt Hagen. Von dort erhielt er umgehend Antwort:

„Die von Ihnen vorgelegte Bestätigung wurde mit gleicher
Post an die Botschaft zur Überprüfung gesandt." (Schreiben
des Straßenverkehrsamtes vom 2. 5. 1995)

Allmählich hatte es den Anschein, daß die Dinge außer
Kontrolle gerieten. Auf jeden Fall schaltete sich die Botschaft
der Republik Bosnien-Herzogowina nun ebenfalls ein. Noch
ohne Kenntnis des ihm zur Nachprüfung übersandten Schreibens des bosnischen Innenministeriums schickte es eine Bescheinigung, die der unglaublichen Angelegenheit nun wohl
das längst fällige Ende bereiten würde:

„Hiermit wird bescheinigt, dass Herr Sulijman Cumric die
Führerscheinprüfung als Fahrer der Klasse ‚B' beim Ord-
nungsamt in Bijeljina bestanden hat und dass der Führerschein
Nr. BH 00 67 35 35 dort ausgestellt worden ist.

Diese Bescheinigung dient als Beweis für die bestandene
Führerscheinprüfung und kann nicht anders verwendet wer-
den." (Bescheinigung der Botschaft der Republik Bosnien-
Herzegowina vom 22. 5. 1995)

Auf die inzwischen ungehaltener werdenden Anfragen des
Anwalts – immerhin stand eine Klage vor dem Verwaltungsgericht im Raum, die nun doch offenbar zu umgehen war –
antwortete das Straßenverkehrsamt der Stadt Hagen endlich
am 28. 6. 1995:

„Das Fax des Innenministeriums habe ich an die Botschaft
in Bonn zur Überprüfung gesandt. Die Botschaft in Belgrad
teilte mir mit, daß die Anfrage nicht bearbeitet werden könne,
da der Postweg unterbrochen und eine Kontaktaufnahme mit
den zuständigen Stellen nicht möglich sei. (...)

Es ist nicht nachvollziehbar, daß die Botschaft zur Überprüfung von Führerschein-Daten keinen Kontakt mit der Stadt
Bijeljina aufnehmen kann, das Innenministerium in Sarajevo
jedoch bestätigt, die Führerscheinkartei der Stadt Bijeljina ein-
gesehen zu haben. Ferner liegt die Bestätigung lediglich als Fax
vor, so daß eine Beurteilung der Authentizität der Bestätigung
nicht möglich ist.

Aus diesen Gründen kann die Bestätigung als Echtheitsbeweis nicht anerkannt werden. Mit dem von Ihnen am 30. 5. 95 übersandten Schreiben der Bonner Botschaft verhält es sich ebenso." (Schreiben des Straßenverkehrsamtes vom 28. 6. 1995)

Es mag zur Klärung der Angelegenheit ein wenig beitragen, wenn hier hinzugefügt wird, daß im Brief von zwei Botschaften die Rede ist, der bosnischen in Bonn und der deutschen in Belgrad. Die deutsche Botschaft in Belgrad (Amtsbezirk Bosnien-Herzegowina) hatte dem Straßenverkehrsamt der Stadt Hagen auf dessen Bitte um Überprüfung der verschiedenen Unterlagen folgendes mitgeteilt:

„Aufgrund der derzeitigen Situation in Bosnien-Herzegowina kann die Botschaft Anfragen leider nicht weiter bearbeiten. Der Postweg ist unterbrochen. Eine Kontaktaufnahme mit den zuständigen Stellen ist nicht möglich." (Brief der Botschaft der Bundesrepublik Deutschland vom 17. 5. 1995)

Etwa zur gleichen Zeit wandte sich der Anwalt von Herrn Cumric ratlos an das Verwaltungsgericht Arnsberg:

„Es ist jedoch hier nun keine weitere Möglichkeit mehr bekannt, wie die Echtheit des Führerscheins noch bescheinigt werden kann." (Schreiben des Anwalts von Herrn Cumric vom 3. 7. 1995)

In einem weiteren Brief fügte er hinzu:

„Weitere Nachweise der Echtheit des Führerscheins sind objektiv und subjektiv nicht möglich. Das Verhalten des Beklagten muß daher als völlig mutwillig betrachtet werden.

Der Beklagte mag insbesondere darlegen, welche Nachweise für die Echtheit des Führerscheins noch beigebracht werden sollen." (Schreiben des Anwalts von Herrn Cumric vom 25. 8. 1995)

Ganz anders bewertete das Straßenverkehrsamt die Situation:

„Ausweislich einer Mitteilung der Botschaft der Republik Bosnien und Herzegowina werden Bescheinigungen der offiziellen Verwaltungsorgane als echt angesehen und bestätigt, ohne das tatsächlich die Echtheit einer solchen Bescheinigung überprüft wird.

Damit sind die vorgelegten Bescheinigungen des Klägers nicht verwertbar." (Schreiben des Straßenverkehrsamtes Hagen an das Verwaltungsgericht Arnsberg vom 30. 8. 1995)

Das Straßenverkehrsamt bezog sich mit dieser Aussage auf die von der bosnischen Botschaft zum Ausdruck gebrachte Befremdung darüber, daß sie Dokumente des Innenministeriums auf ihre Echtheit überprüfen solle. Dafür seien sie nicht zuständig: „Wenn Sie vom Innenministerium der Rep. Bosnien und Herzegowina eine Bescheinigung erhalten haben, so wird diese als wahrhaftiges Dokument erachtet und nicht überprüft." (Schreiben der bosnischen Botschaft in Bonn vom 8. 8. 1995)

Trotz der prekären Lage in seinem Heimatland und in seiner Familie – seine Mutter war inzwischen an einem Herzinfarkt verstorben – bat Herr Cumric nun seinen Vater in Janja, mit der Vollmacht des Sohnes, dem alten Führerschein und anderen geforderten Unterlagen bei der zuständigen Behörde vorzusprechen, um dort einen neuen Führerschein ausstellen zu lassen.

Die Kopie des neuausgestellten Führerscheins schickte der Anwalt von Herrn Cumric nun mit folgendem Begleitschreiben an das Verwaltungsgericht der Stadt Arnsberg:

„… überreiche ich anliegend eine Kopie des neuausgestellten Führerscheins der Republik Bosnien-Herzegowina für meinen Mandanten.

Es hat zwischenzeitlich eine Rücksprache mit der Beklagten (Straßenverkehrsamt Hagen) stattgefunden. Die Beklagte ist jedoch auch jetzt nicht bereit, diesen Führerschein als echt anzuerkennen. Die Beklagte verlangt vielmehr von der ausstellenden Behörde eine Bestätigung, daß diese Behörde die Echtheit des ursprünglichen Führerscheins überprüft hat. Die Beklagte fordert damit von der ausstellenden Behörde eine ganz bestimmte Arbeitsweise. Die Beklagte will also der ausstellenden Behörde vorschreiben, wie entsprechende Dokumente auszustellen sind." (Schreiben des Anwalts von Herrn Cumric vom 23. 10. 1995)

Obgleich die Angelegenheit ihm mehr als peinlich war, wandte sich der nun zu allem entschlossene Anwalt noch einmal an die Botschaft Bosniens in Bonn, der er den Sachverhalt vortrug und dann schloß:

„Aber auch diese Fahrerlaubnis will das Straßenverkehrs-amt der Stadt Hagen nicht als echt anerkennen, da kein Nach-weis der ausstellenden Behörde vorliegt, daß die ursprüngli-chen Führerscheinunterlagen meines Mandanten überprüft wurden. Die Geschichte klingt zwar äußerst unglaubwürdig. Es handelt sich jedoch um Tatsachen.

Mir ist auch klar, daß sich die Verwaltungsbehörden Ihres Landes nicht von einem Straßenverkehrsamt in der Bundesre-publik vorschreiben lassen, wie sie ihre Arbeiten zu erledigen haben. Gleichwohl möchte ich Sie bitten, mir und meinem Mandanten dabei behilflich zu sein, einen Nachweis zu bekommen, daß bei der Ausstellung des Führerscheins für meinen Mandanten die Ursprungsführerscheinakten überprüft wurden." (Brief des Anwalts von Herrn Cumric vom 26. 10. 1995)

Der Termin vor dem Verwaltungsgericht rückte nun zuse-hends näher. In seiner Begründung zur Klageabweisung führte das Straßenverkehrsamt noch einmal aus, daß „begründete Zweifel an der Echtheit des Führerscheins" beständen. Der neu ausgestellte Führerschein könne nicht akzeptiert werden, da er erst „nach Begründung des ständigen Aufenthalts in Deutschland ausgestellt" worden sei:

„Außerdem kann er nicht als nachvollziehbarer Beweis der Erteilung der ursprünglichen Fahrerlaubnis angesehen werden, da dem Straßenverkehrsamt aus anderen Fällen bekannt ist, daß die dortigen Behörden z.B. bei einer Ersatzausstellung ei-nes Führerscheins nicht die Erteilung der Fahrerlaubnis bzw. die Führerscheindaten bei der ausstellenden Behörde überprü-fen." (Schreiben des Straßenverkehrsamtes vom 24. 11. 1995)

An der Beurteilung der Rechtslage durch das Straßen-verkehrsamt Hagen änderte auch eine neue Bescheinigung der bosnischen Botschaft nichts (20. 3. 1996). Auch das Innen-ministerium meldete sich noch einmal vergeblich zu Wort, dieses Mal mit Originalstempeln, Unterschriften und Bekannt-gabe der Verwaltungsgebühr (7. 6. 1996).

Am 30. 5. 1996 – nahezu drei Jahre nach Antragstellung auf Umschreibung eines Führerscheins – kam es zum Verfahren vor dem Verwaltungsgericht Arnsberg. Dieses endete mit folgendem Ergebnis:

„Es soll Beweis darüber erhoben werden, ob es sich bei dem vom Kläger vorgelegten jugoslawischen Nationalführerschein – BH 00673535, ausgestellt am 11. September 1989 – um ein echtes Dokument handelt, durch Einholung eines Sachverständigengutachtens, das vom Landeskriminalamt Bayern erstellt werden soll." (Beschluß des Verwaltungsgerichtes Arnsberg vom 19. 9. 1996)

Abgesehen von der offensichtlichen Unsinnigkeit einer nochmaligen Überprüfung des Führerscheins, bestand nun das größte Problem darin, den bosnischen Behörden klar zu machen, daß das Original des alten Führerscheins (das nach Ausstellen einer neuen Bescheinigung zur Archivierung in Bosnien verblieben war) noch einmal für eine Überprüfung in Deutschland gebraucht werde. Nach einigem Hin und Her traf das so bedeutend gewordene Dokument zur amtlichen Überprüfung in Deutschland ein. Das Gutachten des Bayerischen Landeskriminalamtes belegte eindeutig und endgültig die Echtheit des mittlerweile längst ungültigen Führerscheins. Es wurde am 7. 10. 1996 in München erstellt.

Am 23. 10. 1996 erhielt Herr Cumric ein letztes Mal Nachricht vom Straßenverkehrsamt der Stadt Hagen:

„Sehr geehrter Herr Cumric,

das Gutachten des bayerischen Landeskriminalamtes liegt mir vor. Es bestehen nun keine Bedenken mehr, Ihnen den deutschen Führerschein auszuhändigen."

19. Die unnötige Straßenumbenennung

Vermessungs- und Katasteramt Köln, Bezirksamt Lindenthal
der Stadt Köln und Bezirksvertretung Lindenthal

Bereits bei der Aufzählung der hier verantwortlichen Amts-
stellen wird dem aufmerksamen Leser ein wesentlicher Unterschied zu allen anderen beschriebenen Fällen aufgefallen sein:
Bei der Bezirksvertretung Lindenthal handelt es sich gar nicht
um eine Behörde, sondern vielmehr um ein politisches Gremium eines Kölner Stadtteils. Dennoch wurde der Fall in die
vorliegende Sammlung einbezogen. Dies hat zwei Gründe:
Zum einen ist das eigentlich verantwortliche und initiierende
Organ das Katasteramt Köln in Zusammenarbeit mit dem zuständigen Bezirksamt. Zum anderen schien es durchaus sinn-
voll und „gerecht" zu sein, an einem konkreten Beispiel zu
zeigen, daß politische Gremien bei Verwaltungsakten, die die
Interessen der betroffenen Bürger überhaupt nicht zur Kenntnis nehmen, durchaus kooperativ beteiligt sein können . . .
1969 errichtete die Familie Kullmann im Außenbereich der
Stadt Köln ein Einfamilienhaus. Der Stadtteil Weiden hatte
zwar zu dieser Zeit seine dörfliche Vergangenheit bereits ab-
gestreift, Überreste der früheren bäuerlichen Lebensweise
existierten aber noch immer. Zwischen historische Gebäude
wurden neue gebaut, viele alte Häuser verfielen jedoch und
wurden durch Neubauten ersetzt. Dieses Schicksal traf auch
den geschichtsträchtigen „Engelshof" in der Gertraudstraße –
er mußte in den späten achtziger Jahren fünf Reihenhäusern
weichen. Da auch diese zwischen bereits bestehenden Häusern
neuerrichtet wurden, erhielten sie die Hausnummern 1c–1g.
Dabei unterlief allerdings dem bearbeitenden Beamten des
Vermessungs- und Katasteramtes ein Fehler: Die Hausnummer
1c war in der Gertraudstraße bereits vergeben! Dieser Um-

stand störte die Bewohner der Straße allerdings nicht – bis auf eine Familie, deren Haus die alte 1 c trug ... Fünf Jahre lang war hiervon jedoch nichts bekannt, die Anlieger, die Besucher und die Briefträger konnten mit der doppelt auftretenden Hausnummer recht gut leben.

Am 26. 11. 1992 entnahmen die Bewohner der Gertraudstraße einer amtlichen Pressemitteilung, daß die Bezirksvertretung des Stadtbezirks 3 in ihrer Sitzung am 16. 11. 1992 auf Vorlage des Katasteramtes beschlossen hatte, einen Teil der Gertraudstraße an die benachbarte Schluchtstraße anzugliedern – im Ergebnis also umzubenennen – und neue Hausnummern zu vergeben.

Die Betroffenen konnten kaum glauben, daß die Bezirksvertretung eine Entscheidung derartiger Reichweite ohne ihr Wissen vorgenommen haben sollte. Nach mehreren kurzen Briefwechseln formulierten sie folgenden von einer Anliegerin unterschriebenen Beschwerdebrief an den Beschwerdeausschuß der Stadt Köln:

„Nach telefonischer Rücksprache mit Herrn Frick, dem Bezirksvorsteher des Stadtbezirks 3, erfuhr ich heute, daß die ganze Angelegenheit aufgrund der Tatsache initiiert wurde, daß es seit dem Bezug der neu erbauten Reihenhäuser im April 1991 in der Gertraudstraße *zweimal die Hausnummer 1c gibt.*

Diese Tatsache kann doch wohl nicht ernsthaft der Grund dafür sein, daß ein ganzer Straßenzug mit all den damit verbundenen kostenintensiven, zeitraubenden Folgen für die betroffenen Anlieger umbenannt werden muß oder soll, wenn das entstandene Problem lediglich durch das Auswechseln *eines* Buchstabens – statt c bietet sich das h an – behoben werden kann.

Ich bitte im Namen der *gesamten Anlieger* (also 100%!) des fraglichen Teilstücks der Gertraudstraße, von diesem unfaßbaren Vorhaben Abstand zu nehmen und in *unserem* Sinne zu verfahren! (...)

Ergänzend möchte ich aber – auch im Namen sämtlicher Nachbarn – meine Verwunderung darüber ausdrücken, daß ohne jede Rücksprache mit uns betroffenen Bürgern über un sere Köpfe hinweg Entscheidungen von solcher Wichtigkeit getroffen werden!" (Brief einer Anliegerin vom 17. 2. 1993)

Offiziell legte Herr Kullmann Widerspruch gegen den Beschluß der Bezirksvertretung ein und erhielt bereits am 10. 3. 1993 Antwort vom zuständigen Vermessungs- und Katasteramt der Stadt Köln:

„Der Beschluß der Bezirksvertretung 3 vom 16.11. 1992 ist rechtmäßig. (. . .)

Eine vorherige Anhörung der Anlieger der Gertraudstraße war nicht erforderlich. Nach § 28 Absatz 2 Nr. 4 VwVfG NW kann beim Erlaß einer Allgemeinverfügung auf eine Anhörung verzichtet werden. Die Umbenennung der Gertraudstraße erfolgte in Form einer Allgemeinverfügung. Das Unterlassen der Anhörung stellt keinen Ermessensfehler der Bezirksvertretung 3 dar."

Nach dem Hinweis auf die ohnehin bestehende Unübersichtlichkeit der Straßenführung, die durch die Angliederung eines Teils der Gertraudstraße an die benachbarte Schluchtstraße ebenfalls behoben werde, schloß das Vermessungs- und Katasteramt der Stadt Köln:

„Die Verbesserung der Orientierungsmöglichkeit steht schon deshalb nicht außer Verhältnis zu den Kosten der Anwohner, weil wegen der Änderung der Postleitzahlen gar keine zusätzlichen Kosten durch die Umbenennung verursacht werden. Selbst wenn solche entstehen sollten, ist die Schaffung klarer Verkehrsverhältnisse im Dienste der Allgemeinheit grundsätzlich höher zu bewerten als ein mögliches finanzielles Opfer einzelner Straßenanlieger." (Widerspruchsbescheid des Vermessungs- und Katasteramtes der Stadt Köln vom 10. 3. 1993)

Herr Kullmann reichte daraufhin Klage beim Verwaltungsgericht ein und begründete diese unter anderem damit, daß mit dem Beschluß in die Eigentums- und Persönlichkeitsrechte der Anlieger eingegriffen werde und somit eine „Anhörung der Straßenanlieger" hätte erfolgen müssen. Er könne weiterhin nicht einsehen, warum die Anlieger für die Beseitigung eines Fehlers – nämlich der doppelten Vergabe einer Hausnummer –

verantwortlich gemacht werden sollten. Im übrigen ließe sich dieser Irrtum kostengünstig aus der Welt schaffen: „Dazu müßte lediglich eine der doppelt vergebenen Hausnummern mit einem anderen Buchstaben versehen werden." (Begründung der Klageschrift von Herrn Kullmann vom 28. 4. 1993)

In der mündlichen Verhandlung des Verwaltungsgerichtes vom 26. 5. 1994 wies der Vorsitzende Richter darauf hin, „daß die Klage mit Blick auf die obergerichtliche Rechtssprechung keine Aussicht auf Erfolg haben dürfte; eine Änderung des Beschlusses der Bezirksvertretung sei allenfalls durch das Gremium selbst möglich." (Beschluß des Verwaltungsgerichtes Köln vom 26. 5. 1994)

Unverhofft – vielleicht auch aufgrund der mittlerweile am Fall interessierten Medien – erhielten die Anlieger der Gertraudstraße nun Schützenhilfe von der SPD. In einem Dringlichkeitsantrag setzte sie die Einbeziehung des Tagesordnungspunktes „Umbenennung der Gertraudstraße" auf der folgenden Sitzung der Bezirksvertretung 3 durch:

„Die SPD-Fraktion bittet die Bezirksvertretung, ihren Beschluß vom 16. 11. 1992 (...) zurückzunehmen. Gleichzeitig sollte die Verwaltung gebeten werden, die doppelt vergebene Hausnummer 1c durch eine andere Hausnummer zu ersetzen.

Die Anwohner der Gertraudstraße sehen einfach nicht ein, daß durch einen Fehler der Verwaltung Ihnen erhebliche Kosten durch die Umbenennung der Straße entstehen sollen." (Dringlichkeitsantrag der SPD vom 12. 7. 1994)

Daß auch die SPD zwei Jahre zuvor dem Vorschlag der Verwaltung zur Umbenennung der Straße ihre Zustimmung gegeben hatte, wird aus diesem Antrag nicht ersichtlich. Das späte Umdenken der SPD brachte jedoch auch keine Wende zugunsten der betroffenen Anwohner mehr: In der Sitzung der Bezirksvertretung vom 18. 8. 1994 wurde mehrheitlich die Umbenennung der Gertraudstraße in Schluchtstraße bestätigt.

20. Die verspäteten Anliegergebühren

Amt für Stadterneuerung, Liegenschafts- und Wohnungswesen
Essen

Im Jahre 1986 erwarb Herr Steinert am Stadtrand von Essen
ein altes Einfamilienhaus, das er im Laufe der folgenden drei
Jahre renovierte und dann bezog. Aufgrund der Bauweise – es
handelte sich um ein auf Bruchsteinfundament aufgemauertes
massives Backsteinhaus mit Fachwerkwänden im Innenbereich
– ließ sich die Entstehung des Hauses auf etwa 1860 datieren.
Da zu dieser Zeit noch niemand an Automobilverkehr dachte
und die Siedlung zur Erbauungszeit wahrscheinlich wenig fre-
quentiert war, konnten auf dem Siedlungsweg allenfalls zwei
Kutschen aneinander vorbeifahren. An eine Verbreiterung war
auch in späterer Zeit nicht zu denken.

Als die Straße in den fünfziger Jahren dieses Jahrhunderts
einen neuen Belag erhielt, wurde sinnvollerweise gleichzeitig
die Kanalisation erneuert; das Bild einer schmucken wieder
instandgesetzten Straße rundeten die im Zuge der Baumaßnahme installierten Straßenlaternen ab. Der einzige Wermuts-
tropfen waren die fehlenden Bürgersteige – für diese blieb aber
tatsächlich kein Platz mehr, sollte die Straße für den Autover-
kehr zugänglich bleiben. Die Baumaßnahmen wurden im Jahre
1955 – dies war zufällig das Geburtsjahr von Herrn Steinert –
abgeschlossen.

Am 15. 9. 1993 erhielt Herr Steinert Post vom Amt für
Stadterneuerung, Liegenschafts- und Wohnungswesen der
Stadt Essen. Aus dem vierseitigen Bescheid ohne Anschreiben
wurde er nicht so recht schlau. Nach mehrmaligem Studium
der Formblätter kam er zum Schluß, daß die Stadt Essen
451 DM für den Ausbau der mittlerweile recht maroden Straße
vor seinem Haus von ihm forderte – allerdings nicht für ei-

ne nun vorgesehene Renovierung, sondern vielmehr für die 1955 erfolgte Baumaßnahme! Im „Heranziehungsbescheid zum Erschließungsbeitrag nach dem Baugesetzbuch" wurden unter „beitragsfähigem Aufwand" folgende Maßnahmen aufgeführt:

Herst.zeitraum

Fahrbahn	1955	4 638,00
Entwässerung	1955	2 049,00
Beleuchtung	1955	539,00

(Heranziehungsbescheid der Stadt Essen vom 15. 9. 1993)

Ohne Zweifel wollte die Stadt Essen also von ihm nach 38 Jahren den anteiligen Erschließungsbeitrag für die Straßenerneuerung im Jahre 1955 kassieren. Wie Herr Steinert noch am selben Tag vernahm, hatten seine Nachbarn gleichlautende Bescheide erhalten, wobei der jeweilige Betrag nach Grundstücks- und Hausgröße differierte.

Um dieses offenbare Mißverständnis zu klären, rief Herr Steinert beim zuständigen Amt an; noch heute kann er sich lebhaft an das damals geführte Gespräch erinnern: „Der hat mich so mit unverständlichen Gesetzestexten eingedeckt, daß ich gar nichts mehr verstanden habe. Irgendwann habe ich nicht mehr zugehört und mich dann bedankt und aufgelegt." Von den in bestem Amtsdeutsch abgegebenen Erklärungen ließ sich jedoch Herr Steinert nicht beeindrucken – er legte Widerspruch gegen den Bescheid ein, zeigte sich aber kompromißbereit:

„Hiermit erhebe ich Widerspruch zu o.g. Bescheid.

Daß die Stadt Essen, wie die NRZ vom 6. 9. 93 berichtete, bis zum 8. 12. 93 ihre Lücke von 226 Millionen ausgleichen muß, ist nicht meine Schuld, und ein Gebührenbescheid, der als Grundlage Arbeiten anführt, die 38 Jahre zurückliegen, kann nicht richtig sein.

Als die Arbeiten ausgeführt wurden, war ich wahrscheinlich noch gar nicht geboren. Seit 1986 bin ich Besitzer des Hauses. Mit einer anteiligen Kostenübernahme bin ich einverstanden. (451 DM : 38 · 8 Jahre = 94,95 DM)" (Widerspruch von Herrn Steinert vom 6. 10. 1993)

Nachdem Herr Steinert nahezu ein Jahr lang nichts vom Amt für Stadterneuerung, Liegenschafts- und Wohnungswesen gehört hatte, erhielt er dann doch noch den Widerspruchsbescheid der Stadt Essen:

„*Widerspruchsbescheid*

Der Widerspruch wird zurückgewiesen.

Begründung:

In seiner Sitzung vom 25. 1. 1989 hat der Rat der Stadt für die Straßen (...) eine Abschnittsbildung im Sinne des § 130 Abs. 2 BauGB beschlossen und gleichzeitig für diesen Abschnitt eine Kostenspaltung gemäß § 127 Abs. 3 BauGB, in Verbindung mit § 7 der Satzung der Stadt Essen über die Erhebung von Erschließungsbeiträgen angeordnet. Mit Veröffentlichung der Abschnittsbildung und der Kostenspaltung im Amtsblatt der Stadt Essen Nr. 7 vom 17. 2. 1989 entstand die sachliche Erschließungspflicht nach den Vorschriften des Baugesetzbuches.“

Nachdem Herr Steinert diesen Absatz, der offenbar wichtig war, wiederum nicht zu deuten vermochte, brachte die weitere Begründung des Widerspruchsbescheides dann allmählich Klarheit hinsichtlich der Argumentation der Stadtverwaltung:

„Bei der Straße handelt es sich auch heute noch um eine insgesamt gesehen unfertige Erschließungsanlage, da z.B. die Teilanlage Gehweg auch heute noch nicht in allen Bereichen so hergestellt ist, wie es die im § 8 der Erschließungsbeitragssatzung enthaltenen Merkmale der endgültigen Herstellung zwingend vorschreibt. Um jedoch den bereits in den Teilanlagen Fahrbahn, Straßenentwässerung und Beleuchtung satzungsgemäß hergestellten Teilbereich (...) abrechnen zu können, hat der Rat der Stadt in seiner Sitzung vom 25. 1. 1989 (...) eine Kostenspaltung beschlossen.“ (Widerspruchsbescheid der Stadt Essen vom 8. 7. 1994)

Herr Steinert hatte verstanden: Die Stadt begründete die Forderung für die verspäteten Erschließungsbeiträge, indem sie kurzerhand die Baumaßnahmen des Jahres 1955 für noch nicht abgeschlossen erklärte; sie kassierte sozusagen vorab einen

Teilbetrag für die bereits abgeschlossenen Maßnahmen, während die endgültige Erschließung danach noch bevorstand. Herr Steinert schaute aus dem Fenster auf die inzwischen von Teerflicken und Schlaglöchern übersäte Straße, betrachtete die nicht mehr ganz modernen Straßenlaternen und fragte sich, wo denn dort unten noch ein Bürgersteig Platz finden sollte. Er kam zum Ergebnis, daß dort nicht die Vollendung einer alten Baumaßnahme, sondern mittlerweile bereits längst wieder eine vollständige Neubaumaßnahme fällig war. Dennoch überwies Herr Steinert den fälligen Betrag, weil dieser nicht im Verhältnis zu den Kosten und dem Ärger stand, den er bei Aufrechterhaltung des Widerspruchs auf sich zukommen sah.

Wenig später traf er einen Bekannten aus einer Nachbarstraße, der den gleichen Bescheid erhalten hatte. Der geforderte Betrag war bei ihm jedoch aufgrund des wesentlich größeren Grundstückes deutlich höher. Der Bekannte erklärte ihm, daß er ebenfalls Widerspruch eingereicht habe. Er hatte jedoch zuvor Rat bei einem befreundeten Beamten der Stadtverwaltung eingeholt (!) – dieser verwies ihn dann auf das Kommunalabgabengesetz der Stadt aus dem Jahr 1980, in dem es hieß:

„Die Beitragspflicht entsteht, sobald das Grundstück an die Abwasseranlage angeschlossen werden kann."

Daraufhin hatte er seinen Widerspruch so begründet:

„Zum Zeitpunkt der Kanalarbeiten war die Firma Heinze Eigentümer des Hauses und Grundstücks.

Ich verweise auf das Kommunalabgabengesetz vom 2. 7. 1980, § 2, Abs. 1.

Sie hätten nach Abschluß der Kanalarbeiten diesen Bescheid an die Firma Heinze richten müssen.

Mit freundlichen Grüßen"

Der Bekannte von Herrn Steinert hörte daraufhin nie wieder etwas von der Essener Stadtverwaltung!

21. Der vergessene Beiname

Standesamt Braunschweig

Noch zu Beginn unseres Jahrhunderts war es vor allem auf den Dörfern üblich, den eigentlichen Familiennamen mit einem Zusatz zu versehen. Dies konnte unterschiedliche Ursachen haben. In vielen Fällen war es so, daß im Laufe der Zeit aus Gründen, die hier nicht diskutiert werden müssen, einige wenige Familiennamen zunehmend häufiger vorkamen; damit war eine Unterscheidung nur noch sehr schwer möglich. Um diesem Dilemma zu entgehen, versah man die im Dorf am häufigsten auftretenden Namen mit einem Zusatz. So hieß dann der Voß auf der Ecke „Voß genannt Eckenvoß". In manchen Gegenden galt der Beiname auch dem ehemaligen Hofbesitzer oder bezog sich auf den über die Zeiten gültigen Hofnamen. Wie auch immer – derartige Traditionen verloren vor dem Hintergrund des dörflichen Strukturwandels und zunehmender Mobilität allmählich ihre Bedeutung – die alten Beinamen wurden einfach fallengelassen und lebten allenfalls noch in der mündlichen Überlieferung weiter.

Zwar war Frau Hoppe irgendwann einmal in einer Geburtsurkunde ihres Mannes auf den Namen „Hoppe genannt Bergfreud" gestoßen. Ihren Mann hatte sie aber schlicht und einfach als Herrn Hoppe kennengelernt. Auch bei ihrer Heirat in den fünfziger Jahren wurde dieser Name ohne jede Beanstandung in die Heiratsurkunde eingetragen. Seitdem war viel Zeit vergangen: Nachdem sie sich bereits in den siebziger Jahren voneinander getrennt hatten, war Frau Hoppe nun über den Tod ihres Ex-Mannes in Kenntnis gesetzt worden.

Als wenig später eine Mitarbeiterin des Braunschweiger Standesamtes bei ihr anrief, wunderte sie sich nicht schlecht, als die Beamtin sie darauf hinwies, daß sie einen falschen Namen trage. Da ihr richtiger Name „Hoppe genannt Bergfreud" laute, müßten ihre Papiere in dieser Hinsicht geändert werden. Frau Hoppe erinnert sich heute noch daran, daß sie „das alles für einen schlechten Scherz" gehalten habe. Als ihre Gesprächspartnerin sie dann noch darauf aufmerksam machte, daß die Eintragungsänderungen kostenpflichtig seien, lautete ihre Antwort kurz und knapp: „Wenn hier was kostenpflichtig geändert werden soll, dann soll doch die Stadt dafür bezahlen."

Einige Wochen nach dem denkwürdigen Gespräch erhielt Frau Hoppe einen noch denkwürdigeren Brief vom Ordnungsamt der Stadt Braunschweig:

„Sehr geehrte Frau Hoppe genannt Bergfreud,

aufgrund einer Mitteilung unseres Standesamtes wurde bekannt, daß der Heiratseintrag Nr. 1254/1956 dahingehend berichtigt wurde, daß der Familienname ‚Hoppe genannt Bergfreud' lautet. Da in unserem Melderegister Ihr Familienname nur mit ‚Hoppe' gespeichert war, wurden die vorgenannten Ausweise nur mit diesem Familiennamen ausgestellt.

Da jedoch Ihr Familienname ‚Hoppe genannt Bergfreud' lautet, haben wir unsere Meldeunterlagen dahingehend berichtigt.

Gemäß § 11 Abs. 2 des Paßgesetzes vom 30. 4. 1986 (BGBl. I Nr. 17/1986 S. 537) – in der zur Zeit geltenden Fassung – ist ein Paß ungültig, wenn Eintragungen in dem Paß unzutreffend sind. Da dieser Paß auf den Familiennamen ‚Hoppe' lautet, Ihr Familienname jedoch ‚Hoppe genannt Bergfreud' lautet, ist dieser Paß ungültig. Gemäß § 12 des vorgenannten Paßgesetzes kann ein nach § 11 ungültig gewordener Paß eingezogen werden.

Hiermit ordnen wir die Einziehung dieses Passes an.

Gemäß § 6 Nr. 5 des Gesetzes über Personalausweise vom 21. 4. 1986 (BGBl. I S. 548) – in der zur Zeit gültigen Fassung – ist ein Ausweis ungültig, wenn Eintragungen unzutreffend sind. Gemäß § 8 dieses vorgenannten Gesetzes kann ein Ausweis, der ungültig ist, von der zuständigen Ausweisbehörde eingezogen werden.

Hiermit ordnen wir die Einziehung des Bundespersonal-ausweises an.

Der Reisepaß und der Bundespersonalausweis sind bis zum *10. 11. 1992* abzugeben." (Schreiben des Ordnungsamtes der Stadt Braunschweig vom 8. 10. 1992)

Über die Art und Weise des Vorgehens war Frau Hoppe so erbost, die Widersinnigkeit des nun in Gang geleiteten Verfahrens fand sie so unglaublich, daß sie sich diesem Akt von Willkür keinesfalls beugen wollte. Handschriftlich legte Frau Hoppe am 18. 10. 1992 Widerspruch gegen den Bescheid ein:

„Hiermit teile ich Ihnen mit, daß ich *nicht* gewillt bin, den Namen Hoppe genannt Bergfreud zu tragen. Leider wurde in Ihrem Schreiben schon dieser Name angegeben, obwohl einer Änderung meinerseits nicht zugestimmt wurde. Außerdem haben Sie in Ihrem Schreiben nicht erwähnt, daß ich die Möglichkeit habe, auf Antrag natürlich, den Namen Bergfreud in den Akten löschen zu lassen, bevor Ausweis und Paß eingezogen werden. Ich kann mir nicht denken, daß amtlicherseits zuerst Ausweispapiere eingezogen werden, um den angeblich richtigen Namen einzutragen, um dann nach offiziell vorgenommener Namensänderung wieder zurückgeändert zu werden.

Ich hoffe, daß Sie mir diesbezüglich eine befriedigende Antwort zukommen lassen, und ich möchte bisher noch nicht mit Hoppe genannt Bergfreud angeschrieben werden." (Brief von Frau Hoppe vom 18. 10. 1992)

Der Widerspruch wurde auf dem amtlichen Weg an die Bezirksregierung Braunschweig weitergeleitet; diese nahm auf dem Umschlag des „per Postzustellungsurkunde" zugestellten Schreibens das Ergebnis ihrer Überprüfung bereits vorweg: Dort fiel sofort folgende Anschrift ins Auge: „Frau Hoppe genannt Bergfreud"! Das Anschreiben enthielt den Widerspruchsbescheid, der das Vorgehen der Stadtverwaltung Braunschweig auf ganzer Linie guthieß:

„Ein nach § 11 ungültiger Paß kann nach § 12 Paßgesetz eingezogen werden. Durch diese Vorschrift wird der jeweils zuständigen Paßbehörde ein Ermessen eingeräumt, welches sie in pflichtgemäßer Art und Weise auszuüben hat. Steht jedoch rechtlich zweifelsfrei die Ungültigkeit eines Passes außer Frage, so beschränkt sich die vorzunehmende Ermessensausübung auf die Prüfung, ob durch ein Belassen des Passes ein Mißbrauch zu besorgen oder gar die Funktion des Passes als Grenzübertritts-, Identitäts- und Legitimationspapier beeinträchtigt ist. (...) Die Anordnung der Einziehung des Reisepasses (und des Personalausweises) erging daher ermessensfehlerfrei, so daß Ihr Widerspruch vom 18. 10. 1992 gegen die Anordnung der Einziehung des Reisepasses als unbegründet zurückzuweisen war." (Widerspruchsentscheid der Bezirksregierung Braunschweig vom 3. 1. 1993)

Diese Entscheidung wollte Frau Hoppe nicht hinnehmen – sie erhob Klage beim Verwaltungsgericht.

In ihrem im Vorfeld des Verfahrens eingereichten Antrag zur Klageabweisung schlug die Stadt Braunschweig zuerst vor, die Streitsache Hoppe/Stadt Braunschweig umzubenennen:

„Vorab regen wir eine Berichtigung des Aktivrubrums an. Der Name der Klägerin lautet Hoppe genannt Bergfreud."

Nach nochmaliger Beschreibung ihres Standpunktes und der Rechtslage endet die Begründung folgendermaßen:

„Nach Namensänderung wird die Beklagte der Klägerin einen entsprechenden Personalausweis und Reisepaß ausstellen. Dies entbindet die Klägerin jedoch nicht von der Verpflichtung, die Ausweispapiere zunächst herauszugeben." (Antrag zur Klageabweisung der Stadt Braunschweig vom 1. 3. 1993)

In Erwiderung auf die handschriftliche Klagebegründung der Klägerin wies die Stadt noch einmal ausdrücklich darauf hin, daß die Klägerin verpflichtet sei, „die Ausweispapiere, die unzutreffende Angaben enthalten, herauszugeben. (...) Im übrigen geht die Klägerin möglicherweise infolge eines Mißverständnisses davon aus, daß die Beklagte sie ‚zu einer Namensänderung zwingen will'. Daß dies selbstverständlich nicht der Fall ist, ergibt sich bereits aus dem Schriftsatz vom 1. 3. 1993, mit dem wir auf die Möglichkeit, eine Namensänderung zu beantragen, ausdrücklich hingewiesen haben." (Schreiben der Stadt Braunschweig vom 11. 5. 1993)

Die Hoffnung, die Frau Hoppe in die Entscheidung des Verwaltungsgerichtes setzte, stellte sich als trügerisch heraus, das Gericht wies die Klage unter anderem mit folgender Begründung zurück:

„Die Befugnis zur Einziehung des Passes ist schließlich auch trotz des erheblichen Zeitablaufs nicht verwirkt. (...) Das Interesse der Allgemeinheit orientiert sich insbesondere daran, daß Mißbrauch aufgrund falscher Ausweise vorgebeugt und deren Funktion als Identitätspapier nicht beeinträchtigt wird. Ansonsten wäre der Sinn und Zweck von Ausweispapieren in Frage gestellt. Der Paß der Klägerin ist somit rechtmäßig eingezogen worden." (Urteil des Verwaltungsgerichtes Braunschweig vom 10. 8. 1993)

Frau Hoppe war fassungslos über diese rein theoretischen Erwägungen, die das Interesse der Allgemeinheit in den Mittelpunkt stellten und die Möglichkeit des Mißbrauchs erörterten, ohne den vorliegenden Fall zum Maß der Dinge zu machen. Die Betroffene fühlte sich wie eine an den Pranger gestellte Straftäterin, dabei ging es doch nur um die vom Amt betriebene Wiedereinführung eines Namenszusatzes, der längst – wahrscheinlich mit Zustimmung der Verwaltung – abgelegt worden war. Niemand in der weitläufigen Familie nannte sich Hoppe genannt Bergfreud!

Obgleich das Verfahren allmählich ihre finanziellen Möglichkeiten überforderte, nahm sich Frau Hoppe nun einen Anwalt. Der reichte Klage beim Oberverwaltungsgericht in Lüneburg ein. In seiner Klagebegründung verwies er darauf, daß auch bei allen Verwandten der Namenszusatz nicht mehr existiere; dies lege doch wohl entsprechende Anordnungen und bewußtes behördliches Tun nahe. In jedem Fall aber hätte die Einziehung des Passes nicht angeordnet werden müssen. Schließlich ginge es nicht um einen vollständig anderen Namen, sondern lediglich um das Weglassen eines Namenszusatzes. Da also lediglich der Beiname Bergfreud fehle, könne „die Klägerin auch weiterhin ohne Schwierigkeiten identifiziert werden. (...) Zusammmenfassend ist zu sagen, daß es einfach nicht angehen kann, daß die Berufungsklägerin aufgrund eines eindeutig bei den Behörden liegenden Verschuldens mit verwaltungsrechtlichen Maßnahmen belastet wird." (Klagebegründung des Anwalts vom 23. 11. 1993)

Erst die abschließende Gerichtsverhandlung vor dem Oberverwaltungsgericht Lüneburg machte dem Spuk nach nunmehr zwei Jahren ein Ende. Dort wurde folgender Vergleich geschlossen:

„1. Die Klägerin wird bei der zuständigen Behörde einen Antrag auf Namensänderung stellen. Die Beklagte wird diesen Antrag befürworten. Die Beteiligten gehen dabei davon aus, daß für die Namensänderung allenfalls eine Gebühr nahe der gesetzlichen Mindestgebühr oder nur eine Erstattung der Auslagen in Betracht kommt.

2. Die Beklagte wird bis zur Durchführung der Namensänderung von der Einziehung der Ausweispapiere absehen." (Abschrift der öffentlichen Sitzung des Oberverwaltungsgerichtes Lüneburg vom 18. 5. 1994)

In einem Brief an den Autor dieses Buches schrieb Frau Hoppe, nachdem sie zuvor auf die für sie erheblichen Kosten hingewiesen hatte:

„Jetzt werden alle anderen Familienmitglieder, auch meine Töchter, die inzwischen ja einen anderen Namen führen, mit den gleichen Forderungen belegt, ebenfalls ein Großsohn, der den Namen Hoppe trägt. Ich mußte dieses alles einmal jemandem mitteilen, der dieser Sache völlig neutral und unbefangen gegenübersteht – ob nur meine Familie und ich den Amtsschimmel wiehern hören?" (Brief von Frau Hoppe vom 24. 7. 1995)

In einem Telefongespräch brachte Frau Hoppe dann noch einmal ihre ganze Betroffenheit über den vom Amt so unnötig verursachten Streit zum Ausdruck: „Das kann doch keiner begreifen, ich habe doch nie Hoppe genannt Bergfreud geheißen. Wenn ich überlege, was ich für schlaflose Nächte hatte, und wie nervös ich war, jedesmal, wenn ein Brief eintraf..."

22. Die nicht gewährte Schafprämie

Bezirksregierung Weser-Ems Oldenburg

Seit vielen Jahren hielt der Schrankenwärter Erwin Hornkohl eine kleine Schafherde, der er einen großen Teil seiner Freizeit widmete. Vielleicht war sie wichtiger Ausgleich zum Arbeitsalltag, vielleicht war sie auch der Überrest eines bäuerlichen Erbes – immerhin hatten die Eltern von Herrn Hornkohl ihre Landwirtschaft noch im Nebenerwerb betrieben.

Im kleinen Ort Salberg nahe der holländischen Grenze hatte Herr Hornkohl mehrere Wiesen gepachtet, auf denen fast das ganze Jahr über neunzehn Mutterschafe mit ihrem Nachwuchs grasten. Die Zahl neunzehn spielte dabei eine ganz erhebliche Rolle, denn exakt diese Anzahl Schafe hatte der Besitzer bei der zuständigen Bezirksregierung Weser-Ems als Zuchttiere angegeben. Dafür waren ihm neunzehn Schafsquoten zugesprochen worden, für die er jährlich eine Subvention von der Europäischen Gemeinschaft erhielt. Der Rhythmus war dabei in jedem Jahr wieder gleich: Bis zum 31. Januar mußte der Antrag gestellt werden, nach Ablauf des „Verpflichtungszeitraumes" am 10. Mai, in dem die angegebene Anzahl der Schafe nicht unterschritten werden durfte, wurde die „Schafsprämie" ausgezahlt.

Am 3. 5. 1992 – also eine Woche vor Ablauf dieses Zeitraumes – fuhr ein Bekannter von Herrn Hornkohl bei ihm vor und erinnerte ihn daran, daß er ihm ein Mutterschaf versprochen habe. Obgleich der Bekannte kein Geld dabei hatte, wollte er das Tier unbedingt gleich mitnehmen, weil ihm nur an diesem Tag ein entsprechender Anhänger zur Verfügung stand. Die spätere Zahlung stellte für Herrn Hornkohl kein Problem dar – immerhin war sein Bekannter von Beruf Kriminalbeamter. Unwohl war ihm vielmehr, weil der für die Prämie relevante Zeitraum noch nicht ganz abgelaufen war. Am Ende gab er dem Drängen des Bekannten nach – in all den Jahren zuvor war er noch nie kontrolliert worden – warum sollte ausgerechnet jetzt, kurz vor Ablauf der Frist, ein Mitarbeiter der Bezirksregierung die Anzahl seiner Mutterschafe überprüfen?

Am Tag darauf klingelte es nachmittags an der Haustür der Familie Hornkohl. Nachdem Herr Hornkohl selbst geöffnet hatte, stellte sich ein Herr aus Lingen als Beamter der Bezirksregierung Weser-Ems vor. Er habe den Auftrag, die hier gemeldete Schafhaltung auf Übereinstimmung mit dem vorliegenden Antrag zu überprüfen.

Der Kontrolleur zeigte sich nach der Ortsbegehung nicht kompromißbereit; auf den Vorschlag von Herrn Hornkohl, das gerade verkaufte Schaf „eben wiederzuholen", wollte er sich keinesfalls einlassen. Auch, daß es noch gar nicht bezahlt sei, interessierte ihn nicht. Außerdem machte er den Schafhalter sofort darauf aufmerksam, daß ihm Ärger ins Haus stehe: „Die Prämie können Sie sich sowieso abschreiben. Aber Sie können sich ja einen Rechtsanwalt nehmen."

Das tat Herr Hornkohl dann wohl oder übel auch, nachdem er den Bescheid der Bezirksregierung in Händen hielt:

BESCHEID

„Sehr geehrter Herr Hornkohl!

Ihren Antrag vom 19. 1. 1992 auf Gewährung einer Prämie zugunsten der Schaffleischerzeuger für das Wirtschaftsjahr 1992 lehne ich hiermit ab. (. . .)

Am 04. 05. 1992 hat ein Prüfer meiner Behörde bei einer Überprüfung festgestellt, daß nur 18 Schafe von Ihnen gehalten wurden.

Lt. Ihrer Auskunft haben Sie ein Tier am 03. 05. 1992 verkauft.

Somit haben Sie die Verpflichtung, Ihren Bestand in dem Verpflichtungszeitraum nicht zu verringern, nicht eingehalten.

Eine Prämie für den Restbestand kann Ihnen auch nicht gewährt werden, da der Verkauf von zur Prämie angemeldeten Schafen nicht einem natürlichen Umstand im Leben eines Bestandes zuzuordnen ist. Es handelt sich hierbei um eine willkürliche Verringerung Ihres Bestandes.

Gleiches gilt für die Sonderbeihilfe für Erzeuger in benachteiligten Gebieten." (Bescheid der Bezirksregierung Weser-Ems vom 13. 5. 1992)

Mit diesem Bescheid wurde der Verkauf des einen Schafes richtig teuer. Immerhin ging es um etwa 1000 DM! Warum allerdings das Fehlen eines Schafes den Verlust der ganzen Prämie zur Folge haben sollte, leuchtete Herrn Hornkohl ebensowenig ein wie seinem Anwalt, der sich daraufhin intensiv mit dem aktuellen EU-Recht auseinandersetzte. Dann teilte er der Rechtschutzversicherung von Herrn Hornkohl mit, daß er den Fall mit erheblicher Aussicht auf Erfolg übernommen habe und bat um Kostenübernahme.

Die Versicherung reagierte prompt:

„Sehr geehrter Herr Rechtsanwalt,

für Ihre Zuschrift danken wir Ihnen. Die Schadenmeldung haben wir geprüft. Leider können wir jedoch eine Kostenschutzzusage nicht erteilen, weil der geschilderte Konflikt ein nicht versicherbares Risiko betrifft. Wir haben nämlich vom Leistungsangebot her keine Möglichkeit, das angesprochene Risiko

– Verwaltungsrecht –

mitzuversichern. Dieser Bereich kann also durch eine Rechtschutzversicherung grundsätzlich nicht abgedeckt werden." (Schreiben der Versicherungsgesellschaft vom 22. 6. 1992)

Dafür konnte der Anwalt seinem Klienten Mut in anderer Hinsicht machen. Er teilte ihm mit, daß „ein Widerspruch festzustellen ist zwischen der Verordnung des Niedersächsischen Landwirtschaftsministeriums und der Verordnung der Europäischen Gemeinschaft. Letztere sieht bei einer Bestandsverringerung um weniger als 10% eine anteilige Kürzung der Prämie vor. Ich habe dieses der Bezirksregierung mitgeteilt." (Schreiben des Anwalts von Herrn Hornkohl vom 10. 6. 1992)

Die Bezirksregierung entsprach dem Widerspruch jedoch nicht und begründete dies so:

„Gemäß Art. 6 Abs. 2 (VO) Nr. 3007/84 kann bei Bestandsverringerungen in dem Verpflichtungszeitraum, die zu einer Verringerung des zur Prämie angemeldeten Mutterschafbestandes führen, die Prämie für den Restbestand der Mutterschafe gewährt werden, sofern die Verringerung einem natürlichen Umstand im Leben eines Bestandes zuzuschreiben ist (z. B. Notschlachtung)." (Widerspruchsbescheid der Bezirksregierung Weser-Ems vom 15. 7. 1992)

Als Herr Hornkohl diesen Bescheid las, verstand er die Welt nicht mehr. Hätte er dem Kontrolleur der Bezirksregierung bei dessen Besuch mitgeteilt, daß ihm kürzlich ein Schaf eingegangen sei, befände er sich nicht in dieser mißlichen Situation! Nun stellte sich natürlich die Frage, ob er Klage gegen den vorliegenden Bescheid einreichen sollte. Sein Anwalt riet ihm sehr dazu, da sich die Bezirksregierung bei ihrer Entscheidung auf einen Runderlaß des Niedersächsischen Ministeriums stütze, der inhaltlich im Widerspruch zum europäischen Recht stehe:

„Danach kommt auch bei einer auf andere Gründe zurückzuführenden sonstigen Bestandsverringerung eine Prämienzahlung in Betracht, wenn diese nur zehn Prozent oder weniger als zehn Prozent ausmacht."

So argumentierte er dann auch in seiner Klageschrift gegenüber dem Verwaltungsgericht Oldenburg. (Klagebegründung des Anwalts von Herrn Hornkohl vom 28. 7. 1992)

Die Rechtslage war so eindeutig, daß das Verwaltungsgericht Oldenburg in seinem Urteil vom 17. 5. 1993 der Argumentation des Anwalts von Herrn Hornkohl in vollem Umfang folgte. Das EG-Recht habe als „höherrangiges Recht" den Vorzug gegenüber der niedersächsischen Verordnung. Nach dem EG-Recht führe eine Verringerung des Bestandes um höchstens zehn Prozent nur zu einer entsprechenden Minderung der Prämie.

Daher waren alle Beteiligten überaus verwundert darüber, daß die Bezirksregierung Weser-Ems Berufung gegen das Urteil einlegte. Gegenüber dem Oberverwaltungsgericht Lüneburg begründet sie ihr Interesse an der Weiterverfolgung des Falles:

„Abgesehen davon, daß der Kläger nach den vorliegenden Unterlagen den Termin dieses Verkaufs nicht nachgewiesen hat und daß dieser Verkauf nicht natürlichen Umständen im Leben des Bestandes zuzurechnen ist, würde jede Kontrolle des Schafbestandes (. . .) ins Leere laufen, da der Betroffene so jeden Verkauf von Tieren erklären könnte, ohne Sanktionen befürchten zu müssen.

Auch könnte die vorsätzliche Beantragung der genannten Prämie für im Bestand tatsächlich nicht vorhandene Tiere bei einer Prüfung vom Betroffenen in dieser Form dargestellt werden, um den Prämienanspruch zu sichern." (Berufungsbegründung der Bezirksregierung Weser-Ems vom 3. 8. 1993)

In der Berufung kommt deutlich die Betroffenheit der Behörde darüber zum Ausdruck, daß das EG-Recht offenbar breite Betätigungsmöglichkeiten für böswillige Schafhalter bot. Das Mißtrauen – oder mehr noch – die fast feindselige Haltung gegenüber dem Bürger, die hier zum Ausdruck kommt, spricht nicht für den Willen der Verwaltung zur Verständigung und Kooperation, sondern vielmehr für eine latent vorhandene Konfrontationsbereitschaft, die auch bei anderen Fällen leicht zu belegen ist.

Bei all dem Aufwand vergaß die klageführende Bezirksregierung allerdings, daß es hier lediglich um ein Schaf ging; sie übersah weiterhin, daß auch das EG-Recht eine überproportionale Kürzung – aber eben keine vollständige Streichung – der Prämie vorsah, wenn nicht der Nachweis einer vorsätzlich falsch abgegebenen Erklärung zum Zeitpunkt der Beantragung erbracht werde. Abgesehen davon erfolgte auch nach EG-Recht eine vollständige Streichung, wenn die Differenz zwischen Angabe und tatsächlichem Bestand über zehn Prozent lag.

So kam auch das Oberverwaltungsgericht zum ganz eindeutigen Urteil, „der Annahme der Bezirksregierung, der Kläger habe vorsätzlich eine falsche Erklärung – in seinem Antrag –

abgegeben, weil er sich in ihm zur Erhaltung der Tiere bis einschließlich dem 10. Mai 1992 verpflichtet habe und Tiere vorsätzlich oder zumindest grob fahrlässig vor Ablauf der Haltungsfrist verkauft habe, kann nicht gefolgt werden." (Urteil des Oberverwaltungsgerichtes Lüneburg vom 22. 5. 1995)

Die Kosten für das insgesamt dreijährige Verfahren wurden der Staatskasse auferlegt. Die Bezirksregierung mußte die Schafprämie für 18 Tiere abzüglich einer Kürzung von 15,78% zahlen. Hinzu kamen allerdings Zinsen für drei Jahre . . .

23. Kleingarten im Naturschutzgebiet

Untere Naturschutzbehörde, Landratsamt Ebersberg

Vorab ein offener Brief in eigener Sache:
„Sehr geehrter Herr Tauchmann,
vielen Dank für Ihren Anruf vom 20. 9. 1996, in dem Sie Ihrer Sorge darüber Ausdruck verliehen, daß meine Berichterstattung über den hier geschilderten Fall tendenziös ausfallen könne. Dazu, Herr Tauchmann, möchte ich folgendes bemerken:
Zuerst will ich anerkennen, daß Sie das Gespräch mit mir gesucht haben, um mir Ihre Sicht der Dinge mitzuteilen. Damit unterscheiden Sie sich von einem Dezernenten, der den ihm vertrauten Dienstweg bevorzugte und seine Bedenken bei der Institutsleitung des Seminars für Volkskunde vortrug. Ich danke Ihnen also für die direkte Kontaktaufnahme, auch wenn Sie mir – wie vier Ihrer Kollegen zuvor – neben Ihren Befürchtungen lediglich mitteilen wollten, daß Sie (nach Abstimmung mit Ihrem Abteilungsleiter) nicht gedächten, meine Fragen zu beantworten und eine Stellungnahme abzugeben.
Lieber Herr Tauchmann, wie sollte ich Ihre Information, daß Sie ‚Herr über Ihr Rechtsgebiet sind‘ (und dies ganz in Übereinklang mit Ihrem Amtsleiter), und daß außerdem die Städter aufs Land drängen, um dort ihre Partys zu feiern – wie sollte ich diese eilig vorgetragenen Gedanken in einer detaillierten und ernsthaften Fallbeschreibung verarbeiten? Nun mögen die Auseinandersetzungen mit Herrn Freise nicht nur ihm, sondern auch Ihnen einiges Kopfzerbrechen bereitet haben – aber seine Aktenlage ist präzise, aussagekräftig und unbestechlich. Auch ohne Ihre Stellungnahme ist sie so aussagekräftig, daß eine korrekte und an-

hand der Unterlagen überprüfbare Fallbeschreibung möglich scheint.

Mit freundlichen Grüßen

gez. Dr. Edmund Ballhaus"

In einem der fünf Häuserblocks einer Wohnanlage in Ebersberg lebte das Ehepaar Freise. Als seine Frau schwer erkrankte und nach einer Kopfoperation für lange Zeit zum Pflegefall wurde, faßte Herr Freise den Entschluß, ein Plätzchen auf dem Lande zu suchen, wo seine Frau die nötige Ruhe und Erholung finden sollte: „Ich dachte, immer in der Wohnung, das geht nicht mehr, da kommt sie garantiert nicht wieder auf die Beine. Und immer mit dem Auto rumfahren, das geht ja auch nicht . . ."

Acht Kilometer außerhalb von Ebersberg fand der technische Angestellte dann ein Grundstück, das ehemals zu einem in der Nähe liegenden Gutshof gehört hatte. Es lag zwischen Äckern und Wiesen an einem Bach, etwa 400 Meter vom Gutshof entfernt. Bereits beim Kauf war sich Herr Freise darüber klar, daß hier – im Außenbereich – nicht jede Nutzung möglich sein konnte. Er trat also den Weg zur Unteren Naturschutzbehörde an, um sich nach eventuellen Auflagen zu erkundigen. Herr Freise erinnert sich noch sehr genau daran, daß der damalige Leiter der Behörde ihm bei einer anschließenden Ortsbesichtigung mitteilte, daß gegen eine Einfassung des Grundstücks mit einer Naturhecke aus heimischen Sträuchern und gegen „die Anlage einiger Gemüsebeete" nichts einzuwenden sei. Wegen der ebenfalls geplanten Gerätehütte solle er sich beim Bauamt erkundigen. Als Herr Freise nach erfolgtem Gespräch den Beamten bat, ihm das Ergebnis des Gesprächs schriftlich mitzuteilen, habe dieser gemeint, „daß es eine Aktennotiz auch tue".

Beim Bauamt erhielt der Ratsuchende die Auskunft, daß der Bau einer Gerätehütte im Außenbereich grundsätzlich nicht genehmigt werde. Ein freundlicher Beamter gab ihm dann jedoch den Tip, ein nicht begehbares Bauwerk zu errichten, das allerdings nur zur Aufbewahrung von Gartenwerkzeug dienen könne. Damit war Herr Freise einverstanden – und bat um Erstellung einer entsprechenden Aktennotiz.

Im Laufe des kommenden Jahres legte Herr Freise ein Gemüsebeet von ca. 60 qm an, errichtete die „Gerätekiste" (so lautete die korrekte Bezeichnung) und pflanzte an der Ost- und der Südseite des über 6000 qm großen Grundstücks eine Hecke aus heimischen Sträuchern. Seine Frau genoß die Zeit auf dem Lande besonders, sie machte kleine Spaziergänge, jätete Unkraut und ruhte sich aus. Das Ehepaar nutzte jede freie Minute, um hinaus ins Grüne zu fahren.

Am 19. 5. 1982 erhielt Herr Freise Post vom Landratsamt Ebersberg. Was er dort las, mochte er kaum glauben: Binnen zwei Monaten solle die Hecke mit „standortfremden Gehölzen" und das abgelagerte Baumaterial, das „die Charakteristik des Landschaftsbildes" verändere und verunstalte, entfernt werden. Die Maße des Gemüsebeetes wurden dort etwas zu klein „ca. 5 mal 7 Meter" angegeben. Das schien den Betroffenen jedoch unerheblich angesichts des drohenden Endes ihrer Kleingartenidylle. (Schreiben des Landratsamtes Ebersberg vom 19. 5. 1982)

So bald wie möglich suchte Herr Freise das Gespräch mit der Naturschutzbehörde und bezog sich auf die zuvor geführten Verhandlungen und Aktennotizen. Bereits am 15. 6. 1982 konnte er sich dann beruhigt zurücklehnen, als ihm zur Nutzung seines Grundstückes folgendes mitgeteilt wurde:

„Sehr geehrter Herr Freise,

wir nehmen bezug auf unser Gespräch auf Ihrem Grundstück am 11. 6. 1982 und erklären uns bereit, die Gerätekiste stets widerruflich zu *dulden*. Die Duldung kann insbesondere dann nicht mehr erfolgen, wenn Bezugnahmen auf Nachbargrundstücken bekannt werden sollten." Außerdem wurde der Besitzer aufgefordert, die Sträucher zu schneiden („damit diese buschiger werden") und weitere heimische Sträucher zu pflanzen.

Der Brief endet nach freundlichem Gruß mit:

„PS: Ich wünsche Ihrer Frau beste Genesung!"

(Schreiben des Landratsamtes Ebersberg vom 15. 6. 1982)

In einem weiteren Gespräch mit einem Vertreter der Naturschutzbehörde regte dieser außerdem an, die Wiese einmal im
Jahr zu mähen, damit diese die Möglichkeit zur allmählichen
Regeneration erhalte. Das Gras könne auf dem Grundstück
kompostiert werden.

Mehr als sieben Jahre nutzte das Ehepaar Freise jede Möglichkeit zum Ausflug in ihren Garten, inzwischen ging es Frau
Freise leidlich gut. Beide dachten gar nicht mehr an die lang
zurückliegende Konfrontation mit den Behörden, bis sie am
17. 10. 1989 folgenden Brief erhielten:

„Sehr geehrter Herr Freise,
bei einer Ortsansicht haben wir festgestellt, daß Sie auf Ihrem Grundstück kleingärtnerische Nutzung betreiben und unter anderem auch standortfremde Gehölze angepflanzt haben.
Das Grundstück ist als ökologisch wertvolle Feuchtfläche
besonders geschützt, d.h., die Gartennutzung und die An-
pflanzung der Gehölze hätte der vorherigen Erlaubnis nach
Art. 6 d Abs. 1 1 S. 1 Bayerisches Naturschutzgesetz bedurft.
Diese Genehmigung liegt Ihnen nicht vor." (Schreiben des
Landratsamtes Ebersberg vom 17. 10. 1989)

Alsbald machte Herr Freise sich wieder auf den Weg zum
Landratsamt. Dort konnte er dem erstaunten Sachbearbeiter
die schriftliche Duldung vorlegen und auf die Aktennotizen
verweisen. Der offenbar noch nicht lange in dieser Behörde tä-
tige Beamte nahm an, daß die Unterlagen mittlerweile wohl
bereits im Kellerarchiv lagerten. Daraufhin vereinbarten sie,
bei einem gemeinsamen Ortstermin die Angelegenheit nochmals zu erörtern.

Im April des kommenden Jahres erhielt Herr Freise wiederum Post von der Naturschutzbehörde:

„Sehr geehrter Herr Freise,
bei Ihrer Vorsprache im Herbst vergangenen Jahres sagten wir Ihnen zu, Ihr Grundstück im Frühjahr 1990 im Rahmen einer Außendienstfahrt nochmals zu überprüfen und
Sie dann über die weiteren notwendigen Maßnahmen zur Wiederherstellung eines rechtmäßigen Zustandes zu informie-
ren. Zwischenzeitlich haben wir eine Ortseinsicht durchge-

führt. Hierbei hat sich unsere bisherige Einschätzung des Grundstückes als Feuchtfläche, die gesetzlichem Schutz unterliegt, bestätigt. Eine weitere kleingärtnerische Nutzung in dieser Biotopfläche ist mit dem gesetzlichen Biotopschutz nach Art. 6 d Abs. 1 BayNatSchG und § 20 c NatSchG nicht zu vereinbaren und muß daher leider untersagt werden. Auch können wir die mit Schreiben vom 15. 6. 1982 Az. 603–2/2 ausgesprochene Duldung der Gerätekiste nicht weiter aufrecht erhalten. Wir müssen Sie bitten, die Gerätekiste und auch die sonstigen Sachen auf dem Grundstück zu entfernen.“

Als Begründung für seine Anordnung führte der Sachbearbeiter die mittlerweile verschärften Naturschutzgesetze an. (Schreiben des Landratsamtes Ebersberg vom 24. 4. 1990)

Von den Sträuchern war zum Erstaunen der Betroffenen jedoch nicht mehr die Rede. Herr Freise bat um einen erneuten Gesprächstermin und wurde barsch abgewiesen. Das Telefonat und die Drohung, „daß er sein blaues Wunder erleben könne, wenn er die Auflagen des Landratsamtes nicht erfülle", soll hier ausdrücklich als Erinnerungszitat von Herrn Freise gekennzeichnet werden. Die Reaktion des Beamten und die Zuspitzung der Auseinandersetzung nahm er jedoch zum Anlaß, einen Rechtsanwalt einzuschalten.

Dieser teilte am 10. 5. 1990 dem Landratsamt mit, daß er die Interessen von Herrn Freise zu vertreten gedenke. Ganz in Kenntnis der formalen und inhaltlichen Bedingungen nahm er die Argumentation der Naturschutzbehörde auf und konterte: „Da es sich bei Ihrem Schreiben nicht um einen rechtsmittelfähigen Bescheid handelt und Sie selbst die Beantragung einer Erlaubnis in Aussicht gestellt haben, teilen wir Ihnen mit, daß wir namens und im Auftrag unseres Mandanten diese Erlaubnis höchstvorsorglich beantragen.“ (Schreiben des Anwalts von Herrn Freise vom 10. 5. 1990)

Zu gleicher Zeit bemühte sich – ohne Kenntnis der Betroffenen – ein Freund der Familie ganz unkonventionell um Hilfe. Er schrieb direkt an den Landesvater!

„Sehr geehrter Herr Ministerpräsident!

Ich wende mich heute mit einer Bitte an Sie, ich bitte aber nicht für mich selbst! Unweit meines Wohnsitzes hat ein gewisser Herr Freise ein beispielhaftes Biotop geschaffen. Er hat das Grundstück mit Hecken eingesäumt, in denen es vielen Vogelarten möglich ist, ungestört zu brüten. Herr Freise hat auch die innerhalb des Buschwerks befindliche Wiese naturbelassen. Diese Wiese wird von ihm im Herbst einmal gemäht, so daß auch die Bodenbrüter dort ungestört leben können. Ich persönlich habe auf diesem Stück unberührter Natur selbst schon gesehen, wie dort Jahr für Jahr die Rehe ihre Jungen zur Welt bringen, dort gibt es noch Eidechsen, Blindschleichen, Salamander, Libellen und und und.

Herr Ministerpräsident, zeigen Sie Verständnis und Hilfsbereitschaft für den privaten Naturschutz. Zeigen Sie auch, daß Sie ein guter Landesvater sind, gut und gerecht! In diesem Sinne verbleibe ich mit einem herzlichen ‚Vergelt's Gott'" (Brief von Herrn Schmeilfuß vom 20. 5. 1990)

Wie immer er auch Kenntnis vom Brief an den Landesvater erhalten hatte – der Rechtsanwalt von Herr Freise war darüber gar nicht erfreut und belehrte Herrn Freise:

„Der Brief an den Ministerpräsidenten wäre besser nicht geschrieben worden. Einerseits ist Dr. Streibl dafür überhaupt nicht zuständig, sondern Umweltminister Dr. Dick. Andererseits haben wir ja, wie Sie wissen, einen rechtsmittelfähigen Bescheid vom Landratsamt verlangt, den wir bis zum heutigen Tag nicht bekommen haben. Sie müssen sich also in Ihrem Interesse noch etwas gedulden." (Schreiben des Anwalts von Herrn Freise vom 30. 5. 1990)

Am 28. 11. 1990 fand Herr Freise in seinem Briefkasten überraschend Post vom Landratsamt Ebersberg vor:

„Sehr geehrter Herr Freise,

gegen unser Schreiben vom 24. 4. 1990 hat Herr Peter Schmeilfuß eine Eingabe an Herrn Ministerpräsidenten Streibl gerichtet. Im Zuge der Bearbeitung dieser Eingabe wurde das fachlich zuständige Staatsministerium für Landesentwicklung und Umweltfragen befaßt, das zu dem Ergebnis gekommen ist, daß die Untersagung der kleingärtnerischen Nutzung nicht auf Art. 6 d Abs. 1 BayNatSchG gestützt werden kann. Da uns das Staatsministerium deshalb gebeten hat, die diesbezügliche Anordnung zurückzunehmen, wird an der Untersagung der kleingärtnerischen Nutzung nicht weiter festgehalten.

Bezüglich des Widerrufs der Duldung für die Gerätehütte wird zunächst die Stellungnahme der Obersten Baubehörde abgewartet. Wir weisen Sie allerdings jetzt schon daraufhin, daß Sie mit einer Anordnung zur Beseitigung der Gerätehütte (. . .) rechnen müssen." (Schreiben des Landratsamtes Ebersberg vom 28. 11. 1990)

Und wiederum griff der Freund der Familie zu Feder und Papier. In seinem Brief wies er zuerst darauf hin, daß er seinen „Dank etwas schöner zum Ausdruck gebracht" hätte, wenn nicht schon wieder neues Unheil drohte. Er zitiert dann in nicht netter Weise die „wegen des vorangegangenen Bescheides verärgerte" Naturschutzbehörde:

„Aber weil wir ja die Herren sind, die normalerweise, ohne Antwort des Landesvaters, erlauben und verbieten, werden wir ihn nun unsere Macht spüren lassen. Wir verbieten ihm auf Grund der Vorkommnisse seine ‚nicht begehbare Gerätekiste' (1,5m mal 3,5m mal 0,95m) – diese nennen wir nun zur Begründung ‚Gerätehütte'.

Lieber Landesvater, kann man diesen Mann nicht endlich in Ruhe und Frieden lassen? Auf baldige Antwort, mit besten Weihnachts- und Neujahrswünschen für die ganze Regierung und Staatskanzlei!" (Brief von Herrn Schmeilfuß vom 8. 12. 1990)

Inzwischen trug der Anwalt der Familie Freise beim Landratsamt seine Beschwerde darüber vor, daß man ihn über das Schreiben des Landratsamtes vom 28. 11. 1990 nicht einmal in Kenntnis gesetzt habe.

Im Frühjahr des Jahres 1991 erhielt Herr Schmeilfuß nach mehreren Zwischenbescheiden Nachricht vom bayerischen Ministerpräsidenten: Im persönlich gehaltenen Brief bezog dieser sich zuerst auf die kleingärtnerische Nutzung und den von ihm veranlaßten Brief der Naturschutzbehörde, in dem diese mitgeteilt hatte, daß an der „Untersagung nicht weiter festgehalten wird." Der unterzeichnende Ministerpräsident Streibl fuhr dann fort:

„Für die auf dem Grundstück befindliche Gerätekiste hat das Landratsamt Ebersberg mit Schreiben vom 15. 6. 1982 eine stets widerrufliche Duldung ausgesprochen. Das Bayerische Staatsministerium des Innern ist der Auffassung, daß ein Widerruf vor dem Hintergrund der heutigen Sach- und Rechtssprechung ermessensfehlerhaft wäre. Ich freue mich, Ihnen daher mitteilen zu können, daß das Landratsamt die Gerätekiste auch weiterhin dulden wird." (. . .)

gez. Dr. h. c. Max Streibl

(Schreiben der Bayer. Staatskanzlei vom 1. 3. 1991)

Vierzehn Tage später folgte die Bestätigung des Landratsamtes Ebersberg, deren Wortlaut hier nicht vorenthalten werden soll:

„Sehr geehrter Herr Freise,

wir kommen nochmals zurück auf unser Schreiben vom 28. 11. 1990 und können Ihnen mitteilen, daß zwischenzeitlich die Stellungnahme der Obersten Baubehörde im Bayerischen Staatsministerium des Innern vorliegt.

Nach Auffassung der Obersten Baubehörde ist ein Widerruf der Duldung der Gerätekiste nicht ohne weiteres möglich, wenn nicht zugleich eine bislang nicht festgestellte Intensivierung der kleingärtnerischen Nutzung vorliegt oder konkrete Bezugnahmen auf Ihre Grundstücksnutzung bekannt werden. In Übereinstimmung (!) mit den zuständigen Ministerien sind wir deshalb bereit, die kleingärtnerische Nutzung im vorliegenden Umfang und die Gerätekiste in der konkret vorliegenden Gestalt weiterhin zu dulden. Wir weisen jedoch weiterhin darauf hin, daß eine weitergehende Verfestigung der materiell rechtswidrigen Nutzung keinesfalls hingenommen werden kann. Da Ihr Grundstück innerhalb einer Biotopfläche liegt, werden wir die Einhaltung der Duldungsvorgaben bei gelegentlichen Ortseinsichten überwachen." (Schreiben des Landratsamtes Ebersberg vom 13. 3. 1991)

Inzwischen hatte der Anwalt der Familie wiederum beim Landratsamt angefragt, warum „Sie sich hartnäckig weigern, mit uns zu korrespondieren. Auch die letzten Mitteilungen haben Sie – den Gepflogenheiten im anwaltlichen Rechtsverkehr zum Trotz – an unseren Mandanten gemacht." (Schreiben des Anwalts von Herrn Freise vom 27. 5. 1991)

Mit 57 Jahren wurde Herr Freise arbeitslos und kam in wirtschaftliche Schwierigkeiten. Da sich mittlerweile der gesundheitliche Zustand seiner Frau gebessert hatte, faßte er den Entschluß, das Freilandgrundstück zu verkaufen. Da ihn mehrere Interessenten darüber informiert hatten, daß sie auf Nachfrage bei der Naturschutzbehörde über den Weiterbestand der bisherigen Nutzung keine zufriedenstellenden Auskünfte erhalten hätten und darauf vom beabsichtigten Kauf zurücktraten, beauftragte Herr Freise einen Makler, der wegen der zukünftigen Nutzungsmöglichkeit ganz konkret beim Landratsamt anfragte. Von dort erhielt er wenig später folgende Antwort:

„Aufgrund Ihrer Anfragen führten wir am 8.12. 1992 eine ausführliche Ortseinsicht durch und kamen anhand der dabei gemachten Feststellungen" zu dem Ergebnis, daß „Herr Freise eindeutig eine Intensivierung der kleingärtnerischen Nutzung und eine Vergrößerung der Gerätekiste vorgenommen hat." Außerdem habe er unzulässig „auf der Westseite des Grundstückes frischen Schilfschnitt, (...) 1 cbm Laub und 1 cbm Komposterde" gelagert.

„Nach Auffassung der Obersten Baubehörde ist ein Widerruf der Duldung der Gerätekiste und der kleingärtnerischen Nutzung dann möglich, wenn die kleingärtnerische Nutzung intensiviert wird. Wir widerrufen deshalb die Duldung und fordern Herrn Freise auf, die Gerätekiste und die Ablagerungen zu entfernen und die kleingärtnerische Nutzung aufzugeben. Dieser Duldungswiderruf gilt selbstverständlich auch gegenüber einem evtl. neuen Eigentümer." (Schreiben des Landratsamtes Ebersberg vom 23. 12. 1992)

In einem langen Brief wies der so Beschuldigte alle Vorwürfe mit Entschiedenheit zurück und begründete im einzelnen, daß sich die Größe der Gartenbeete seit 1982 nicht verändert habe, daß außerdem „selbst ein Laie erkennen" könne, daß die „Gerätekiste" niemals vergrößert worden sei. Weiterhin handele es sich beim „frischen Schilfschnitt" um das wie abgesprochen gelagerte „dürre Gras" des Grundstücks, beim festgestellten Laub und der Komposterde um zwei Komposthaufen. (Brief von Herrn Freise vom 2. 1. 1993)

Unter der Auflage, die Gemüseanbaufläche von 64 qm (von insgesamt 6000 qm!) auf 35 qm zu reduzieren und das „anfallende Mähgut und Laub zu der Kompostieranlage in Steinhöring zu verbringen", sagte dann die Naturschutzbehörde eine weitere Duldung der „Kleingartenanlage" auch für einen zukünftigen Eigentümer zu. (Schreiben des Landratsamtes vom 20. 1. 1993)

Nach Verkauf des Grundstücks reichte Herr Freise Dienstaufsichtsbeschwerde ein – zuerst beim Landrat, dann bei der Regierung von Oberbayern. In seinem Schreiben wies er vor allem darauf hin, daß er den ganzen Ablauf „als Schikane eines überaus ehrgeizigen Beamten" empfinde:

„Herr Tauchmann war nicht in der Lage, durch ein persönliches Gespräch, das ich mehrfach suchte, mich über Dinge, die ich vielleicht nicht wußte, aufzuklären. Er ist erst recht nicht in der Lage, einen scheinbar unklaren Sachstand anhaltend zu klären, im Gegenteil, durch sein Handeln und Unterlassen der Aufnahme von Tatsachen" sei der Sachverhalt immer verwirrender geworden. (Brief von Herrn Freise vom 8. 3. 1994)

Ein Jahr später (!) erhielt Herr Freise ein Antwortschreiben der Regierung von Oberbayern, in dem nach Zusammenfassung der bereits bekannten Ereignisse die Probleme mit dem Regierungsamtmann Herrn Tauchmann relativiert wurden:

„immerhin (konnte) ein recht weitgehendes Einverständnis mit bestimmten Nutzungsmöglichkeiten erreicht werden (. . .).

Gerade auch der vorliegende Fall läßt recht deutlich erkennen, daß in der Allgemeinheit zwar grundsätzlich Einverständnis mit den Anliegen und Zielen des Natur- und Umweltschutzes besteht, Probleme aber oftmals dann auftreten, wenn die bestehenden gesetzlichen Vorschriften vollzogen werden sollen. (...) Wenn aber ein wirksamer Schutz der Natur und Umwelt sichergestellt werden soll, kann es keinen anderen Weg geben, als die dafür bestehenden Vorschriften, ihrem Sinn und Zweck entsprechend, uneingeschränkt zu vollziehen." (Schreiben der Regierung von Oberbayern vom 20. 3. 1995)

In einem langen Antwortbrief an die Regierung von Oberbayern brachte Herr Freise seine große En4ttäuschung über die Reaktion der Regierung zum Ausdruck, darüber hinaus fand jedoch der ganze Verdruß, der sich im Laufe der Jahre im Verkehr mit den Behörden angesammelt hatte, ein Ventil:

„Sie beklagen sich, wenn es Probleme gibt, wenn gesetzliche Vorschriften vollzogen werden sollen. Haben Sie oder die ‚Vollzugsbeamten' es schon einmal mit Aufklären, persönlichen Gesprächen, Appellieren an die Vernunft und mit Bereitschaft zu Kompromissen im Rahmen der Gesetze, mit bereitwilligem Erläutern von Gesetzestexten und Anbieten von Hilfen versucht? Ganz bestimmt nicht – daher müssen Sie *vollziehen*, wie man früher Todesurteile vollzogen hat. Daß es außer Vollziehen noch andere zeitgemäße Methoden gibt, um ein Ziel zu erreichen, wird ein bundesdeutscher Verwaltungsschädel wohl nie begreifen.

Ich ersuche Sie, dieses Schreiben nicht zu beantworten, da dies ein Vergeuden von Steuergeldern wäre, außerdem bin ich nicht mehr bereit, mich noch einmal mit Ihren nicht nur für mich schwer nachvollziehbaren geistigen Ergüssen zu beschäftigen." (Brief von Herrn Freise vom 26. 6. 1995)

Nachtrag:

Nach dem im eingangs abgedruckten „offenen Brief" bereits erwähnten Telefongespräch trat hinsichtlich einer schriftlichen Stellungnahme doch noch ein Sinneswandel beim Sachbearbeiter des Landratsamtes Ebersberg ein. In seinem Schreiben an den Autor dieses Buches führte der Mitarbeiter der Naturschutzbehörde zuerst noch einmal aus, daß „Freizeitnutzungen auf ehemals landwirtschaftlich genutzten Flächen" ein erhebliches Problem darstellten. Nach dem Verfassungsgebot in Art. 141 Bayerische Verfassung solle „die Natur für jedermann frei zugänglich sein und sich jedermann an den Naturschönheiten erfreuen können." (Brief des Landratsamtes Ebersberg vom 9. 10. 1996)

Dem Schreiben beigefügt war die Stellungnahme des Landrates gegenüber der Regierung von Oberbayern. Hierin äußerte er sich zu einer von Herrn Freise eingereichten Dienstaufsichtsbeschwerde und kam zu dem Schluß, daß die Vorwürfe, die Herr Freise gegen ihn erhebe, „haltlos" seien:

„Daß Herr Freise über mich und Herrn Tauchmann sehr verärgert ist, führe ich darauf zurück, daß Herr Freise mit seinen Preisvorstellungen weit über dem Verkehrswert eines landwirtschaftlich kaum nutzbaren Grundstückes liegt und er das Grundstück 1981 vermutlich schon zu einem erheblich überhöhten Preis erworben hat." (Schreiben des ehemaligen Landrates vom 29. 3. 1994)

Der ebenfalls beiliegende Bescheid der Regierung von Oberbayern zur Dienstaufsichtsbeschwerde ist bereits eingehend gewürdigt und von Herrn Freise kommentiert worden. . .

24. Das trügerische Radarfoto

Polizeidirektion Ingolstadt, Polizeibehörde Mühlheim, Amtsgericht Pfaffenhofen

Am 4. 9. 1993 in aller Frühe waren Frau und Herr Kallmann in Österreich aufgebrochen, um an ihrem letzten Urlaubstag rechtzeitig nach Haus zu kommen. Klaus Kallman ist Kfz-Meister und arbeitet in einer großen Autowerkstatt in Mühlheim. Er steuerte auch den Wagen, als er um 10.25 Uhr im dichten Regen plötzlich einen kurzen grellen Blitz wahrzunehmen glaubte. Auch seine Frau, die gerade auf dem Hintersitz aufgewacht war, hatte ihn bemerkt. Da an dieser Stelle auf der Autobahn A 9 ganz in der Nähe von Pfaffenhofen kein Schild auf eine etwaige Geschwindigkeitsbeschränkung hinwies, verwarfen beide den sonst naheliegenden Gedanken, daß es sich um eine Radarkontrolle gehandelt haben könnte.

Zur selben Zeit saß der sieben Jahre ältere Bruder von Klaus Kallmann in der Wohnung seiner Freundin am Frühstückstisch und las die Tageszeitung. Auch der Elektroinstallateur Rainer Kallmann hatte in dieser Woche Urlaub; er verbrachte den ganzen Tag und auch den Abend mit seiner Freundin in Mühlheim. Zuerst kauften sie ein, dann hatten sie in der Wohnung zu tun, abends waren sie zu einer Geburtstagsfeier eingeladen.

Wenige Wochen später klingelte bei den aus Österreich zurückgekehrten Kallmanns das Telefon. Der Polizist am anderen Ende der Leitung zeigte sich erfreut darüber, daß er mit Frau Kallmann die Halterin des silbergrauen Golf mit dem Kennzeichen MH-KT 13 persönlich am Apparat hatte. Freundlich, aber bestimmt lud er sie zu einem „Anhörungstermin" bei der örtlichen Polizei ein. Als Frau Kallmann ihrem Mann von dem Anruf erzählte, mußten die beiden lange überlegen, welchen Vergehens sie sich schuldig gemacht haben könnten, bis ihnen der Blitz auf ihrer Urlaubsheimreise wieder einfiel. Also sprach Frau Kallmann wenige Tage später beim Polizeirevier vor. Dort präsentierte man ihr eine Fotografie, auf der sie trotz trüben Herbsthimmels in aller Deutlichkeit ihren Mann vor sich sah. Weniger deutlich, aber noch immer klar genug, erkannte sie sich selbst auf dem Rücksitz.

Frau Kallmann füllte einen Anhörungsbogen aus, auf dem sie zugab, hinten im Wagen gesessen zu haben. Hinsichtlich des Fahrers machte sie von ihrem Aussageverweigerungsrecht Gebrauch. Sie könne nicht sagen, wer gefahren sei. Die Frage, ob sie verheiratet sei, mußte sie wohl oder übel eindeutig mit Ja beantworten. Insofern machte Frau Kallmann sich nichts vor: Innerhalb weniger Tage würde man auch ihren Mann eindeutig identifizieren, und das Bußgeld wegen Nichteinhaltung des Sicherheitsabstandes zum vorausfahrenden LKW war fällig.

Doch es kam ganz anders. Wiederum nach einigen Wochen – Klaus Kallmann hatte sich bereits darüber gewundert, daß er noch nicht von der Polizei zur Anhörung vorgeladen worden war – klingelte sein im Elternhaus in der Nachbarschaft wohnender Bruder an der Haustür. Lachend hielt er einen Anhörungsbogen in den Händen, auf dem er zur Stellungnahme zu einer Verkehrswidrigkeit aufgefordert wurde. Es ging dabei um das von Klaus Kallmann verursachte Auffahrdelikt!

Es stellte sich bald heraus, daß die Polizei mit der Fotografie in der Nachbarschaft vorstellig geworden war und dort irgend jemand auf den seinem Bruder allerdings sehr ähnlichen Rainer Kallmann verwiesen hatte. Dieser reichte den Anhörungsbogen an seinen Anwalt weiter, der bei der Polizeibehörde Ingolstadt um die vorliegenden Unterlagen bat, die er auch bald erhielt. Interessant war vor allem folgender Vermerk der offenbar im Wege der Amtshilfe eingeschalteten Polizeidienststelle Mühlheim:

„Bei der Person auf dem Foto handelt es sich nicht um den Ehemann der Fahrzeughalterin, Klaus Kallmann.

Es konnte ermittelt werden, daß Herr Klaus Kallmann einen Bruder Rainer Kallmann (Adresse) hat.

In der Nachbarschaft wurde das Foto gezeigt.

In dieser Nachbarschaft wurde bestätigt, daß es sich bei der Person auf dem Foto um Rainer Kallmann handelt.

Ihm wurde mit heutigem Datum ein Anhörungsbogen zugesandt." (Vermerk der Polizeibehörde Mühlheim vom 9. 11. 1993)

Der Anwalt von Rainer Kallmann reichte nun bei der zuständigen Polizeidirektion Ingolstadt Fotografien von beiden Brüdern ein und bat um Nachricht darüber, „welche der beiden Personen das Fahrzeug gefahren haben soll. Bereits jetzt teilen wir mit, daß wir gegen einen eventuell ergehenden Bußgeldbescheid das Rechtsmittel des Einspruchs einlegen." (Schreiben des Anwalts von Rainer Kallmann vom 13. 1. 1994)

Der Bußgeldbescheid über 224,50 DM traf nur wenige Tage später bei Rainer Kallmann ein. Der Vorwurf lautete exakt auf „Ungenügender Sicherheitsabstand, Bei einer Geschwindigkeit von 144 km/H . . ." (Bußgeldbescheid der Polizeidirektion Ingolstadt, ausgestellt am 18. 1. 1994)

Gegen diesen Bußgeldbescheid legte der von Rainer Kallmann beauftragte Anwalt sogleich mit folgender Begründung Einspruch ein:

„Unser Mandant hat zur Tatzeit den Wagen nicht gefahren. Es scheint sich hier um eine Personenverwechslung zu handeln. Mit Schreiben vom 13. 1. 1994 hatten wir die Polizeidirektion Ingolstadt gebeten, die Identität des Fahrers zu klären. Eine Klärung wurde dort jedoch nicht für nötig gehalten. Um so unverständlicher ist der Erlaß des Bußgeldbescheides gegen unseren Mandanten." (Einspruch des Anwalts von Rainer Kallmann vom 15. 2. 1994)

Der Einspruch wurde vor dem Amtsgericht Pfaffenhofen verhandelt, da sich der streitauslösende Vorfall dort ereignet hatte. Da die Pfaffenhofener bzw. (im Wege der Amtshilfe) die Mühlheimer Polizei es noch immer nicht für notwendig gehalten hatten, den tatsächlich Verantwortlichen zu befragen und zu „überführen", mußte der Anwalt den verdächtigten Bruder nun ernsthaft verteidigen. Er bat mit folgenden einleuchtenden Argumenten um die Einstellung des Verfahrens:

„Der von uns vertretene Rainer Kallmann kann die ihm zur Last gelegte Ordnungswidrigkeit nicht begangen haben. Am 4. 9. 1993 befand sich der Beschuldigte nicht in der Nähe des Tatortes. Er hatte die Nacht bei einer Bekannten in Mühlheim verbracht (Adresse), (...) so daß er unmöglich um 10.25 Uhr die ihm zur Last gelegte Tat begangen haben kann."

Der Anwalt beantragte daher, die Freundin des Beklagten zu vernehmen und den bereits für den 4. 4. 1994 anberaumten Gerichtstermin zu verschieben. Er brachte weiterhin sein Unverständnis darüber zum Ausdruck, daß seine Schreiben zur Sache bislang keine Beachtung gefunden hätten und verwies vor allem auf die Nachlässigkeit der Polizei, die trotz der eingesandten Fotografien von beiden Brüdern offenbar ihre Ermittlungsergebnisse nicht in Frage stellte:

„Wir versuchten (...) zu klären, ob die Tat nicht auch vom Bruder des Herrn Kallmann begangen worden sein kann. Möglich ist ferner, daß sein Bruder das Fahrzeug verliehen hatte.

Fest steht zumindest, daß das zur Tatzeit geführte Fahrzeug auf die Ehefrau des Bruders unseres Mandanten zugelassen ist." (Schreiben des Anwalts von Rainer Kallmann vom 11. 4. 1994)

Die Hauptverhandlung vor dem Amtsgericht Pfaffenhofen fand am 14. 4. 1994 statt, einer Verlegung des Termins wurde nicht stattgegeben. Vor Gericht bestritt Rainer Kallmann, der auf der Fotografie Abgebildete zu sein. Zur Erhärtung seiner Aussage legte er Fotografien von seinem Bruder vor und sagte nun auch aus, daß sich dieser in Österreich aufgehalten und zur fraglichen Zeit den Wagen auf dem Rückweg nach Mühlheim gefahren habe. Außerdem benannte er noch einmal seine Freundin als Zeugin. Der Richter hatte jedoch eine andere Vorstellung vom weiteren Verlauf des Verfahrens: Er veranlaßte die Erstellung eines erbbiologischen Gutachtens, das mit einem Vergleich zwischen Rainer Kallmann und der Radar-Fotografie die Angelegenheit endgültig klären sollte ...

Nachdem der Anwalt von Rainer Kallmann als Zeugen für den nächsten Termin die Freundin seines Mandanten, die

Fahrzeughalterin und den Fahrer Klaus Kallmann benannt hatte, merkte er zur Erstellung des erbbiologischen Gutachtens folgendes an:

„Auch die Erstellung eines erbbiologischen Gutachtens würde nicht von der Erhebung der Zeugenbeweise entbinden.

Uns ist zwar nicht verständlich, inwieweit das Gericht der Einholung der unmittelbaren Zeugenbeweise ein erbbiologisches Gutachten vorzieht, da auch dieses jedoch die Unschuld unseres Mandanten erweisen wird, mag dies auf Staatskosten gerne eingeholt werden." (Schreiben der Essener Anwaltssozietät vom 22. 4. 1994)

Der nächste Termin vor dem Amtsgericht Pfaffenhofen fand am 28. 10. 1994 statt. Die genannten Zeugen waren nicht geladen worden. Also stand dem Gutachter lediglich Rainer Kallmann gegenüber. Aufgrund von Fotovergleichen war der Sachverständige bereits im Vorfeld der Verhandlung zum Ergebnis gekommen, daß Rainer Kallmann mit dem Fahrer des silbergrauen Golf identisch sei. Vor Gericht nahm der Humanbiologe noch einmal die Radar-Fotografie zur Hand und verglich sie nun mit dem Beklagten. An seinem Befund änderte sich nichts – es war für ihn keine Frage, daß es sich beim Abgebildeten um Rainer Kallmann handelte.

Rainer Kallmann nahm die Ausführungen des Gutachters sprachlos zur Kenntnis – und bestand nach Rücksprache mit dem Anwalt auf Zulassung der benannten Zeugen.

Der daraufhin angesetzte dritte und letzte Termin vor dem Amtsgericht fand nur wenige Tage später statt – am 4. 11. 1994. Hierzu waren nun auch die angegebenen Zeugen geladen worden. Mittlerweile hatte Klaus Kallmann außerdem schriftliche Zeugenaussagen eingeholt, um bei seinem ersten Erscheinen vor Polizei und Gericht endlich „reinen Tisch" machen zu können. Er erklärte, daß er an jenem Morgen der Fahrer gewesen sei und belegte dies unter anderem mit entsprechenden Rechnungen sowie einem Schreiben der österreichischen Hotelbetreiber, in dem der Aufenthalt und die Abfahrt des Ehepaares am fraglichen Tag bestätigt wurde. Darüber hinaus legte Klaus Kallmann weitere Zeugenaussagen vor.

Nach Anhörung aller Beteiligten kam der Vorsitzende Richter dann zu folgendem Urteil:
Im Namen des Volkes

Urteil

1. Der Betroffene ist schuldig, fahrlässig den erforderlichen Sicherheitsabstand nicht eingehalten und zugleich fahrlässig einen anderen im Straßenverkehr gefährdet zu haben.
2. Es wird auf eine Geldbuße von 200.– DM erkannt.
3. Der Betroffene trägt die Kosten des Verfahrens."

In der Begündung führte das Gericht unter anderem aus:

„Der Betroffene hat geleugnet, das Fahrzeug zur Tatzeit geführt zu haben. Der Betroffene hat sich damit verteidigt, daß nicht er, sondern sein Bruder Klaus Kallmann das Fahrzeug geführt hat. Der Bruder und dessen Ehefrau haben die Einlassung bestätigt.

Der Bruder gibt an, er erkenne sich auf dem Foto als Fahrer, er habe gemerkt, wie er geblitzt worden sei, man habe für die Heimfahrt 11 Stunden gebraucht. Dessen Ehefrau gibt an, sie erkenne sich auf dem Polizeifoto als die Frau, die hinten auf dem Rücksitz Platz genommen hat. Sie sei deshalb hinten gesessen, weil sie sehr müde gewesen sei.

Der Betroffene hat angegeben, er sei zur Tatzeit in Mühlheim an der Ruhr bei seiner Freundin gewesen. Diese hat bezeugt, daß der Betroffene in Mühlheim gewesen sei, wenn er sich entfernt hätte, hätte sie dies bemerken müssen, auf jeden Fall sei man abends gemeinsam auf einer Feier gewesen. Auf Nachfrage hat sie angegeben, man sei zunächst beim Einkaufen gewesen und habe anschließend die Wohnung geputzt.

Das Gericht wertet die Einlassung des Betroffenen als Schutzbehauptung und hält die Aussagen der Zeugen für falsch. Zu dieser Wertung ist es nach durchgeführter Hauptverhandlung auf Grund des Gutachtens des Sachverständigen gelangt. Der Gutachter konnte dem Gericht die feinen Unterschiede im Gesicht des Betroffenen aufzeigen, in denen er sich von seinem Bruder unterscheidet. (...) Der Sachverständige hat den Kopf des Betroffenen in 11 Regionen eingeteilt. In al-

179

len Bereichen hat er Übereinstimmung zwischen dem Polizeifoto und dem Betroffenen festgestellt." (Auszug aus dem Urteil des Amtsgerichtes Pfaffenhofen vom 4. 11. 1994)

Die Kosten in Höhe von mehr als 3000 DM, davon allein
2 757,95 für die „Zeugen-Sachverständigen-Entschädigung",
trug die Rechtschutzversicherung von Rainer Kallmann, ebenso die Anwaltskosten. Alle anderen entstandenen Kosten, so
etwa für die mehrmalige Fahrt von Mühlheim nach Pfaffenhofen (ca. 600 km), übernahm der tatsächlich und nach Überprüfung aller Unterlagen ohne jeden Zweifel schuldige Klaus
Kallmann. Die in Flensburg fällig werdenden vier Strafpunkte
konnte er seinem Bruder Rainer jedoch nicht abnehmen.

25. Der gestohlene Dieselkraftstoff

Hauptzollamt Hamburg-St. Annen

Auf der Elbe – direkt vor den Toren Hamburgs – stellt Tag für Tag eine der wenigen verbliebenen Fähren Deutschlands die Verbindung zwischen den Bundesländern Niedersachen und Hamburg her. Unterstützt von fünf Angestellten befördert der Fährmann Karl-Heinz Petersen bis zu 1500 Fahrzeuge von Humpe nach Zullenhusen und zurück – 14 Stunden am Tag, an allen sieben Tagen der Woche. Da die Autofahrer auf diese Weise einen Landweg von 35 Kilometern sparen, und die Fähre vor allem am Wochenende viel genutzt wird, kann Herr Petersen den Fährbetrieb trotz des täglichen Kraftstoffverbrauchs von 300 Litern Diesel aufrechterhalten. Auf die staatliche Subventionierung des Diesels ist der Schiffsführer jedoch angewiesen.

Vor jedem Dienstantritt kontrolliert Herr Petersen den Tankinhalt seines Transportschiffes – so auch am 2. November 1994. An diesem Morgen stellte er sehr bald fest, daß 900 Liter Diesel fehlten. Obgleich keine Spuren von Gewaltanwendung festzustellen waren, verständigte der Fährmann sofort die Polizei. Diese nahm den Fall auf, teilte jedoch bereits drei Monate später mit, daß der Dieb nicht zu ermitteln sei.

Als Konsequenz des Diebstahls ließ Herr Petersen an Türen und Tankverschluß neue Schlösser und am Füllrohr einen Absperrhahn anbringen. Den Diebstahl gab der Bestohlene ordnungsgemäß in seinem „Betriebsstoffverwendungsbuch" an. Dieses mußte er als Empfänger steuerbegünstigten Dieselkraftstoffes führen – die jährliche Überprüfung erfolgte durch das Hauptzollamt St. Annen, so auch zu Beginn des Jahres 1995. Am 31. 1. 1995 erhielt Herr Petersen dann folgenden denkwürdigen Steuerbescheid des Hauptzollamtes:

„Bei der Prüfung der zweckgerechten Verwendung von

Schiffsbetriebsstoffen auf der Autofähre ‚Spieker Möwe' teilten Sie mit, daß in der Nacht vom 1. zum 2. 11. 1994 aus dem Brennstofftank 900 L Gasöl gestohlen wurden. Diese Menge wurde nicht der Ihnen bewilligten steuerbegünstigten Verwendung als Schiffsbetriebsstoff zugeführt. Für diese Menge Gasöl ist die Mineralölsteuer entstanden.

Die Mineralölsteuer berechnet sich wie folgt:

„900l · 620,– DM/1000 L = <u>558,– DM</u>."

(Steuerbescheid des Hauptzollamtes Hamburg – St. Annen vom 31. 1. 1995)

Diese Forderung empfand Herr Petersen vor allem deshalb als unverschämt, weil es für ihn überhaupt kein Problem gewesen wäre, die 900 Liter Diesel einfach abzuschreiben – als Verlust, als Abgang, als Verbrauch, wie auch immer. Hätte er den Diebstahl des Kraftstoffes in seinem Betriebsstoffverwendungsbuch erst gar nicht angegeben, wäre niemand jemals darauf aufmerksam geworden. Deshalb fiel sein Widerspruch auch nicht sehr verbindlich aus:

„Hiermit lege ich ganz entschieden Widerspruch gegen den oben angeführten Steuerbescheid ein.

Durch den Diebstahl der 900 Ltr. Gasöl ist mir folgender Schaden entstanden:

DM 360,– Gasöl
DM 120,– neue Schlösser für die Fähre
DM 470,– Einbau eines Absperrhahnes

Und nun kommt die sittenwidrige Forderung des Hauptzollamtes Hamburg-St. Annen mit einem Steuerbescheid in Höhe von DM 558,–.

Es tut mir sehr leid, aber hierfür habe ich keine Worte. Das geht weit über das normale Rechtsempfinden eines Bürgers hinaus." (Brief von Herrn Petersen vom 9. 2. 1995)

Am 14. 8. 1995 erhielt Herr Petersen dann die Einspruchsentscheidung des Hauptzollamtes Hamburg-St.Annen. Diese lautete sehr eindeutig:

„Der Einspruch gegen den Steuerbescheid des Hauptzollamtes Hamburg-St.Annen vom 31.1. 1995 wird als unbegründet zurückgewiesen."

Nach einer ausführlichen Zusammenfassung der allseits bekannten Ereignisse hieß es dann weiter:

„Die 900 L Gasöl wurden unstreitig nicht der steuerbegünstigten Verwendung als Schiffsbetriebsstoff zugeführt (§ 4 Abs. 1 Nr. 4 Mineralölsteuergesetz vom 21. 12. 1992 – MinöStG –). Da der Verbleib dieser Menge Gasöl nicht festgestellt werden kann, ist die Mineralölsteuer soweit entstanden.

Die Steuer entsteht nur dann nicht, wenn das Mineralöl untergegangen oder an Personen abgegeben worden ist, die zum Bezug von steuerbegünstigtem Mineralöl berechtigt sind (§ 13 Abs. 2 Satz 1 2. Halbsatz MinöStG).

Im Streitfall konnte nach Darstellung des Ef (Einspruchsführer, Anm. d. Verf.) eine Leckage am Tank nicht festgestellt werden. Das Mineralöl kann somit nicht als untergegangen gelten. Anhaltspunkte dafür, daß das Gasöl an berechtigte Personen abgegeben worden ist, liegen nicht vor.

An der Rechtmäßigkeit des o.g. Steuerbescheides bestehen nach allem keine Zweifel." (Widerspruchsentscheid des Hauptzollamtes vom 14. 8. 1995)

Es waren vor allem die Art und Weise des Bescheides und das starrsinnige Verhalten der fernen Beamten im Hauptzollamt, die Herrn Petersen über die Maßen ärgerten: „Früher, da hätte es geheißen, na komm her, da schnacken wir erst mal in Ruhe drüber – und heute? Ich sag immer, die Beamten, daß sind Gottes dritte Garnitur . . ." Der weitere Widerspruchsweg schien dem Betroffenen zu mühevoll und zu risikoreich, außerdem waren die daraus erwachsenden finanziellen Belastungen für ihn nicht tragbar. Bereits die Zahlung des aufgrund der Nachversteuerung fälligen Betrages bedrückte ihn sehr. „Die 550 Mark, die ich zurückzahlen mußte, hätte ich lieber meinen Leuten zu Weihnachten gegeben . . ."

Allerdings ließ der doppelt Bestrafte es sich nicht nehmen, die Medien von dem ihm unbegreiflichen Vorfall in Kenntnis zu setzen. Nachdem ein Mitarbeiter des Hauptzollamtes gegenüber der Presse leichtfertig geäußert hatte, daß die Nachversteuerung entfallen könne, wenn Herr Petersen in der Lage wäre, die steuerbegünstigte Verwendung des Treibstoffes nachzuweisen, erhielt Herr Petersen folgenden anonymen Brief:

„Ich habe über das Unglück, welches Ihnen widerfahren ist, im Hamburger Abendblatt gelesen.

Es tut mir sehr leid, daß ich derjenige war, der Ihnen die 900 Liter Dieselöl geklaut hat. Da ich ein Gewerbetreibender bin wie Sie und keine andere Möglichkeit sah, meinen Betrieb weiter aufrecht zu erhalten, habe ich Ihnen das Dieselöl gestohlen. Ich hoffe, Sie können mir verzeihen. Ich möchte jetzt aber nicht, daß Sie auch noch Zoll bezahlen müssen und kann Ihnen versichern bzw. Ihrem Zoll bestätigen, daß ich den Sprit in der Form, wie es vom Zoll verlangt wird, gewerblich genutzt habe." (Anonymer Brief ohne Datum)

Es liegt nahe, daß das Hauptzollamt St. Annen diesen anonymen „Bekennerbrief" nicht als Beweis für die rechtmäßige steuerbegünstigte Verwendung des Dieselkraftstoffes anerkannte.

26. Der Grundsteuerbescheid
für die verkaufte Wohnung

Bürgermeisteramt Hartheim, Landratsamt Breisgau-Hochschwarzwald

Bei vielen der „haarsträubenden Erlebnisse mit dem Amtsschimmel" geht es weniger um die Frage, wer das „Recht" auf
seiner Seite hat. Nicht selten – so auch beim folgenden Fall –
kann sie ohne weiteres zugunsten der Verwaltung beantwortet
werden. Doch auch dann ist die Frage zu stellen, ob die rechtliche Beurteilung des jeweiligen Sachverhalts nicht auch Vari-
anten zum Vorteil der Betroffenen zugelassen hätte, warum
weiterhin möglicherweise Ermessensspielräume nicht ins Auge
gefaßt oder genutzt wurden und ob zu guter Letzt das „Recht"
in jedem Fall und mit allen zur Verfügung stehenden Mitteln
durchgesetzt werden muß.

Auch rechtmäßiges Verwaltungshandeln kann bei den Betroffenen Verständnislosigkeit und (langanhaltenden) Unmut
hervorrufen, wenn auf der Verwaltungsseite überhaupt kein
Wille erkennbar ist, ihr Handeln, ihr Vorgehen und ihre Bescheide zu begründen und dem Bürger so verständlich zu machen, daß bei ihm nicht das Gefühl von Ohnmacht gegenüber
einer allmächtigen und rigide handelnden Bürokratie entsteht.

Im Jahre 1990 hatte Frau Ossenbaum in Hartheim im
Schwarzwald eine Eigentumswohnung erworben. Wie sie sich
erinnert, war ihr als neuer Eigentümerin bereits wenige Wochen nach Abschluß des Kaufvertrages der erste Grundsteuerbescheid zugestellt worden. Diese zügige Umschreibung und
Neuveranlagung hatte sie damals nicht verwundert – im Gegenteil war es doch nur folgerichtig, daß sie als Besitzerin auch
die auf dem Haus liegenden Kommunalabgaben zu tragen
hatte.

Zwei Jahre später heiratete Frau Ossenbaum und zog zu ihrem Ehemann in die Schweiz. Die Eigentumswohnung verkaufte sie im Juni 1992. Die Eintragung der neuen Besitzer im Grundbuch erfolgte im August 1992. Frau Ossenbaum war zunächst irritiert darüber, daß sie weiterhin vierteljährlich Grundsteuerbescheide der Gemeinde Hartheim erhielt. Nachdem sie jedoch das Kleingedruckte auf den Bescheiden studiert hatte, wußte sie, daß dieses Vorgehen dem geltenden Recht entsprach. Daraus entnahm sie aber auch, daß spätestens im kommenden Jahr die neuen Besitzer in Anspruch genommen würden.

Viele Grundstücksbesitzer haben beim Verkauf ihrer Häuser wahrscheinlich ähnliche Erfahrungen wie Frau Ossenbaum gemacht: Die Kommunalabgaben werden häufig noch lange Zeit nach Verkauf vom ehemaligen Hausbesitzer eingefordert, obgleich im notariellen Kaufvertrag der Passus enthalten ist, daß „nach Übergang des Eigentums alle Lasten auf den neuen Eigentümer" übergehen. Auf die beim Projekt „Bürokratie im Alltag" obligatorische Nachfrage schrieb hierzu das in diesem Fall zuständige Bürgermeisteramt Hartheim:

„Dieser Zusatz ist in den Fällen schlichtweg falsch, bei denen es sich um Eigentumsübergänge während des laufenden Jahres handelt, da die Grundsteuer frühestens auf den 1. Januar des Folgejahres dem neuen Eigentümer zugeschrieben werden darf."

Erst der neue Meßbescheid des zuständigen Finanzamtes ermögliche eine Steuerfestsetzung für den neuen Eigentümer. Bis zu diesem Zeitpunkt halte man sich an den alten Besitzer.

Weiterhin merkte das Bürgermeisteramt Hartheim an, „daß bei den einzelnen Sachgebieten (des Finanzamtes) unterschiedliche Bearbeitungszeiten benötigt werden", um dann mit dem Fazit zu schließen:

„Die steuererhebende Gemeinde besitzt hierdurch immer einen sicheren Zahlungspflichtigen; das Risiko, (...) Steuereinbußen hinzunehmen, ist dadurch praktisch ausgeschlossen." (Schreiben des Bürgermeisteramtes Hartheim vom 13. 9. 1996)

Als Frau Ossenbaum zu Beginn des Jahres 1993 wiederum einen Grundsteuerbescheid der Gemeinde Hartheim erhielt, war ihre Geduld erschöpft. Sie sah nicht ein, warum sie mit ihrer Zahlung dem Schlendrian der Verwaltung noch Vorschub leisten und die Haftung für die fahrlässig in Kauf genommenen Steuereinbußen übernehmen sollte. Da sie auch auf telefonische Nachfrage keine befriedigende Auskunft erhielt, legte sie Einspruch gegen den Bescheid ein. Im Antwortschreiben des Bürgermeisteramtes Hartheim wurde darauf hingewiesen, daß Umschreibungen schon 12 bis 24 Monate in Anspruch nehmen könnten; im übrigen sei die Rechtslage eindeutig und sie danach zahlungspflichtig. Wenn sie dennoch ihren Widerspruch nicht zurücknehmen wolle, werde dieser dem Landratsamt „zur Ablehnung" vorgelegt: „Vorsorglich weisen wir auf die Zahlungspflicht zum genannten Termin hin, die unbeschadet eines Widerspruchsverfahrens besteht." (Schreiben des Bürgermeisteramtes Hartheim vom 18. 1. 1993)

Frau Ossenbaum nahm ihren Widerspruch nicht zurück. Am 18. 3. 1993 erhielt sie folgendes Schreiben des Landratsamtes Breisgau-Hochschwarzwald:

„Die Gemeinde Hartheim hat uns Ihren Widerspruch gegen den Grundsteuerbescheid 1993 zur Entscheidung vorgelegt. Unsere Überprüfung hat ergeben, daß der Bescheid rechtmäßig ist.

Sie haben Ihr Grundstück 1992 veräußert. Der neue Eigentümer wird Schuldner der Grundsteuer erst dann, wenn die Gemeinde befugt ist, an diesen einen Grundsteuerbescheid zu erlassen. Die Befugnis, einen Bescheid zu erlassen, entsteht zu dem Zeitpunkt, in dem die Gemeinde einen geänderten Steuermeßbescheid erhält. Da erfahrungsgemäß bei Eigentumswechsel die Zurechnungsfortschreibung des Finanzamtes einige Zeit dauert, bleibt bis zum Abschluß dieses Verfahrens der bisherige Eigentümer Steuerschuldner. Nach der gegebenen Rechtslage sind Sie bis zur Änderung des Steuermeßbescheides des Finanzamtes zur Zahlung der Grundsteuer verpflichtet. (. . .)

Bevor wir eine rechtsmittelfähige kostenpflichtige Entscheidung treffen, möchten wir Ihnen hiermit Gelegenheit geben, den Widerspruch zurückzunehmen. Sollten wir bis zu dem genannten Zeitpunkt keine Nachricht von Ihnen erhalten haben, gehen wir davon aus, daß Sie Ihren Widerspruch aufrecht erhalten. Für diesen Fall werden wir eine kostenpflichtige Entscheidung treffen und diese Ihnen zukommen lassen." (Schreiben des Landratsamtes Breisgau-Hochschwarzwald vom 18. 3. 1993)

Diese Reaktion hatte Frau Ossenbaum nicht erwartet. Zwar konnte die promovierte Pharmazeutin die Begründung dafür, warum sie weiterhin die Grundsteuer für ihre frühere Wohnung bezahlen sollte, nur schwer nachvollziehen, eines jedoch war eindeutig: Statt einer Entschuldigung für ein Mißverständnis oder ein Versäumnis hielt sie nun nicht nur die wenig plausible Begründung für die Aufrechterhaltung des Steuerbescheides in den Händen, sondern darüber hinaus die Androhung zusätzlicher Gebühren für den Fall, daß sie ihren Widerspruch nicht zurücknehmen wollte.

Das sah Frau Ossenbaum überhaupt nicht ein. Während sich offensichtlich irgendwo Sachbearbeiter so viel Zeit ließen, daß sie es kaum fassen konnte (Frau Ossenbaum stand als Beschäftige eines großen Wirtschaftsunternehmens in hartem Konkurrenzkampf), sollte sie für ihren Widerspruch gegen dieses offenbare Versäumnis und die daraus resultierenden ärgerlichen Folgen sehr zügig und direkt zur Kasse gebeten werden.

Frau Ossenbaum hielt ihren Widerspruch weiterhin aufrecht – welche einleuchtenden Argumente sollten auch ihre Verständnislosigkeit widerlegt haben? Ihr wurde bewußt, daß derartige wenig einsichtige Bescheide in der Regel ohne jeden Widerspruch hingenommen werden, weil man sich im Dschungel der Paragraphen ohnehin unterlegen fühlt. Ab sofort ignorierte Frau Ossenbaum die weiterhin eingehenden Anschreiben der deutschen Behörden.

In den folgenden Wochen und Monaten erhielt sie nicht nur weitere Grundsteuerbescheide samt Mahngebühren vom Bürgermeisteramt Hartheim, sondern auch Kostenbescheide über Widerspruchsgebühren und Mahngebühren vom Landratsamt Breisgau-Hochschwarzwald. Aus Mahnungen wurden Androhungen von Zwangsgeldern, dann Androhungen von Vollstreckungsmaßnahmen.

Zu Beginn des Jahres 1994 eskalierte die Auseinandersetzung um die Grundsteuer für die nunmehr seit nahezu zwei Jahren verkaufte Eigentumswohnung: Frau Ossenbaum erhielt eine Vorladung der Gemeindeverwaltung ihres neuen Wohnortes. Das verwunderte sie sehr – erfolgte der Amtsverkehr in der Schweiz nach ihren Erfahrungen doch eher unter Umgehung der Ehefrauen. Sie grübelte über den möglichen Grund nach, der doch sehr ernst sein mußte ... Beim Bürgermeisteramt legte man ihr dann ein formloses Amtshilfeersuchen des Landratsamtes Breisgau-Hochschwarzwald über die Zwangsvollstreckung des Betrages von 62 DM für Widerspruchs- und Mahngebühren vor. Nachdem sie den Vorfall dargelegt hatte, verabschiedete man Frau Ossenbaum, ohne irgendwelche Anstalten zu unternehmen, das Amtshilfeersuchen zu vollstrecken.

Frau Ossenbaum nahm diesen Vorgang jedoch zum Anlaß, wiederum Kontakt zu den deutschen Behörden aufzunehmen. Zuerst telefonierte sie mit dem Landratsamt Breisgau-Hochschwarzwald und fragte dort an, wie sich denn die Angelegenheit gütlich bereinigen ließe. Nach ihrer Erinnerung lautete die Antwort kurz und lapidar: „Wenn Sie mit uns einig werden wollen, dann zahlen Sie!" Daraufhin verfaßte die Betroffene folgenden Brief an das Landratsamt, in dem sie ihr Unverständnis über das Verhalten der Behörden zum Ausdruck brachte und dann ihre Einschätzung der Sachlage zusammenfaßte:

„Es widerspricht wohl jedem gesunden Menschenverstand, wenn als Konsequenz nicht etwa die behördeninternen Abläufe überprüft und beschleunigt werden, sondern ein für den ‚Nicht-Steuerpflichtigen' kostenpflichtiger Entscheid herbeigeführt wird, der besagt, daß der ‚Nichtsteuerpflichtige' zunächst zahlen muß, damit dann – abzüglich Zinsen und Spesen – wieder zurückgezahlt werden kann ...

Es widerspricht weiterhin jedem Rechtsempfinden eines ordentlichen und unbescholtenen Steuerzahlers, für den Einspruch gegen eine unbegründete Steuerforderung, deren Gegenstandslosigkeit aus der Eintragungsbekanntmachung des Grundbuchamtes klar ersichtlich ist, bezahlen zu müssen." (Brief von Frau Ossenbaum vom 3. 1. 1994)

Am 26. 1. 1994 erhielt Frau Ossenbaum Antwort vom Landratsamt Breisgau-Hochschwarzwald, in der der Sachbearbeiter zuerst auf den bereits ergangenen Widerspruchsbescheid hinwies, um dann zu schließen:

„Sofern Sie Ihren Widerspruch gegen die Widerspruchs- und Mahngebühr aufrechterhalten, lassen Sie uns dies wissen. Wir sehen Ihrer Nachricht bis zum 10. 2. 1994 entgegen." (Schreiben des Landratsamtes Breisgau-Hochschwarzwald vom 26. 1. 1994)

Die Aufforderung, Widerspruch gegen die Widerspruchsgebühr einzulegen, schien Frau Ossenbaum dann doch zu absurd, sie war die Geschichte leid und lenkte ein: Nachdem inzwischen der erste Bescheid über die Grundsteuer 1994 (!) eingetroffen war, überwies sie am 10. 2. 1994 mit der Begründung, „weiterer Verschwendung von Steuergeldern und Zeit Einhalt zu gebieten", Widerspruchs- und Mahngebühren an das Landratsamt Breisgau, die Grundsteuer für das gesamte Jahr 1993 und das erste Quartal 1994 an das Bürgermeisteramt Hartheim. In einem zusätzlichen Brief an das Landratsamt behielt sie sich „das Recht vor, die Vorfälle durch einen Rechtsanwalt überprüfen zu lassen sowie der Presse Kenntnis davon zu geben." Hiervon hatte sie das Bürgermeisteramt Hartheim in einem Telefongespräch ebenfalls unterrichtet. (Brief von Frau Ossenbaum vom 10. 2. 1994)

Einen Tag später – entweder lag endlich der Steuermeßbescheid des zuständigen Finanzamtes vor oder die Drohung der Betroffenen hatte nun doch Wirkung gezeigt – stellte das Bürgermeisteramt Hartheim den lang ersehnten Grundsteueränderungsbescheid aus. Damit überschnitt sich jedoch die Überweisung der säumigen Grundsteuer mit der Ausstellung des Änderungsbescheides – der Bescheid war falsch und mußte korrigiert werden ... Zwei Monate später schickte die Gemeindekasse Hartheim Frau Ossenbaum per Post den geänderten Grundsteueränderungsbescheid sowie einen Verrechnungsscheck mit dem Vermerk „Überzahlung Grundsteuer".

„Irritiert hat mich" – so faßte Frau Ossenbaum ihre Schlußfolgerungen aus dem fast zweijährigen Streit zusammen – „nicht nur der Sachverhalt an sich, sondern auch die unverhohlene und fast schon stolze Art, mit der man sich offensichtlicher Fehler bzw. Pendenzen brüstet. Ein solches Verhalten kann sich ein Selbständiger oder ein Angestellter auf dem freien Markt nicht leisten." (Brief von Frau Ossenbaum vom 7. 8. 1995)

Nachtrag:

In seiner ausführlichen und um Aufklärung bemühten Stellungnahme zum Fall legte das Bürgermeisteramt Hartheim Wert auf die Feststellung:

„Weiterhin sei zu bemerken, daß Frau Dr. Ossenbaum sich nicht nur in diesem Falle äußerst unkooperativ verhielt. Die Gründe hierfür sind uns nicht bekannt, dürften jedoch in einem allgemeinen Behördenverdruß o.ä. begründet liegen. (...) Die Folge (ihres Zahlungssäumnisses) hätten Verwaltungszwangsmaßnahmen sein müssen, die bis zur Pfändung, etc. hätten führen können. Dies verhinderten wir jedoch kulanterweise durch das Zusammenwirken von Gemeindekasse und Steueramt. (...) (Anm. d. Verf.: Tatsächlich betrieb lediglich das Landratsamt Breisgau-Hochschwarzwald die Pfändung der Widerspruchs- und Mahngebühren bis zum beschriebenen Amtshilfeersuchen.) Die Gemeindeverwaltung kam Frau Dr. Ossenbaum somit in einer Vielzahl von Verwaltungsvorgängen entgegen. Auch die per Telefon geführten Gespräche wurden in einer entspannten Situation geführt. Umso verwunderter erscheint uns die Reaktion der Frau Dr. Ossenbaum, zumal ihr letztlich weder ein finanzieller Verlust noch eine ungerechte Behandlung oder eine Rechtswidrigkeit widerfuhr. Die Wertung der Angelegenheit überlassen wir Ihnen." (Brief des Bürgermeisteramtes Hartheim vom 23. 9. 1996)

27. Die ungesetzliche Kirmesschlachtung

Veterinäramt Göttingen

Brochthausen ist eine Gemeinde im katholischen Eichsfeld. Hier steht der liebe Gott an erster Stelle, gefolgt – mit dem gebührenden Abstand – vom örtlichen Schützenverein: Von den 680 Einwohnern sind 120 eingetragene Schützenbrüder und -schwestern. Es ist insbesondere der Schützenverein, der großen Wert auf Tradition und eine enge Verbindung zur Kirche legt. Unter anderem demonstriert er dies am jährlich stattfindenden Kirchweihfest: Zu Ehren des Kirchengeburtstages schlachten die Mitglieder des Schützenvereins ein Schwein, verarbeiten den einen Teil zur berühmten Eichsfelder Mettwurst, den anderen zu Mett und Kochwürsten, die sodann frisch als Schlachteplatte verspeist werden.

Die Eichsfelder Hausschlachtung ist dann auch bereits ein weiterer Pfeiler der regionalen Identität, wie sie uns zumindest über einschlägige Literatur vermittelt wird. Eins steht jedenfalls außer Frage: Wer im Winter durch das Eichsfeld fährt, muß nur einmal darauf achten, auf wie vielen Höfen zwei Schornsteine unter Feuer stehen; einer erhitzt ganz gewiß einen Schlachtekessel!

Diese Tradition nahm im Oktober 1995 die regionale Presse zum Anlaß, über die Hausschlachtung des Brochthausener Schützenvereins zu berichten:

„Mit der Verarbeitung einer 420 Pfund schweren Sau hat jetzt der Brochthausener Schützenverein die diesjährige Schlachtesaison eröffnet. Zahlreiche Vereinsmitglieder griffen kräftig zu und halfen bei der Fertigung von ‚Stracke‘ und ‚Kälberblase‘. Pünktlich um 8 Uhr morgens wurde von Schlachter Wolfgang Bothmann der Startschuß zum Stechen des rosa Landschweins gegeben, gegen Mittag verspeisten die

Vereinsmitglieder dann den leckeren ‚Lohn der Mühe‘. (Eichsfelder Tageblatt vom 15. 10. 1995)

Dieser Zeitungsbericht blieb jedoch dem aufmerksamen Leiter des zuständigen Göttinger Veterinäramtes nicht verborgen. An der Art der Schlachtung hatte er einiges auszusetzen…

Bevor er allerdings selbst zur Tat schritt, veranlaßte er einen „Gewerbeüberwachungsbeamten", der Angelegenheit mit der ganzen Macht des Staates nachzugehen. Im Namen des Gesetzes wurden der 1. und der 2. Vorsitzende des Schützenvereins einer Anhörung unterzogen. Auf Sinn, Zweck und Durchführung der Schlachtung befragt, gab der 1. Vorsitzende zu Protokoll:

„Ich bin mit dem Gegenstand der Vernehmung vertraut gemacht worden, auf ein eventuelles Aussageverweigerungsrecht hingewiesen worden und bin bereit, mich zur Sache zu äußern.

Grund der Schlachtung.

Es sollte nur für den Schützenverein Brochthausen ein Schlachteessen stattfinden, da wir ein Preisschießen durchgeführt haben. Das Schwein wurde bei unserem Schützenbruder Rolf Metge geschlachtet und verarbeitet. Danach wurden die Wurstwaren ins Schützenhaus zum Verzehr gebracht." (Vernehmungsprotokoll Gewerbeüberwachung Duderstadt vom 9. 10. 1995)

Eine entscheidende Frage war offenbar, wer genau im Schützenhaus zu welchen Bedingungen die frischen Schlachtewaren verzehrt hatte. Erst mit einer eventuellen „gewerblichen Abgabe" konnten die Brochthausener Schützen dingfest gemacht werden. Um diese zu belegen, wurde nichts unversucht gelassen. So erfolgte beim Kassenwart ein Anruf von höchster Stelle, nach der Erinnerung des Betroffenen handelte es sich um den Chef des Veterinäramtes persönlich. Der Anrufer fragte ganz direkt und unverblümt: „Ich habe gehört, Sie sind Schriftführer des Schützenvereins Brochthausen. Aus sicherer Quelle habe ich erfahren, daß die Schlachtesuppe für 3 DM verkauft wurde. Haben Sie dies in Ihren Unterlagen verbucht?" Der so Befragte beschied den ungehaltenen Anrufer negativ und legte Wert auf die Feststellung, daß er Kassenwart und nicht Schriftführer des Vereins sei.

Selbstverständlich mußten die Kosten für das Schwein in irgendeiner Form wieder hereinkommen, ob durch eine Umlage, eine Spende für die neue Fahne – oder wie auch immer: Da es an dieser Stelle nicht bedeutsam erscheint, soll hier auf Details nicht näher eingegangen werden.

Am 21. 11. 1995 – nach mühsam erfolgter Beweisaufnahme – wurde der 1. Vorsitzende zur erneuten Vernehmung ins Ordnungsamt der Stadt Duderstadt geladen. In der Anlage wurden die Anschuldigungen minutiös aufgeführt:

„Verstoß gegen die Vorschriften der Niedersächsischen Hygiene-Verordnung und gegen § 9 Hackfleisch-Verordnung

Am 30. September 1995 wurde ein Schwein des Herrn Rolf Metge, Brochthausen, auf dessen landwirtschaftlichem Betrieb für den Vorsitzenden des Schützenvereins Herrn Manfred Molthaup, Brochthausen, geschlachtet.

Die Schlachtung fand entgegen § 9 Abs. 1 Nds. Hyg.-VO unter freiem Himmel (siehe Bildberichterstattung des ‚Eichsfelder Tageblattes' vom 7. 10. 1995 (!)) statt. Die dort tätigen Personen waren entgegen § 18 Abs. 2 Nds. Hyg. VO zum Teil unzureichend mit Schutzkleidung versehen; auch fanden unzulässige Gegenstände, – wie z.B. Holzmollen – (§ 13 Nds. Hyg.-VO) Verwendung.

Die o.a. Sachverhalte hätten bei einer sogenannten Hausschlachtung akzeptiert werden können (Hausschlachtungen nach § 3 Fleischhygienegesetz: Schlachtungen außerhalb gewerblicher Schlachtstätten, wenn das Fleisch ausschließlich im eigenen Haushalt des Besitzers verwendet wird), nicht jedoch bei einem gewerbsmäßigen Indenverkehrbringen.

Gemäß Rechtskommentar Zipfel zu § 7 Abs. 2 LMBG steht eine gewerbsmäßige Tätigkeit im Gegensatz zum privaten hauswirtschaftlichen Bereich.

Diesem Rechtskommentar folgend, handelt es sich eindeutig um eine gewerbsmäßige Tätigkeit. Dabei ist es unerheblich, ob an dem fraglichen Essen auf dem Schießstand des Schützenvereins Brochthausen nur Angehörige des Schützenvereins oder auch andere nichtorganisierte Brochthäuser, die laut Aushang eingeladen waren, teilgenommen haben.

Darüber hinaus ist dem Pressebericht zu entnehmen, daß auch ‚Mett' produziert worden ist. Ohne prüfen zu wollen, inwieweit der Hausschlachter Herr Bothmann über eine Qualifikation nach § 10 Hackfleisch-Verordnung zum Herstellen von Hackfleisch verfügt, liegt jedoch durch Herstellen von Hackfleisch auf dem Betrieb des Herrn Metge eindeutig ein Verstoß im Sinne § 9 Abs. 1 Hackfleisch-VO vor. Da die erzeugten Produkte in eine Einrichtung zur Gemeinschaftsverpflegung abgegeben wurden, können gemäß § 1 Abs. 2 Nr. 3 Fleischhygiene-VO die Vorschriften der Fleischhygiene-VO nicht in Anwendung gebracht werden. Es liegen Verstöße im Sinne der o.a. aufgeführten Rechtsvorschriften der Nds. Hyg.-VO vor." (Anlage zur Anhörung vom 21. 11. 1995)

Diese Ausführungen hatten es in sich. Sie klangen zwar wie ein guter Scherz, waren aber dennoch offenbar sehr ernst gemeint. Nun ging ein Aufschrei der Empörung durch das ganze Eichsfeld. In kürzester Zeit standen Bürgermeister, Kreisdirektoren, Kreistagabgeordnete und andere gewählte und nicht gewählte Vertreter des Volkswillens bereit, um ihr Gewicht für den Erhalt der Tradition in die Waagschale zu werfen. Im Ort selbst vermischten sich Empörung und – in falscher Einschätzung der Kräfteverhältnisse – Gelassenheit: „Wenn wir es auch gar nicht brauchten, jetzt schlachten wir erst recht jedes Jahr!" Und wer hätte es gedacht – das Bußgeldverfahren gegen den Schützenverein wurde formlos eingestellt.

Damit war der vermeintliche Schweineschwank, der vom Amt kreierte Eichsfelder Komödienstadel jedoch noch nicht beendet:

Der Brochthäuser Sportverein schlachtet ebenfalls einmal im Jahr ein Schwein – dessen Schlachtetermin fällt in schöner Regelmäßigkeit auf den Rosenmontag! Im Unterschied zum Schützenverein stellte der Sportverein aber in der Vergangenheit eine deutlich als Geldbetrag für das Schlachteessen erkennbare Umlage in Rechnung.

Wenige Tage vor der geplanten Schlachtung klingelte es an der Tür des 1. Vorsitzenden – draußen stand der Veterinärrat des Landkreises Göttingen! Freundlich erläuterte er die heikle Rechtslage und riet zur Tötung und Verarbeitung des Schweins in einem Fleischereibetrieb. Niemand konnte sich erklären, woher der hohe Göttinger Beamte ausgerechnet über den Termin der geplanten Hausschlachtung des Brochthäuser Sportvereins informiert war.

Nach kurzer Beratschlagung entschied der Vorstand des Sportvereins, das bereits ausgesuchte Schwein in einer Fleischerei des Nachbarortes schlachten zu lassen. Um Kosten zu sparen, hatten sich zwei Vereinsmitglieder dort zur Hilfe angemeldet. Als sie am Morgen des Schlachttages auf dem Hof der Schlachterei eintrafen, staunten sie nicht schlecht, als dort der Kreisveterinärrat auf sie wartete. Dieser informierte die Anwesenden darüber, daß er die ordnungsgemäße Durchführung der Schlachtung überwachen wolle.

Zu diesem Zweck überprüfte der Beamte das Material der Mollen (die nicht aus Holz sein durften), die Griffe der Messer (die ebenfalls nicht aus Holz sein durften), die Metallglocken zum Entborsten (die im Wassereimer verwahrt werden mußten), die Bekleidung der Gehilfen (Schürzen und Kopfbedeckungen mußten selbstverständlich getragen werden) und andere wesentliche Dinge des Schlachteablaufs. Nach vollzogener Amtstätigkeit verabschiedete sich der Chef des Kreisveterinäramtes und brachte seine Genugtuung über die korrekt durchgeführte Schlachtung zum Ausdruck. Ohne von der Wurst zu kosten, machte er sich zurück auf den Weg ins Göttinger Amt, sichtlich zufrieden, am Ende doch gesiegt zu haben ...

28. Die verzögerte Namensänderung

Rechtsamt Stadt Sindelfingen, Regierungspräsidium Stuttgart

Nachdem Frau und Herr Maulhardt sich im Laufe der Jahre auseinandergelebt hatten, wurde am 6. 3. 1991 per Gerichtsbeschluß die Scheidung vollzogen. Da sich der Vater in der Folgezeit kaum um die beiden aus der Ehe stammenden Kinder kümmerte, übertrug das zuständige Jugendamt Frau Maulhardt am 22. 5. 1992 das alleinige Sorgerecht. Vorerst bemühten sich die damals elfjährige Tochter Claudia und der siebenjährige Sohn Stephan von sich aus darum, den Kontakt zum Vater aufrecht zu erhalten. Da dessen Interesse an den Treffen mit seinen Kindern jedoch bald nachließ, besuchten die beiden ihren Vater im Februar 1993 zum letzten Mal.

Am 29. 4. 1994 heiratete Frau Maulhardt erneut; sie und ihr Mann nahmen den Geburtsnamen der Ehefrau als Ehenamen an. Die Eheleute hießen fortan Schreiber. Die von den Kindern ausdrücklich gewünschte Umbenennung erforderte in ihrem Fall jedoch einen gesonderten Antrag auf Namensänderung; diesen stellte die als Teillogistin bei einer Computerfirma arbeitende Mutter im Namen der Kinder sofort nach der Heirat. Die Gründe für einen solchen Antrag lagen auf der Hand: Für die Kinder war es nur schwer verständlich, daß sie einen anderen Namen tragen sollten als ihre Mutter und ihr neuer Vater. Abgesehen davon kamen sie immer wieder in die Situation – sei es im Freundeskreis oder in der Schule – diesen Umstand erklären zu müssen. Den Erklärungsdruck erlebten sie verständlicherweise als sehr belastend, zumal der Vater, dessen Namen sie tragen mußten, mit ihnen offenbar nichts mehr zu tun haben wollte.

In dem Antrag auf Umbenennung der Kinder betonte Frau Schreiber daher, daß die Annahme des neuen Namens von den

Kindern ausdrücklich gewünscht werde. Als Beleg dafür fügte sie dem Antrag einen handgeschriebenen Brief der Tochter bei. Weiterhin erwähnte sie, daß ihre Tochter sich in psychologischer Behandlung befinde, deren Ziel die Verarbeitung des Konflikts und der enttäuschten Vaterbeziehung sei. Das Desinteresse des Vaters an der weiteren Entwicklung seiner Kinder konnte sie im Antrag leicht und schlüssig belegen.

Bereits am 16. 9. 1994 erhielt Frau Schreiber einen denkbar positiven Bescheid des Rechtsamtes der Stadt Sindelfingen. Die Verfügung, die „erst mit ihrer Rechtskraft wirksam" werde, bezog sich unter anderem auf die Stellungnahme eines Diplompsychologen, die ganz eindeutig ausfiel:

„Bezüglich der Namensänderung halte ich es für unbedingt erforderlich, dem Wunsch beider Kinder entgegenzukommen. Claudia sieht dies nicht nur als eine Formsache an (. . .). Vielmehr hat der Name bei der Trennung der Eltern Claudias starken innerpsychischen Symbolcharakter bezüglich der Zugehörigkeit zur Mutter. Es kommt darin zum Ausdruck, wo sie sich geborgen fühlt, und von wo eine starke emotionale Bindung ausgeht."

Nach eingehender Begründung, in der der Sachbearbeiter auf die stark gelockerten rechtlichen Voraussetzungen für derartige Namensänderungen hinwies, faßte er die eindeutige Beurteilung des Rechtsamtes noch einmal zusammen:

„Nach unseren Erkenntnissen, insbesondere aus Gesprächen mit den Beteiligten sowie aus dem oben zitierten Gutachten ergibt sich, daß die beantragte Namensänderung dem Wohl der Kinder zumindest förderlich ist. Die Kinder haben eine enge Beziehung sowohl zur Mutter, als auch zum Ehemann der Mutter; wohingegen die Beziehungen der Kinder zu ihrem Vater (. . .) gänzlich fehlen. (. . .)

Im übrigen hat der Vater keine durchschlagenden oder überwiegenden eigenen Interessen an der Beibehaltung des Familiennamens durch die Kinder vorgetragen. Soweit er eine Normalisierung bzw. Stabilisierung der Beziehung der Kinder zu ihm anspricht, so ist dies mit Sicherheit nicht durch eine Ablehnung der beantragten Namensänderung (. . .) zu erreichen.

(. . .) Insgesamt ist ein eindeutiges Überwiegen der Interessen der Kinder an der beantragten Namensänderung festzustellen, weshalb – wie geschehen – zu entscheiden ist." (Verfügung des Rechtsamtes der Stadt Sindelfingen vom 16. 6. 1994)

Obgleich der Kindesvater Widerspruch gegen diese Entscheidung einlegte, erklärte der Beamte des Rechtsamtes Frau Schreiber, daß nun alles nur noch Formsache sei. Rechtskraft erlange die Verfügung bereits in vier Wochen, der endgültige Bescheid werde ihr dann von der übergeordneten Behörde – dem Regierungspräsidium Stuttgart – zugehen. Frau Schreiber war über diese Auskunft vor allem deshalb so erleichtert, weil damit endlich die Zeit vorüber zu sein schien, in der sie immer wieder langwierige und ausführliche Erklärungen über ihre Lebensführung, ihren Lebenslauf, über ihre Beziehungen zu Ex-Mann, Mann und Kindern vor fremden Menschen ausbreiten mußte.

Als sie nach fast sieben Monaten aus Stuttgart noch immer keine Benachrichtigung erhalten hatte, schrieb Frau Schreiber an das Regierungspräsidium und betonte, daß die Probleme, denen die Familie mit der Namensänderung aus dem Weg habe gehen wollen, sie nun täglich einholten. Vor allem für die Kinder werde die Situation immer unerträglicher. Sie verblieb mit dem eindringlichen Wunsch:

„Im Namen meiner Kinder erbitte ich Ihre baldige Entscheidung." (Brief von Frau Schreiber vom 8. 3. 1995)

In einem weiteren Brief an das Rechtsamt der Stadt Sindelfingen vom 11. 4. 1995 teilte sie dem zuständigen Sachbearbeiter mit, daß die Familie im Herbst in ein anderes Bundesland umziehen werde. Sie erwarte um so dringender die Verfügung des Regierungspräsidiums, weil die Kinder an ihrem neuen Wohnort „nicht auch noch mit diesen Altlasten" zu kämpfen haben sollten.

Vom Rechtsamt der Stadt Sindelfingen erhielt sie bald Antwort. Der Sachbearbeiter wies auf ein kürzlich mit dem Regierungspräsidium geführtes Telefongespräch hin, in dessen Verlauf ihm zugesichert worden sei, daß eine Erledigung „sofort" erfolge. Im übrigen bedaure er „selbstverständlich die bisherige lange Bearbeitungszeit beim Regierungspräsidium, die – wie ich aufgrund der tel. Rücksprache vermute – auf ein dortiges Versehen zurückzuführen ist." (Brief des Rechtsamtes der Stadt Sindelfingen vom 18. 4. 1995)

Endlich – am 31. 7. 1995, also nach nahezu einem Jahr Bearbeitungszeit – traf bei der Stadt Sindelfingen der so lange ersehnte Bescheid ein. Allerdings lautete er anders als vermutet:

„Das Regierungspräsidium hat große Bedenken, den Widerspruch (des Vaters) als unbegründet zurückzuweisen. (...) Vorbehalte bestehen gegen die ausschließliche Anerkennung des Gutachtens des Diplompsychologen, der im übrigen nur das Kind Claudia begutachtet hat. Zwingend vorgeschrieben nach der NamÄndVwV aber ist eine gutachterliche Stellungnahme des Kreisjugendamtes für beide Kinder. (...) Hinzu kommt, daß beide Kinder inzwischen in einem Alter sind, in dem sie bei entsprechender Fürsorge verstehen müssen, daß sie sozusagen zwei Väter haben. Hier kommt dem neuen Familienverband eine besondere Aufgabe zu." (Brief des Regierungspräsidiums Stuttgart vom 31. 7. 1995)

Dem so kooperativen Sachbearbeiter der Stadt Sindelfingen kam nun die undankbare Aufgabe zu, diesen Stand der Dinge der Familie Schreiber mitzuteilen. Vorsichtig formulierte er, daß das Regierungspräsidium die Einholung einer Stellungnahme des Jugendamtes für unabdingbar halte.

Inzwischen war die Familie Schreiber nach Rodgau umgezogen. Dort mußten die beiden Kinder wieder mit dem alten Namen angemeldet werden, aus dem mit dem Ortswechsel geplanten Neuanfang war nichts geworden. Während das Sindelfinger Jugendamt mit der Familiensituation und den zur Diskussion stehenden Fragen vertraut war, bedeutete der nun erforderliche Gang zum Rodgauer Jugendamt außerdem, alles noch einmal erklären, vortragen und die Familiengeschichte wiederum ausbreiten zu müssen sowie neue und mühevolle Überzeugungsarbeit zu leisten.

Aufgebracht schrieb Frau Schreiber an das Regierungspräsidium Stuttgart:

„Das Jugendamt Sindelfingen war mit der Situation vertraut, seit der Zeit als ich das Sorgerecht ändern ließ (Februar

1992). Die Änderung wurde im übrigen beantragt, weil der Vater sich in keinster Weise um das Befinden der Kinder kümmerte."

Vor diesem Hintergrund hatte Frau Schreiber der Hinweis des Sachbearbeiters im Regierungspräsidium Stuttgart besonders getroffen, daß die Kinder „bei entsprechender Fürsorge" verstehen müßten, daß „sie sozusagen zwei Väter haben", und dem neuen Familienverband bei der Erklärung dieses Sachverhalts eine besondere Aufgabe zukomme. Dazu bemerkte Frau Schreiber kurz und knapp:

„Bitte nehmen Sie also Abstand von der Forderung, der neue ‚Familienverband' habe hier eine besondere Aufgabe!!"

Die Kinder hätten seit nunmehr über einem Jahr vor allem einen Wunsch, nämlich den alten Namen abzulegen und den neuen anzunehmen. Inzwischen hätten sie sich unter dem alten Familiennamen in der Rodgauer Schule anmelden müssen. Beide könnten ihre Interessen mittlerweile sehr deutlich artikulieren und hätten für die Verschleppung und Verhinderung ihres Anliegens überhaupt kein Verständnis.

„Ich kann nicht hinnehmen, daß Herr Almuth, obwohl er über den Umzug rechtzeitig informiert wurde, die Namensänderung unter fadenscheinigen Gründen so lange hinauszögerte und dann, einen Tag nach Umzug, sich zu einer Stellungnahme herabließ, die alles wieder von vorne beginnen läßt." (Brief von Frau Schreiber vom 15. 8. 1995)

Am 27. 9. 1995 erinnerte Frau Schreiber an ihren bis dahin nicht beantworteten Brief und bat noch einmal „dringend um Antwort". Am 13. 11. 1995 wiederholte sie ihre Erinnerung und drohte mit Einschaltung der Medien.

Im endlich am 6. 12. 1995 eintreffenden Antwortschreiben wurde unter Hinweis auf das Versäumnis der Stadt Sindelfingen, die „Stellungnahme des zuständigen Jugendamtes" einzuholen, der schwarze Peter an das dortige Bürgermeisteramt zurückgegeben.

In einem weiteren Brief an Frau Schreiber wies dagegen der Sachbearbeiter der Stadt Sindelfingen die Schuld an der endlosen Verzögerung des Verfahrens in aller Vorsicht von sich:

„Das Regierungspräsidium Stuttgart hielt es trotz des vorliegenden Gutachtens für unabdingbar, darüberhinaus eine Stellungnahme, die in allen Fällen ausnahmslos vorgeschrieben sei (!), einzuholen. (...)

Wir bedauern außerordentlich, daß sich die Angelegenheit – allerdings durch Umstände, die wir nicht zu vertreten haben – in der Bearbeitung doch nicht unerheblich verzögert hat." (Brief des Rechtsamtes der Stadt Sindelfingen vom 12. 2. 1996)

Das nun zuständige Jugendamt Offenbach bestellte Frau Schreiber mit ihren Kindern für den 27. 2. 1996 zu einem Anhörungstermin. In einem späteren Brief erinnerte sich die Betroffene an den Ablauf dieses Tages:

„Hier kannte man uns ja nun überhaupt nicht. Ich mußte also einen Tag Urlaub nehmen, um ein Gespräch zu führen, das mir wie eine Sorgerechtsverhandlung vorkam. Zuerst wurde ich 20 Minuten lang befragt, danach beide Kinder gemeinsam ca. 15 Minuten.

Alle alten Geschichten mußten wieder ausgegraben werden, obwohl in den Akten alles genau erläutert ist. (...) Wir drei hatten das Gefühl, uns verteidigen zu müssen. Wie die Sache nun weitergeht, konnte die Sozialarbeiterin uns leider nicht sagen, sie werde ihre ‚Beurteilung‘ weitergeben und wir bekämen von der ‚entsprechenden Stelle‘ Nachricht." (Brief von Frau Schreiber vom 28. 2. 1996)

Im nachhinein schwor sich Frau Schreiber, „nie mehr meine Lebensgeschichte für diese Namensänderung auszubreiten. Wenn die wenigstens irgendwelche kühnen Gründe gehabt hätten, warum die Kinder nicht den Namen bekommen sollten – aber uns über zwei Jahre in der Luft hängen zu lassen ...."

Am 29. 5. 1996 – also ein weiteres Vierteljahr später – wurden die neuen Namensurkunden ausgestellt. Die Standesbeamtin aus Sindelfingen meinte, daß es doch am schönsten sei, wenn die ganze Familie nach Sindelfingen käme, um die Urkunden persönlich in Empfang zu nehmen. Frau Schreiber zog eine formlose Übersendung der Papiere per Post vor. Am folgenden Tag meldete sie ihren Sohn mit dem Familiennamen Schreiber beim Konfirmandenunterricht an.

29. Das verzollte Paket

Hauptzollamt Bremen-Ost

Im Jahre 1993 wurde für Marina Mayhofer aus Wachtberg-Pech ein langgehegter Wunsch Wirklichkeit: Sie hatte ein Stipendium für einen Studienaufenthalt in den USA erhalten! Im Juli trat sie die Reise nach Washington an, um im Herbstsemester ihr Studienjahr an der Washington State University beginnen zu können.

Beim Packen ihrer Sachen merkte sie bald, daß sie Prioritäten setzen mußte: Obgleich sie begeisterte Skifahrerin war und wußte, daß Amerika auch im Winter gute Sport- und Freizeitmöglichkeiten bot, ließ sie Skier und Skianzug zu Haus. Da ihre Eltern sich für die Weihnachtsferien zu Besuch angesagt hatten, übertrug sie ihnen die Aufgabe, die Sachen mitzubringen. Tatsächlich klappte alles bestens – der gemeinsame Skiurlaub in den Rocky Mountains ist allen Beteiligten noch heute in bester Erinnerung. Weniger allerdings das, was sich danach ereignete:

Als ihre Eltern zurück nach Deutschland flogen, behielt Marina Mayhofer Skier und Skianzug da, um die guten Wintersportmöglichkeiten die ganze Saison über ausnutzen zu können. Ende Februar schickte sie dann ein Paket nach Haus, in dem sich der Skioverall, ein T-Shirt, ein Sweat-Shirt und einige Paar Socken befanden. Daß alle Kleidungsstücke ungewaschen, ungebügelt und nicht sonderlich ordentlich verstaut waren, soll hier nicht erwähnt werden, um die Stipendiatin zu denunzieren – diese Information spielt vielmehr für die Beurteilung der dann folgenden Ereignisse eine wesentliche Rolle ...

Die Mutter von Marina – im folgenden nur Frau Mayhofer genannt – erhielt das Paket am 3. 3. 1994. Allerdings nahm sie es nicht in Empfang; der Postbote hatte ihr nämlich zuvor ein beiliegendes Formblatt ausgehändigt, aus dem folgendes hervorging: Die Kleidungsstücke waren vom deutschen Zoll in Bremen als neu deklariert worden – damit wurde eine Zollgebühr von 191 DM fällig! Frau Mayhofer nahm das Paket also nicht entgegen und rief sofort bei der Abfertigungsstelle in Bremen an, um den Irrtum zu klären und das weitere Vorgehen abzustimmen. Ein Zollbeamter riet ihr, die Versendung des Paketes zum nahen Bonner Zollamt zu veranlassen, um es dort noch einmal kontrollieren zu lassen. Dies tat Frau Mayhofer auch.

Das Ergebnis des Zollamtes Bonn fiel so aus, wie es zu erwarten war. Frau Mayhofer erhielt die telefonische Bestätigung, daß die Kleidungsstücke offensichtlich bereits getragen seien. Dies teilte sie – ebenfalls telefonisch – dem Sachbearbeiter der nach wie vor zuständigen Abfertigungsstelle in Bremen mit, den sie in den kommenden Wochen noch näher kennenlernen sollte. Er machte sie darauf aufmerksam, daß sie die Bestätigung aus Bonn anfordern und einreichen und darüber hinaus Widerspruch gegen den ergangenen Zollbescheid einlegen müsse.

In einem längeren Widerspruchs-Brief erläuterte Frau Mayhofer daraufhin den Sachverhalt noch einmal:

„Meine Tochter Marina, die zur Zeit in den USA studiert, schickt mir in diesem Paket gebrauchte, ungewaschene Winter-Anziehsachen, damit ihr Gepäck bei ihrer Rückkehr Ende Juli nicht zu schwer wird.

Da ich nicht bereit war, auf Kleidung aus Deutschland, die wir bereits hier gebraucht gekauft hatten, Zollgebühren zu zahlen, ließ ich das Paket an die Zolldienststelle in Bonn schikken, um das Mißverständnis aufzuklären. Frau Meyer, eine Angestellte der Zolldienststelle, öffnete das Paket und stellte fest, daß es sich um getragene Kleidung handelt, was sie mir telefonisch bestätigte und jetzt auch schriftlich, siehe Anlage. Sie verwies mich aber gleichzeitig wieder an Sie.

Das Paket verweilt bis zur Aufklärung beim Wachtberger Postamt.

Ich bitte Sie hiermit, die Erhebung der Zollgebühren aufzuheben und meinen Fall beschleunigt zu bearbeiten." (Widerspruch von Frau Mayhofer vom 25. 3. 1994)

Auf ihren Brief erhielt Frau Mayhofer jedoch keinerlei Antwort. Auf nochmalige telefonische Anfrage teilte ihr der inzwischen bekannte Beamte des Zollamtes Bremen mit, daß ihm kein Widerspruch vorliege. Dummerweise hatte Frau Mayhofer keine Kopie von der Bestätigung des Bonner Zollamtes angefertigt. Also fragte sie dort freundlich an, ob sie die Bescheinigung noch einmal erhalten könne. Die sehr zuvorkommende Mitarbeiterin des Bonner Zollamtes erfüllte ihr diesen ungewöhnlichen Wunsch gern:

„Wie telefonisch besprochen möchte ich Ihnen nochmals bestätigen, daß sich in dem Paket von ihrer Tochter aus Amerika ein Overall befand, der deutlich an den Ärmeln und dem Kragen Tragespuren aufwies.

Ich hoffe, Ihnen damit weitergeholfen zu haben." (Bescheinigung des Zollamtes Bonn vom 8. 8. 1994)

Inzwischen war Marina Mayhofer aus Amerika zurückgekehrt und konnte die mittlerweile bereits ein halbes Jahr andauernde Auseinandersetzung um die Auslieferung ihres Paketes persönlich mitverfolgen. So nahm sie dann auch gemeinsam mit ihrer Mutter die Antwort des Hauptzollamtes Bremen-Ost auf ihren Widerspruch zur Kenntnis:

„Sehr geehrte Frau Mayhofer!

Die von Ihnen zum Nachweis dafür, daß es sich bei den von Ihrer Tochter aus den USA auf dem Postwege verschickten Bekleidungsgegenständen um solche gehandelt habe, die sie bereits zuvor in Deutschland benutzt hatte, beigefügte Bestätigung des Zollamtes Bonn steht im Widerspruch zu den amtlichen Feststellungen der hiesigen Einfuhrabfertigung des fraglichen Postpaketes. Nach einem amtlichen Vermerk befanden sich die Gegenstände in neuwertigem Zustand.

Zur Erlangung der Abgabenfreiheit im Rahmen der Rückwarenregelung bedarf es daher weiterer Nachweise, anhand derer die Richtigkeit Ihrer Angaben zumindest glaubhaft (!) gemacht werden können." (Schreiben des Hauptzollamtes Bremen-Ost vom 15. 8. 1994)

Wenige Tage nach Erhalt dieses Schreibens rief Frau Mayhofer wiederum beim Hauptzollamt Bremen an. Dieses Mal machte sich die freie Journalistin eifrig Gesprächsnotizen, die sie nach dem Gespräch gewissenhaft zu Papier brachte. Die Gesprächsprotokolle der Telefonate vom 27. 7. 1994 und vom 29. 8. 1994 sollen im folgenden auszugsweise wiedergegeben werden, obgleich sie natürlich keinen Beweischarakter haben. Sie sind es aber allein deshalb wert, hier vorgestellt zu werden, weil sie über den Fall hinaus zu dokumentieren vermögen, was viele andere Betroffene ebenfalls mitgeteilt haben: Auch im direkten Gespräch – insbesondere am Telefon – gelingt es nicht immer, der Amtsperson eindeutige und nachvollziehbare Aussagen zu entlocken. Die Verweigerung eines menschlichen Umgangstons und die amtliche Formalisierung jeder Kommunikation, die beim Brief ohne Schwierigkeit gelingt, ist auch am Telefon noch leichter möglich als beim Aufeinandertreffen in der Amtsstube . . .

M.: „Guten Tag, Herr Kautsch. Ich habe Ihren Brief auf mein Fax erhalten. Welche Nachweise benötigen Sie noch? Soll ich Ihnen Fotos schicken, auf denen meine Tochter den Skioverall trägt?"

K.: „Das ist kein Beweis."

M.: „Was ist denn ein Beweis für Sie?"

K.: „Zum Beispiel eine Kaufquittung."

M.: „Wer hat schon nach drei Jahren noch eine Quittung? Außerdem haben wir den Overall gebraucht gekauft."

K.: „Ja, wenn Sie keine Quittung haben, wie wollen sie dann etwas beweisen?" (. . .)

M.: „Alle Sachen im Paket sind Wintersachen, die meine Tochter vor ihrer Abreise aus den USA schon mal loswerden wollte; sie sind alle aus Deutschland – hier gekauft!"

K.: „Dann beweisen Sie es!"

M.: „Meine Tochter hat mir am Telefon gesagt, daß die Sachen noch nicht einmal gewaschen seien. Außerdem hat Ihnen doch die Bonner Zollbehörde, die das Paket geöffnet hatte, mitgeteilt, daß die Kleidungsstücke sichtbar gebraucht waren."

K.: „Der Zollbeamte hier in Bremen hat sie aber für neu befunden."

M.: „Herr Kautsch, wie kann ich Ihnen denn noch beweisen, daß es stimmt, was ich sage?"

K.: „Sie können es mir eben nicht beweisen. Sie werden die Zollgebühren schon zahlen müssen." (Auszug aus Telefongesprächsprotokoll von Frau Mayhofer vom 27. 7. 1994)

Nach etwa einem Monat versuchte es die inzwischen ratlos gewordene verhinderte Paketempfängerin noch einmal:

M.: „Guten Tag, Herr Kautsch, hier Mayhofer."

K.: „Ach, Sie schon wieder!"

M.: „Herr Kautsch, ich möchte noch einmal versuchen, mit Ihnen zu einer Einigung zu kommen."

K.: „Ich sagte ihnen doch, daß ich Ihren Einspruch ablehnen werde. Sie bestätigen immer nur und beweisen nicht!"

M.: „Was soll ich denn noch weiter beweisen? Die Dame von der Bonner Zollbehörde hat Ihnen doch schriftlich bestätigt, daß die Kleidungsstücke in dem Paket sichtbare Tragespuren aufweisen."

K.: „Diese Bestätigung nützt nichts, sie ist kein Beweis. Die Dame hat Ihnen aus irgendeinem Grund einen Gefallen getan."

M.: „Herr Kautsch, diese Dame kenne ich überhaupt nicht – wieso sollte sie mir einen Gefallen tun?"

K.: „Mein Bremer Kollege hat die Sachen aber für neu befunden, da steht jetzt Aussage gegen Aussage." (...)

M.: „Soll die Verkäuferin des Overalls, meine Tochter und ich eine eidesstattliche Erklärung vor einem Notar abgeben, damit Sie mir endlich glauben?"

K.: „Ob ich Ihnen glaube oder nicht, darauf kommt es nicht an. Sie müssen es beweisen."

M.: „Aber jedes Gericht der Welt würde eine notarielle eidesstattliche Erklärung anerkennen!"

K.: „Ich aber nicht!"

M.: (Zuerst sprachlos) „Aber so kommen wir doch nicht weiter!"

K.: „Sie müssen eben bezahlen oder Beweise bringen. Und übrigens – Sie haben mir noch nicht einmal bewiesen, daß Ihre Tochter überhaupt in Amerika war."

M.: „Das hatte ich Ihnen doch geschrieben, daß sie ein Stipendium drüben hat."

K.: „Sie haben mir auch noch nicht einmal bewiesen, daß das überhaupt Ihre Tochter ist."

M.: „Ach, Sie wollen eine Geburtsurkunde?"

K.: „So war das nicht gemeint."

M.: „Wie denn?"

K.: „Daß überhaupt Ihre Tochter das Paket geschickt hat."

M.: „Das ist doch als Absender vermerkt. Sie können das Paket ja noch einmal von einem Gutachter ansehen lassen, damit wir die Angelegenheit endlich beenden können. Dann können Sie nochmals alles überprüfen..."

K.: Das ist nicht nötig, das hat ja der Bremer Kollege gemacht" (...)

M.: „Also, das ist richtig. Egal, was ich Ihnen noch schicken werde, Sie werden meinen Einspruch ablehnen?"

M.: „Ja, Sie haben ja keine Beweise."

M.: „Und dann? Was geschieht mit dem Paket?"

K.: „Das müssen Sie so und so bezahlen."

M.: „Dazu bin ich aber nicht bereit!"

K.: „Dann bleibt Ihnen nur noch der Rechtsweg."

M.: „Nein, das glaube ich nicht! Ich denke, da gibt es noch andere Möglichkeiten!" (Auszug aus Telefongesprächsprotokoll von Frau Mayhofer vom 29. 8. 1994)

Zuerst schaltete Frau Mayhofer die Medien ein, die sich des Falles gern annahmen; dann legte sie unter Beifügung von insgesamt 14 Belegen (von der Kaufbestätigung des Overalls bis zum Nachweis, daß dieser in Europa hergestellt wurde) am 5. 9. 1994 Dienstaufsichtsbeschwerde bei der Oberfinanzdirektion Bremen ein. Drei Tage später (!) erhielt sie folgenden Brief des Hauptzollamtes Bremen-Ost:

„Sehr geehrte Frau Mayhofer!

Ich sehe es als nachgewiesen an, daß es sich bei dem Inhalt des Ihnen aus den USA zugegangenen Postpakets Nr. 6208 ausnahmslos um Gemeinschaftswaren handelt, die aus dem Zollgebiet der Gemeinschaft ausgeführt worden sind und innerhalb von drei Jahren wieder eingeführt wurden. Diese Waren sind nach Artikel 185 der Verordnung (EWG) Nr. 2913/92 auf Antrag von den Einfuhrabgaben befreit. (. . .)

Damit ist Ihrem Einspruch in vollem Umfang abgeholfen worden.

Mit freundlichen Grüßen

Im Auftrag

Kautsch"

(Einspruchsentscheidung des Hauptzollamtes Bremen-Ost vom 8. 9. 1994)

Auch von der Oberfinanzdirektion erhielt Frau Mayhofer noch Nachricht:

„Sehr geehrte Frau Mayhofer!

Ich bin dem von Ihnen geschilderten Sachverhalt nachgegangen und möchte mich für die unsachgemäße Bearbeitung Ihres Rechtsbehelfs entschuldigen. (. . .).

Ich habe Ihre Beschwerde zum Anlaß genommen, die Verpflichtung der Zollbeamten zu einem bürgerfreundlichen Verhalten in Erinnerung zu bringen. Ihrem berechtigten Antrag auf Anerkennung der Rückwareneigenschaft für die wieder eingeführten Bekleidungsstücke wurde zwischenzeitlich entsprochen.

Ich bedaure, daß die Angelegenheit soviel vermeidbaren Ärger bereitet hat und nicht bereits eher einer für Sie befriedigenden Lösung zugeführt wurde." (Schreiben der Oberfinanzdirektion Bremen vom 10. 10. 1994)

30. Der handschriftliche Vermerk:
Ein „Ausrutscher"

Kultusministerium Mecklenburg-Vorpommern

Aufgrund eines intensiven Behördenbrief-Studiums kann eins sicher behauptet werden – daß nämlich Beamte sich nur höchst selten einmal im Ton vergreifen. Wie sollten sie auch, wenn sie eine direkte Kommunikation mit den (manchmal sehr ärgerlichen) Kontrahenten umgehen und sich stattdessen eines Wortschatzes bedienen, der sich aus schablonenhaften Sprachwendungen und der Aufzählung von Paragraphen zusammensetzt. Dies möge ausdrücklich nicht als Hinweis auf die intellektuellen Fähigkeiten von Beamten mißverstanden werden – es zeigt vielmehr, wie perfekt die allermeisten Staatsdiener die Lektion gelernt haben, immer und in jeder Situation Neutralität und Sachlichkeit zu demonstrieren. Gerade das jedoch kann den Unmut betroffener Bürger hervorrufen – wenn sie nämlich bemerken, daß der vermeintlich so sachliche Standort mit dem tatsächlichen Verhalten des Staatsdieners keinesfalls in Übereinklang steht – eine Diskussion oder gar ein Streit darüber aber mangels Gesprächsbereitschaft des Beamten nicht möglich sind. Gerade bei diesen Gelegenheiten wird die ganze Glätte des Appararats spürbar; wenn auf Briefe mit dezidierten Fragen keine Reaktion erfolgt oder in den vermeintlichen Antwortbriefen mit keinem Wort auf Anliegen und Fragen eingegangen wird, dann ist die Frustration der betroffenen Bürger besonders groß. Wieviel menschlicher ist da schon ein amtlicher Ausrutscher ...

Dem Personalsachbearbeiter einer auf die Bearbeitung hochwertiger Armaturen und Beschläge spezialisierten Firma war im Laufe der Jahre aufgefallen, daß bei Bewerbungen um einen Ausbildungsplatz bei Anwärtern aus Mecklenburg- Vorpommern in schöner Regelmäßigkeit die für die Einstellung notwendige Jugendarbeitsschutzuntersuchung fehlte. Er formulierte diese Erkenntnis als Anliegen an das dortige Kultusministerium und schrieb erläuternd:

„Wenn wir also ohne ärztliches Attest den Bewerbern und den Eltern eine Zusage anhand geben und eine Vorbesprechung anberaumen, entstehen auf der Bewerberseite unnütze Geldausgaben, Deprimierung und auf unserer Seite ergebnisloser Arbeitseinsatz. Um Demotivation von vorneherein zu vermeiden und der Berufsberatung bei den jeweiligen Arbeitsämtern gezielte Vermittlungsmöglichkeiten zu geben, ist also das Wissen um das Ergebnis einer Jugenarbeitsschutzuntersuchung zwingend erforderlich. (. . .)

Sehr geehrte Frau Ministerin Marquardt, hiermit möchte ich Sie im Interesse einer schnelleren Vermittlung von Ausbildungswilligen bitten, dafür Sorge zu tragen, daß in den Entlaßklassen ausführlicher über die Notwendigkeit des Mitsendens dieser ärztlichen Bescheinigung als Bestandteil von Bewerbungsunterlagen hingewiesen wird. Bei dieser Gelegenheit sollte auch der zu 90% festgestellte Formfehler vermieden werden, daß auf dem Lebenslauf und/oder Bewerbungsanschreiben die Unterschrift des Bewerbers fehlt. (. . .)

Mit freundlichen Grüßen sehe ich – zumindest – der Eingangsbestätigung meines Schreibens entgegen." (Brief der Mercanto-Schleif-Werke vom 10. 6. 1996)

Indes – nicht einmal die erbetene Eingangsbestätigung wurde dem gutmeinenden Personalsachbearbeiter gewährt. Nach über zwei Monaten schickte er denselben Brief mit einer nochmaligen Bitte um Eingangsbestätigung wiederum an dieselbe Adresse. Dieses Mal erhielt er umgehend Antwort:

Im Umschlag fand er seinen Brief mit Eingangsbestätigung des Kultusministeriums Mecklenburg-Vorpommern vor, allerdings ohne Anschreiben des Absenders! Nach näherer Prüfung stieß er dann jedoch auf einen handschriftlichen Kommentar des zuständigen Sachbearbeiters:

„Zurück an Absender!

Dem Kultusministerium ist nicht bekannt, daß um ein (!) Briefwechsel mit Ihnen gebeten wurde."

(Unterschrift und Datum: 27. 8. 1996)

31. Die abgesägte Tannenspitze

Amtsgericht Duderstadt, Staatsanwaltschaft Göttingen

Seit langem hatte Herr Hampe sich über die Tanne geärgert, die – zwar noch auf dem Nachbargrundstück, aber doch ganz nahe an der Grenze zu seinem Garten – ihre Zweige Jahr für Jahr weiter über seinen Zaun schob. Freundliche Hinweise und Ratschläge zuerst, in den folgenden Jahren zunehmend ernsthaftere Ermahnungen waren ohne jede Wirkung geblieben. Auf schriftliche Aufforderungen – als das Gespräch längst abgebrochen war – hatte die Vermieterin des Mehrfamilienhauses gar nicht mehr reagiert. Da sie selbst nicht vor Ort wohnte, fiel es ihr um so leichter, den Ärger von Hern Hampe nicht zur Kenntnis zu nehmen.

Im Verlauf des Streites war der Baum immer stattlicher geworden, Herrn Hampes Gemüsegarten wurde nur noch in der hochsommerlichen Mittagszeit von der Sonne beschienen, sonst lag er im Schatten einer 15 Meter hohen Blautanne.

Im Herbst des Jahres 1987 schritt Herr Hampe zur Tat. Er erwarb im örtlichen Buchhandel ein Sachbuch über Nachbarschaftsrecht. Nach eingehendem Studium desselben stellte sich der Fall für ihn eindeutig dar: Zu hohe Bäume an der Grundstücksgrenze sowie über den Gartenzaun hängende Zweige waren nicht rechtmäßig und konnten daher in Selbsthilfe entfernt werden. Weil es im Buch ausdrücklich angeraten wurde, wartete Herr Hampe den Winter ab, heuerte in der Vorweihnachtszeit einen erfahrenen Helfer an – und dann ging alles ganz schnell. Innerhalb weniger Minuten lag sein Garten im kalten Schein der Wintersonne. Dabei waren lediglich die Tannenspitze und einige überhängende Zweige gefallen.

Herr Hampe war zufrieden und freute sich auf das bevorstehende Weihnachtsfest. Dies fand jedoch einen unschönen

Ausklang, als am zweiten Weihnachtstag die Vermieterin des Nachbarhauses mit ihrer Tochter recht unfreundlich um Einlaß bat, um nach der entfernten Tannenspitze zu forschen. Da Herr Hampe gerade mit seiner Familie neben dem hell erleuchteten Weihnachtsbaum an der Kaffeetafel saß, wollte er die Besucherinnen auf einen späteren Termin vertrösten. Dies gelang ihm jedoch nicht – ehe er sich versah, waren die beiden bereits im Wohnzimmer. Die folgende nach Augenzeugenberichten eher unerfreuliche Szene interessiert hier allenfalls am Rande, jedenfalls soll im Verlaufe des Gesprächs ein Fenster zu Bruch gegangen sein. Daher erstattete Herr Hampe Anzeige wegen Hausfriedensbruch.

Am frühen Silvesterabend erhielt die Familie Hampe erneut Besuch. Vor der Tür stand diesmal ein Polizeioberkommissar der örtlichen Polizeidienststelle. Auch er bat höflich um Einlaß – was schon deshalb angebracht schien, weil er offenbar nicht im Besitz eines Durchsuchungsbefehls war. Da er lediglich einen kurzen Blick auf den Weihnachtsbaum der Familie Hampe werfen wollte, wurde ihm der Eintritt nicht verwehrt. Von der Anzeige wegen Hausfriedensbruchs wußte der Kommissar nichts. Er stellte jedoch fest, daß es sich beim Weihnachtsbaum der Familie Hampe nicht – wie offenbar von der Nachbarin unterstellt – um die Tannenspitze der nachbarlichen Blautanne handelte. Herr Hampe hatte seinen Tannenbaum ordnungsgemäß bei der örtlichen Forstverwaltung erworben!

Der Strafantrag wegen Hausfriedensbruchs wurde am 9. 2. 1988 negativ beschieden, da „nach Prüfung des Sachverhalts kein öffentliches Interesse an der Strafverfolgung der Beschuldigten" vorliege (Schreiben der Staatsanwaltschaft Göttingen vom 9. 2. 88).

Am 4. Mai – die Angelegenheit war fast vergessen, auf den Gemüsegarten von Herrn Hampe fielen die bereits warmen Strahlen der Frühlingssonne – händigte ihm der Briefträger persönlich und förmlich einen Brief des Amtsgerichtes Duderstadt aus, dessen Inhalt der Angeschriebene wohl kaum vergessen wird:

„Die Staatsanwaltschaft beschuldigt Sie,
im Dezember 1987 in Duderstadt auf dem Grundstück
Ewald eine fremde bewegliche Sache einem anderen in der
Absicht weggenommen zu haben, dieselbe sich rechtswidrig
zuzueignen, indem Sie aus einer ca. 15 m hohen Edeltanne der
Erna Ewald die Spitze, Länge ca. 1,50 m, absägten und ent-
wendeten.
Vergehen nach § 242 Abs. 1 STGB.
Beweismittel
1. Ihre Angaben, soweit Sie sich eingelassen haben.
2. Zeugen (hier werden der Polizeioberkommissar und die
beiden Besucherinnen genannt)
Auf Antrag der Staatsanwaltschaft wird gegen Sie eine
Geldstrafe von 10 Tagessätzen festgesetzt. Die Höhe eines Ta-
gessatzes beträgt 25,–. Sie haben die Kosten des Verfahrens
und die Auslagen zu tragen." (Brief des Amtsgerichtes Duderstadt vom 4. 5. 88)
Über diesen Brief war Herr Hampe vor allem deshalb entrüstet, weil er die Tannenspitze nicht gestohlen hatte, im Gegenteil war sie von ihm ordnungsgemäß entsorgt worden. Daher machte er sich sogleich auf den Weg zum örtlichen Polizeirevier, wo man ihm bestätigte, daß der vom Polizeioberkommissar in Augenschein genommenen Weihnachtsbaum
nicht mit der verschwundenen Tannenspitze identisch gewesen
sei. Der diensthabende Wachtmeister gab Herrn Hampe jedoch den folgenschweren Rat, zuerst der Zahlungsaufforderung nachzukommen und „dann die Sache richtig zu stellen".
Herr Hampe überwies den geforderten Betrag von ca.
300 DM, zumal er den Tatbestand der Sachbeschädigung gar
nicht in Frage stellen wollte und schrieb dann dem in der Angelegenheit zuständigen Staatsanwalt in Göttingen einen
freundlichen Brief, in dem er auf das Polizeiprotokoll verwies
und um Änderung der Anschuldigung von Diebstahl auf Sachbeschädigung bat:
„Es hat sich nichts getan und da haben wir zur Selbsthilfe
gegriffen. Wir haben die Spitze entfernt und die unteren Zweige, die ragten cirka 2 m über die Grenze, etwas zurückge-

schnitten. Die Frau Ewald hat mich zwei Wochen später angezeigt. Das war ihr gutes Recht. Im Protokoll der Polizei stand, mein Weihnachtsbaum ist nicht identisch mit der Tanne der Nachbarin." (Brief von Herrn Hampe ohne Datum)

Im kurzen Antwortbrief verwies der Oberamtsanwalt Herr Block auf die ihm vorliegenden „Strafakten", aus denen zweifelsfrei hervorgehe, daß es „sich beim festlich geschmückten Weihnachtsbaum in Ihrem Hause eindeutig um die Tannenspitze aus der Edeltanne der Erna Ewald handelte". Im übrigen sei „der Strafbefehl gegen Sie in Rechtskraft erwachsen". (Schreiben nur noch in Auszügen vorhanden)

Den Vorwurf des Diebstahls wollte der gelernte Zimmermann nicht auf sich sitzen lassen. Darum wandte er sich hilfesuchend an das zuständige Polizeirevier, das auf das Polizeiprotokoll verwies. Dabei legte man Wert auf die Feststellung, „daß sich der POK Hauke bei seinem Einschreiten am 31. 12. 87 absolut korrekt verhalten hat. Er hat auch nicht geschrieben, daß Ihr Weihnachtsbaum mit der Tannenspitze aus dem Garten des Nachbargrundstückes identisch ist, sondern eindeutig festgestellt, daß es sich bei Ihrem Weihnachtsbaum nicht um die besagte Tannenspitze handelt." (Schreiben des Polizeireviers Duderstadt vom 20. 6. 89)

Die Staatsanwaltschaft ließ eine Kopie dieses Schreibens sowie weitere Argumente unkommentiert und verwies im folgenden immer wieder auf ihren Standpunkt.

In den kommenden Monaten verbrachte Herr Hampe einen großen Teil seiner Freizeit damit, Briefe und Eingaben an Bürgermeister, Institutionen, Abgeordnete und schließlich das Niedersächsische Justizministerium zu richten, um den offensichtlichen Irrtum aus der Welt zu schaffen. Er wollte in den Akten des Staates nicht als Dieb geführt werden. Vom Justizministerium erhielt er schließlich eine kurze Nachricht mit dem Hinweis, daß „Ihre Eingabe zuständigkeitshalber" an die Staatsanwaltschaft Göttingen (!) weitergegeben worden sei (19. 10. 90). Von dort hatte er zwischenzeitlich bereits einen Brief als Antwort auf seine Eingabe beim Justizministerium erhalten:

„Betr.: Strafverfahren wegen Diebstahls einer Edeltannen-spitze

Sehr geehrter Herr Hampe!

Ihr Brief vom 3. 4. 89 an den Herrn Niedersächsischen Minister der Justiz in Hannover ist mir vorgelegt worden. Ich habe von dem Inhalt des Briefes Kenntnis genommen. Was die Durchsuchung Ihrer Wohnung anbetrifft, so ist die Polizei hierzu befugt, wenn Gefahr im Verzug ist, d.h., daß die richterliche Anordnung nicht eingeholt werden kann, ohne daß der Zweck der Maßnahme gefährdet wird. Im gegebenen Fall gehe ich davon aus, daß hier die Voraussetzungen erfüllt waren. Schließlich wurde auch in Ihrer Wohnung die fragliche Tannenspitze, die als Weihnachtsbaum benutzt wurde, gefunden. Aus den hier vorliegenden Strafakten ergibt sich ferner, daß Sie durch Strafbefehl des Amtsgerichts Duderstadt vom 25. 4. 88 rechtskräftig verurteilt sind. (...) Es besteht auf Grund der Rechtskraft keine Möglichkeit mehr, den Sachverhalt noch einmal zu würdigen.

Ich bedaure, Ihnen keine andere Nachricht geben zu können.

Hochachtungsvoll

Oberamtsanwalt Block"

(Schreiben der Staatsanwaltschaft Göttingen vom 1. 6. 89)

Der offensichtliche Widerspruch zwischen dem Polizeiprotokoll und der Argumentation der Staatsanwaltschaft Göttingen beschäftigte Herrn Hampe mehrere Jahre. Er legte die Dokumente Freunden und Bekannten vor, verschickte sie bis nach Amerika und versuchte, das Unverständliche zu verstehen, bis er nach nahezu drei Jahren vergeblicher Bemühungen am 17.12. 1990 ein Schreiben der Generalstaatsanwaltschaft Celle erhielt, in dem ihm auf seine „weitere Dienstaufsichtsbeschwerde über Herrn Block, Staatsanwaltschaft Göttingen", geantwortet wird:

„Bei der Bearbeitung des Verfahrens hat Oberamtsanwalt Block in dem Bericht des POK Hauke (...) das Wort „nicht" überlesen. Er hat deshalb den Strafbefehl wegen Diebstahls und nicht – wie es richtig gewesen wäre – wegen Sachbeschädigung beantragt. Ich bedaure diesen Irrtum sehr und bitte Sie um Entschuldigung. Im Ergebnis kann jedoch an der Tatsache, daß der Strafbefehl wegen Diebstahls erlassen wurde, nichts mehr geändert werden, da Sie auf die Möglichkeit des Einspruchs gegen den Strafbefehl verzichtet und die Geldstrafe bezahlt haben."

In einem von der Nachbarin eingeleiteten Zivilverfahren wurde Herr Hampe zur Zahlung von 600 DM Schadensersatz für den Verlust der Tannenspitze verurteilt. Dafür grub er jedoch im kommenden Jahr den Garten so tief um, daß die Tanne auf einer Seite zusehends verblaßte, so daß die Besitzerin sie schließlich entfernen ließ.

Von seiten der Staatsanwaltschaft blieb jegliche Reaktion aus; der Versuch, ein Wiederaufnahmverfahren zu erreichen, scheiterte bereits an der ersten Hürde:

„In diesem Zusammenhang muß ich Sie darauf hinweisen, daß gem. § 366 Abs. 2 STPO ein Wiederaufnahmeantrag nur mittels einer von einem Verteidiger oder einem Rechtsanwalt unterzeichneten Schrift oder zu Protokoll der Geschäftsstelle angebracht werden kann. Der von Ihnen eingereichte Schriftsatz genügt diesen Anforderungen nicht. (...) Ich habe in ihrem unterstellten Einverständnis davon abgesehen, die Akten dem für die Entscheidung im Wiederaufnahmeverfahren zuständigen Gericht zur Bescheidung Ihres Antrages vorzulegen, weil bereits die Formvorschriften eines Wiederaufnahmeantrages keine Beachtung gefunden haben.

In der Hoffnung, Ihnen hiermit gedient zu haben, verbleibe ich

mit freundlichem Gruß"

(Schreiben des Amtsgerichtes Duderstadt vom 15. 1. 1992)

Aus Protest gegen den Staat, der im so unrecht getan hatte, kauften weder Herr Hampe noch ein anderes Familienmitglied jemals wieder ein deutsches Auto; Wahltage nehmen sie regelmäßig zum Anlaß, beim Grillen ihre Wahlscheine zu verbrennen. Mit dem Ergebnis seiner langjährigen Bemühungen kann Herr Hampe inzwischen leben, „aber wir gehen nicht mehr zur Wahl. Wir haben den letzten Glauben an einen freiheitlichen Rechtsstaat verloren." (Brief von Herrn Hampe vom 22. 7. 95)

Anstelle eines Nachwortes: Die andere Seite

Es ist wiederum eine Radiosendung, an die ich unwillkürlich denken muß, wenn ich mich rückblickend frage, wie repräsentativ die Schilderungen dieses Buches sind. Ist die Distanz zwischen Behörden und betroffenen Bürgern tatsächlich so groß, ereignen sich Kollisionen wie die beschriebenen wirklich so häufig, ist bei Streitfällen die Ausgangslage für beide Seiten immer so ungleich wie hier beschrieben?

Diese und ähnliche Fragen hatte ich mir zwar bereits vor dem Anruf gestellt, der mich im Anschluß an eines der zahlreichen Radiointerviews zum Thema „Bürokratie im Alltag" erreichte – die Betroffenheit der Anruferin ließ mich jedoch so nachdenklich zurück, daß ich ihr dieses Nachwort widmen möchte.

Meine Gesprächspartnerin teilte mir zuerst mit, daß sie Beamtin sei und sich durch die Sendung diskriminiert fühle. Sie habe zur Zeit ohnehin das Gefühl, daß „alle Welt" auf dem Beamtenstand „herumhacke". Im übrigen habe die Sendung den Eindruck vermittelt, als gäbe es nur Auseinandersetzungen zwischen Beamten und Bürgern. In wie vielen Fällen sich beide Seiten um einvernehmliche Lösungen bemühten und wie gering im Alltag der Verwaltung die Anzahl der Streitfälle sei, wäre in der Sendung völlig übergangen worden. Zudem halte sie die Berichterstattung zu den einzelnen Fällen für einseitig und tendenziös.

Die Beamtin betonte, daß sie und ihre Kolleginnen sich außerordentlich um „ihre Kunden" bemühen würden. Sie schilderte weiterhin, daß es häufig jedoch nicht leicht sei, „wenn man am Telefon sofort beschimpft wird wegen einer Sache, zu der man überhaupt nichts kann. Dann muß man sich schon sehr bemühen, ruhig und freundlich zu reagieren. Das ist manchmal gar nicht so einfach!"

Auch mir war und ist klar, daß ein großer Teil unserer Beamten sich Tag für Tag bemüht, Einvernehmen herzustellen und in schwierigen Fragen Kompromisse zu finden. Auch mir ist bewußt, daß viele Konflikte nicht von den Beamten, sondern von Menschen einer besonderen Spezies geschürt werden ... Ich will nicht verhehlen, daß mich in den vergangenen zwei Jahren viele Briefe, Anrufe und Beschwerden erreicht haben, deren einseitige Darstellung leicht zu durchschauen war. Wenn ich im folgenden anhand von Beispielen auf die schwierige Situation hinweise, in der ich mich nach Erhalt einiger Fallschilderungen befand, dann tue ich dies nicht, um diejenigen bloßzustellen, die sich mir anvertraut haben. Vielmehr will ich damit verdeutlichen, daß es auch für Beamte gewiß nicht immer leicht ist, Nörglern, Querulanten und Menschen mit Verfolgungswahn in angemessener Weise zu begegnen und zwischen ihnen und denjenigen, die eine berechtigte Beschwerde vortragen, zu unterscheiden.

Am 25. 10. 1995 erhielten wir folgenden sehr sachlich gehaltenen Brief einer Person, die offenbar einschlägige Erfahrungen mit der Bürokratie gesammelt hatte:

„Betr. Bürokratie im Alltag

Sehr geehrte Damen und Herren,

Am 21. 10. 1995 hörte ich rein zufällig im Radio Niedersachsen einen Beitrag zum obengenannten Thema.

Nun möchte ich Sie ganz herzlich bitten, mir doch die genaue Anschrift mitzuteilen, damit ich mich mit einem Herren Dr. Ballhaus in Verbindung setzen kann.

Zu dem obengenannten Beitrag möchte ich Ihnen sehr viele Beiträge liefern.

Für Ihr Bemühen bedanke ich mich bereits im voraus."

Tatsächlich lieferte der Absender in den kommenden Monaten viele „Beiträge". Trotz unserer mehrfachen Nachfrage blieben sie jedoch ebenso unbestimmt wie das folgende – aus seinen 28 Briefen samt Anlagen willkürlich herausgegriffene – Schreiben. Es war an den „Europäischen Gerichtshof für Menschenrechte" gerichtet:

„Betr. Eilantrag – Klagen und Strafanträge

Ihr Zeichen: Nr. 2643/95 – Zulässigkeitsentscheidung

Sehr geehrte Damen und Herren,

Zunächst stelle ich hiermit Strafanträge auf Verbot der Parteien CDU, SPD und FDP wegen vorsätzlichen Wahlbetrugs, Betrügereien, Vergewaltigungen im Dienst und Mord sowie Unterstützung von Straftaten.

Weiter stelle ich Strafanträge gegen die gesamte Bezirksregierung L., die gesamte Stadt L., den gesamten Landkreis, die Samtgemeinden und Gemeinden wegen vorsätzlicher Betrügereien, Vergewaltigungen im Dienst, Unterstützung von vorsätzlichen Straftaten und Mord.

Außerdem stelle ich Antrag, damit alle sofort lebenslänglich ins Gefängnis kommen und darauf bestehe ich. (. . .)

Im übrigen verweise ich auf meine bereits gemachten Ausführungen. Erwarte nun dringend meine gesamten Papiere und meine gesamten Gelder.

Für Ihr Bemühen und unverzügliche Erledigung aller Angelegenheiten bedanke ich mich bereits im voraus.

Hochachtungsvoll"

Dieses Beispiel wäre hier nicht angeführt worden, könnte es nicht sehr anschaulich die Folgen für die (damit überforderte) Verwaltung aufzeigen. Der Beschwerdeführer erhielt nämlich pflichtbewußt am 4. 11. 1994 Antwort „über die Zulässigkeit der Beschwerde". Offenbar existiert ein Briefwechsel zwischen der „Europäischen Kommission für Menschenrechte" und dem dort klageführenden Bürger, der sich auf unsere Nachfrage hin niemals konkret zu seinen Erlebnissen und Erfahrungen mit dem Staat, der Bürokratie und den Parteien geäußert hat.

Es gibt andere Beispiele dieser Art, die sich jedoch insofern vom vorangegangenen unterscheiden, daß sie auf einen realen Hintergrund verweisen können. So ging es bei einem Fall unter anderem um die vom Amt angeordnete Unterbringung eines schwerbehinderten Kindes in einem Heim. Dieser Vorgang, der Behörden und Gerichte längere Zeit intensiv beschäftigte, überforderte die Möglichkeiten unseres Projektes bei weitem. Dem Brief des Einsenders standen wir hilflos gegenüber:

„Sehr geehrter Dr. Ballhaus,

seit der Zeit der Nazis kennen wir die Tendenz, Verbrechen in einer Dimension zu begehen, daß sie das menschliche Vorstellungsvermögen übersteigen. Die Folge ist, daß die Menschen den Vorgang nicht wahrhaben wollen.

Diese Tendenz hat im hier geschilderten Vorgang Schule gemacht, und er wird sich so lange wiederholen, solange sich keine Institution ernsthaft mit der Sache befaßt. (. . .)

Im hier vorliegenden Fall wurde zuerst das älteste Kind der Familie regelrecht hingerichtet. Danach bemächtigte man sich der nächsten Tochter (. . .), um sie in beispielloser Weise zu schänden (das gibt es also nicht nur in Bosnien). Durch diese Gewalt gewann man Gewalt über die Mutter, um sie durch ein gedungenes Medium außerehelich zu schwängern. (. . .)"

Ganz zwangsläufig stellte sich mir die Frage, wie diejenigen Beamten einem derartigen Fall begegnen, die sich nicht heraushalten können, indem sie höflich mitteilen, daß die Angelegenheit ihre Möglichkeiten der Recherche überfordere und der Fall für sie im übrigen nicht durchschau- und darstellbar sei. Diese Möglichkeit hatte ich dagegen – und ich muß zugeben, daß ich bei einigen Schilderungen ähnlicher Art froh darüber war, mich auf diese Weise entziehen zu können . . .

Bei anderen Fällen – und das waren nicht wenige – fiel die Entscheidung darüber, die begonnene Recherche bis zum Ende durchzuführen, äußerst schwer. Wenn eine objektive Bestandsaufnahme aufgrund der unklaren Aktenlage und der ganz gegensätzlichen Aussagen mit den zur Verfügung stehenden Mitteln nicht möglich war, wurde der Fall nicht weiter verfolgt. Es bestand also einerseits die Gefahr, zum verlängerten Arm eines notorischen Nörglers oder eines Menschen zu werden, der unrecht gehandelt hatte; andererseits blieb bei einem Rückzug nicht selten das Gefühl zurück, die vielleicht der Willkür einer Behörde ausgelieferten Betroffenen im Stich zu lassen.

Wie schnell es tatsächlich zu einer falschen Einschätzung der Sachlage und einer entsprechend einseitigen Fallbeschreibung kommen kann, soll das letzte Beispiel zeigen:

Ein Bürger aus Gelsenkirchen schickte mir einen kurzen Brief mit einem beigelegten Anhörungsbogen des örtlichen Verkehrsamtes. Darin wurde ihm folgendes zur Last gelegt:

„Sie haben, ohne im Besitz einer Sondernutzungserlaubnis zu sein oder eine solche beantragt zu haben, die öffentliche Verkehrsfläche zur Lagerung von Baumaterial genutzt."

Wie der Betroffene glaubhaft versicherte, handelte es sich beim genannten Baumaterial lediglich um einen kleinen Sandhaufen, der mehrere Stunden auf dem Gehsteig vor seinem Haus lagerte, da an diesem Tage von einer beauftragten Baufirma die dringende Reparatur einer plötzlich baufällig gewordenen Kellerdecke durchgeführt wurde. Daher führte der amtlich Befragte auf der Rückseite des Anhörungsbogens aus:

„Das angelieferte Reparaturmaterial wurde ausdrücklich nicht gelagert, lediglich abgeladen und sodann von der Fachfirma in das Haus transportiert (sinngemäß wie eine Kohleanlieferung!).

Es hat hier ein absoluter Noteinsatz vorgelegen. (...)

Die zuständige Fachfirma Herbert Schmauch ist diesem Notruf sofort gefolgt und hat durch einen aufgebrachten Estrichbeton mit Stahleinlage die Gefahrenstelle beseitigt." (Anhörungsbogen des Verkehrsamtes der Stadt Gelsenkirchen vom 12. 7. 1995)

Eine Dokumentation des Falles als „haarsträubendes Erlebnis mit dem Amtsschimmel" lag nahe. Für die folgende Recherche interessierte mich vor allem, wer den Hausbesitzer wegen des kurzfristig gelagerten Sandhaufens angezeigt hatte. Egal, ob es sich dabei um einen Nachbarn oder einen städtischen Angestellten handelte – warum hatte derjenige, den der Haufen offenbar so sehr störte, nicht den Kontakt mit dem Hausbesitzer gesucht, um den Sachverhalt zu klären? Die Art und Weise der Anzeige wies doch sehr auf Denunziation hin. Weiterhin war mir unbegreiflich, warum eine derartige Lapalie überhaupt mit einer Anzeige geahndet wurde – dies sah ganz nach einer amtlichen Machtdemonstration aus, der der hier betroffene Bürger hilflos ausgeliefert war. In diesem Fall belehrte mich auf meine Nachfrage hin der zuständige Dezernent jedoch eines besseren:

Nachdem er mich auf die erhebliche Zahl von insgesamt 3500 jährlichen „Sondernutzungen" im Stadtbereich von Gelsenkirchen hingewiesen hatte, erläuterte er intensiv und sachlich den Verlauf dieses Falles:

„Im vorliegenden Fall ist der Behörde durch die Ausführungen der Grundstückseigentümerin bekannt geworden, daß die Nutzung der öffentlichen Verkehrsfläche aus einem Notfall heraus resultierte und nur kurzfristig vorgenommen wurde. Nachdem diese Angaben überprüft und die öffentliche Verkehrsfläche wieder in einem ordnungsgemäßen Zustand vorgefunden wurde, ist das eingeleitete Ordnungswidrigkeitsverfahren eingestellt worden. (. . .)

Aufgrund der dargelegten Ausführungen lassen Sie mich bitte noch kurz auf den Sinn und Zweck von Sondernutzungen eingehen: Anhand der hohen Zahl von Sondernutzungen ist es für die Behörde unerläßlich, diese systematisch zu erfassen und zu überwachen. In der Vergangenheit sind der Stadt, gerade im Hochbaubereich, Schäden in nicht zu beziffernder Höhe entstanden, da im Nachhinein ein Verantwortlicher nicht mehr ermittelt werden konnte. (. . .)

In diesem Zusammenhang möchte ich darauf hinweisen, daß ich bisher noch keine Bußgelder wegen fehlender Sondernutzungserlaubnis gegen Privatpersonen festgesetzt habe. Vielmehr wird diesen Personen oftmals in persönlichen Gesprächen das Rechtsgebiet der Sondernutzung erläutert und sie werden auf die Notwendigkeit einer Regelung hingewiesen.

Mit dieser jedoch zeitintensiven Verfahrensweise habe ich aber durchweg positive Erfahrungen gesammelt." (Schreiben des Verkehrsamtes der Stadt Gelsenkirchen vom 2. 10. 1996)

Die ausführliche und für die Verwaltung sehr günstige Erläuterung des tatsächlichen Sachverhalts bietet die Gelegenheit, auf das eingangs erwähnte Telefongespräch mit der Radiohörerin zurückzukommen. Sie könnte nun argumentieren, daß es sicher zahlreiche Beispiele dieser Art gäbe, wenn man nur das

Interesse darauf lenken würde. Mit diesem Hinweis hätte sie zweifellos recht – ich möchte sogar noch weiter gehen:

Die geschilderten „haarsträubenden Erlebnisse mit dem Amtsschimmel" spiegeln nicht den „normalen" Verwaltungsalltag wieder. Im Mittelpunkt steht vielmehr der Sonderfall der Begegnung zwischen Beamten und Bürgern – die Auseinandersetzung in einer Sache, in der sich beide Seiten nicht einig sind. Daß es sich dabei um eine negative Auswahl aus einer vielschichtigen Realität handelt, ist mir durchaus bewußt. Die entscheidenden und mit dem Buch noch keinesfalls beantworteten Fragen sind allerdings: Wie häufig sind derartige Auseinandersetzungen im Alltag, wie oft kommt es vor, daß Bürger mit unverständlichen Bescheiden konfrontiert werden und sich den Behörden hilflos ausgeliefert fühlen? Sind die hier aufgeführten Erlebnisse bemerkenswerte Ausnahmen, oder haben viele von uns bereits ähnliches erlebt? Ist die Verwaltung zur heimlichen und bedrohlichen Macht im Staate geworden?

Die geschilderten Fälle machen eins gewiß deutlich: Es kommt im Verwaltungsalltag offenbar nicht selten vor, daß Ermessensspielräume nicht genutzt werden und die beteiligten Beamten wenig kooperativ und um Ausgleich bemüht sind. Wenn es dann zu Kollisionen mit Behörden gekommen ist, besteht offensichtlich ein Ungleichgewicht im Kräfteverhältnis der beteiligten Parteien. Die Möglichkeit zum Machtmißbrauch und zur Schikane ist somit zweifellos gegeben. Daß dies in der Realität auch tatsächlich geschieht, konnten die Beispiele ebenfalls zeigen. Es war das Ziel dieser Veröffentlichung, auf die Fehler und Probleme des Systems hinzuweisen und sie an konkreten Fällen zu veranschaulichen. Im Rahmen des Projektes „Bürokratie im Alltag" werde ich diesen Fragen auch weiterhin nachgehen. Dann wird sich zeigen, wie groß die Kommunikationsstörungen zwischen Verwaltung und Bürgern tatsächlich sind.

Am Beispiel des „Sandhaufens auf dem Bürgersteig" mag aber deutlich geworden sein, daß das Bemühen um eine saubere Recherche und korrekte Schilderung immer Vorrang hatte.

Daher, liebe Anruferin, sichere ich Ihnen wie Ihren Kolleginnen zu, daß ich mich strikt an die vorliegende Aktenlage sowie an die sonstigen schriftlichen und mündlichen Ausführungen gehalten habe. Ich hoffe, damit Ihre Bedenken – zumindest hinsichtlich einer nicht wahrheitsgemäßen Darstellung – zerstreut zu haben! Im übrigen möchte ich Sie noch darauf hinweisen, daß bei den hier wiedergegebenen Kollisionen auf Verwaltungsseite lediglich in drei Fällen Frauen beteiligt waren. Diese Tatsache ist allerdings bemerkenswert, obgleich erst eine genaue Aufschlüsselung der Beschäftigungsverhältnisse in unseren Ämtern Gewißheit über geschlechtsspezifische Umgangsformen bringen könnte.

Eines sei jedoch zugegeben: Der Veröffentlichung voraus gingen kritische Überlegungen und Thesen, die auf einen klaren Standpunkt verweisen. Meine im Vorwort geschilderte Ausgangslage hat sich bisher bestätigt, hieran ändert auch der zuletzt geschilderte Fall wenig. Die ausführlichen und um konkrete Aufklärung bemühten Erläuterungen des Gelsenkirchener Dezernenten spiegeln keinesfalls die Reaktionen der um Stellungnahme gebetenen Verwaltungen wider. Allein die Tatsache, daß ein Drittel der angeschriebenen Behörden auf unsere Nachfrage nicht antwortete, weist auf eine überaus selbstsichere und überlegene Position hin, die nicht gerade vom Bemühen um Kooperation und Diskussion geprägt ist. Aber auch die hier eingegangenen Schreiben waren in der Regel mehr als enttäuschend. Entweder wurde auf Amtsgeheimnis und Datenschutz hingewiesen oder die Antworten fielen inhaltlich so unverbindlich aus (trotz Freistellungserklärungen der Betroffenen), daß sie zur Erhellung des jeweiligen Sachverhalts kaum beitragen konnten. Wie sehr sich die Beamten mitunter hinter verwaltungstechnischen Floskeln versteckten, zeigt das bereits zitierte Schreiben des Finanzamtes Ingolstadt („Das geringgeschätzte Wirtschaftsdiplom"):

„Dieses Schreiben gilt nicht als Verwaltungsakt i. S. des § 118 AO der Finanzbehörde. Das Steuergeheimnis wurde von mir nicht verletzt, weil ich Ihnen hiermit nur Daten mitgeteilt habe, die Ihnen bereits bekannt waren."

Ich möchte nicht schließen, ohne all denen Dank zu sagen, deren Unterstützung dieses Buch erst ermöglicht hat. An erster Stelle sind selbstverständlich diejenigen zu nennen, die uns ihre Erlebnisse mit dem Amtsschimmel anvertraut haben. Dabei gilt der Dank ausdrücklich auch den Einsendern von Erlebnissen, die hier nicht veröffentlicht werden konnten. Uns – das sind übrigens neben mir noch die beiden Mitarbeiterinnen Alexandra von der Brelje und Claudia Doll, die nicht nur Ordnung in die Aktenberge brachten, sondern darüber hinaus auch wichtige redaktionelle Arbeit leisteten. Ohne ihre Hilfe hätte diese Veröffentlichung ebenfalls nicht entstehen können, daher danke ich ihnen ganz besonders herzlich. Frau von der Brelje danke ich außerdem für die kritische Durchsicht des Manuskriptes. Unter allen Institutionen, die bereitwillig ihre Archive öffneten, sei die Redaktion der Fernsehsendung „Wie bitte?" hervorgehoben, die uns – ohne Vorbedingungen – Einblick in ihr Archiv gewährte und für zahlreiche Recherchen ihren Apparat zur Verfügung stellte.

Buchanzeigen

Seitenblicke auf das moderne Leben

Hermann Ehmann
oberaffengeil
Neues Lexikon der Jugendsprache
1996. 159 Seiten. Paperback
Beck'sche Reihe Band 1170

Klaus Janke/Stefan Niehues
Echt abgedreht
Die Jugend der 90er Jahre
4., aktualisierte Auflage. 1996. 210 Seiten mit 20 Abbildungen.
Paperback
Beck'sche Reihe Band 1091

Thomas Palzer
Ab hier FKK erlaubt
50 schnelle Seitenblicke auf die neunziger Jahre
1996. 186 Seiten mit 18 Abbildungen. Paperback
Beck'sche Reihe Band 1145

Wolfgang Rumpf
Stairway to Heaven
Kleine Geschichte der Popmusik von Rock'n'Roll bis Techno
1996. 214 Seiten mit 22 Abbildungen. Paperback
Beck'sche Reihe Band 1180

Eike Schönfeld
Alles easy
Ein Wörterbuch des Neudeutschen
3., unveränderte Auflage. 1997. 175 Seiten. Paperback
Beck'sche Reihe Band 1126

Bernd Wedemeyer
Starke Männer, starke Frauen
Eine Kulturgeschichte des Bodybuildings
1996. 198 Seiten mit 17 Abbildungen. Paperback
Beck'sche Reihe Band 1146

Verlag C. H. Beck München